NF文庫
ノンフィクション

新装解説版

悪魔的作戦参謀 辻政信

稀代の風雲児の罪と罰

生出 寿

潮書房光人新社

本書では太平洋戦争において日本の運命を決した数々の戦いに携わった陸軍参謀辻政信の生涯を描きます。

辻はマレー作戦、ガダルカナル作戦、ビルマ作戦などで参謀として作戦指導を行ない絶大な権力を振るいました。

終戦後、潜伏生活などを経たのち、昭和二十七年には衆議院議員、三十四年には参議院議員となり、三十六年に東南アジア視察に赴き、ラオスにおいて消息を絶ちます。

悪魔的作戦参謀 辻 政信——目次

第三部

悪魔的作戦参謀　辻政信

稀代の風雲児の罪と罰

第一部

奇襲電撃作戦

仏印駐屯中の第二十五軍司令部幕僚らの弛緩ぶりを見た辻政信《まさのぶ》中佐は、「こう堕落していては戦《いくさ》に勝てない」と判定して、激烈な軍紀粛正を断行することにした。仏印は仏領インドシナ、現在のベトナム、ラオス、カンボジアである。

参謀本部作戦課の戦力班長であった辻が、シンガポール攻略に当たる第二十五軍の作戦主任参謀要員として、仏印南部の中心地サイゴンの同司令部に着任して、まだ一週間もたたない昭和十六年十月上旬のことであった。参謀本部は天皇に直属し、国防・用兵をつかさどる陸軍の最高統帥機関である。

すでに対米、英、蘭（オランダ）戦は決定的で、開戦はおそくとも十二月はじめとみこまれている。

海軍が開戦劈頭の真珠湾奇襲攻撃を、日米海軍の勝敗を決定づける最重要作戦としていたのにたいして、陸軍はシンガポール攻撃を、長期戦に不敗の基礎をきずく最重要作戦としていた。

シンガポールを占領すれば、英国は極東の拠点を失い、日本陸軍は東南アジアを制圧して蘭印（オランダ領東インド。現在のインドネシア）、英領ボルネオ（現在のボルネオ西北部）、マレーなどから、石油、ゴム、錫、ボーキサイトなどを、自由に輸入することができるというのである。

辻がシンガポールを攻撃する第二十五軍の作戦主任参謀にえらばれたのは、辻自身が熱望したのと、直属上司の作戦課長服部卓四郎大佐が、上司に熱心に推せんしたからであった。

二年すこし前のノモンハン事件のとき、服部は中佐で関東軍の作戦主任参謀、辻は少佐で服部の部下の参謀であった。この戦いは、日本軍の三倍の兵力をもつソ連軍に完敗したが、服部、辻とも、ソ連軍の六割六分の兵力さえあれば、断じて負けなかったと信じていたし、服部は、この戦いで阿修羅のように奮戦した辻を、粗野だが知・勇・エネルギー抜群の凄腕で、使いようによっては非凡な働きをする男とみこむようになった。

服部は陸軍士官学校三十四期の四十一歳、辻は三十六期の三十九歳で、ともに陸軍大学校で天皇恩賜の軍刀をもらって卒業したエリートである。

シンガポール攻撃をおこなう第二十五軍の軍司令官には、陸士（陸軍士官学校）十八期、五十六歳の山下奉文《ともゆき》中将が、全陸軍の期待をうけて就任することになっていた。山下は一メートル八十センチ以上のダルマのような男だが、周到な戦略家で勇猛な指揮官であった。

服部は、この山下に、狐のように狡知にたけた計画を立て、狼のように獰猛に断行する辻をつければ、シンガポール攻略はかならず成功すると判断したのである。

服部の推せんで、参謀本部第一部長の田中新一少将、参謀本部次長の塚田攻《おさむ》中将、参謀総長の杉山元《はじめ》大将、それに陸相の東條英機《ひでき》中将も、適切な人事として、賛成した。

辻は丸坊主で、荒行をやる修験坊主のようにごつくいかめしい顔をしている。一重の魚形の眼がとくに峻厳である。中肉中背だが、山野の踏破や柔剣道で鍛えた身体は鋼鉄のようである。

自負心、巧名心がつよく、好戦的で、外剛内剛の性格のため、上下左右とも対立抗争が多く、一匹狼のような男になっている。

服部は、やや面長でふっくらした柔和な顔をしている。五分刈りの頭は品がよく、額がひろく、美男の文殊菩薩を思わせる。中肉中背の身体はスマートで、身のこなしも洗練されている。

人当たりがやわらかく、人の意見をよく聞き、上下のうけがいい。上によくつかえ下をよく使う。外柔内剛の器量人のようである。辻とは正反対の感じだが、しかし辻と共通している点は、自負心、功名心がつよく、好戦的なところである。

服部と辻は、たがいに利用価値を認めあえる相手であった。

辻が第二十五軍司令部の軍紀を激烈に粛正する必要があると判定したのは、つぎのような事情からであった。

この当時の第二十五軍は、飯田祥二郎中将を軍司令官として、近衛師団と独立混成第二十一旅団を基幹とする小兵力の兵団で、きたるべき戦争にそなえ、仏印各地にある十ヵ所の飛行場拡張整備と、二ヵ所の飛行場新設をいそいでいた。

サイゴンの同軍司令部に着いた辻は、作戦事務室にアンペラ（むしろ）を敷いて泊まりこみ、夜も飛行場設営を検討し、作戦計画を練っていた。

辻についで着任したシンガポール攻撃の第二十五軍参謀要員の林忠彦少佐と朝枝繁春少佐も、辻とともにアンペラに同宿した。

ところが、辻らと夜まで仕事をするのは、飯田軍司令官ひとりだけであった。

司令部幕僚らは、毎日夕方になると、衛兵だけをのこし、それぞれ自分用の自動車で、さっさとフランス人の豪華な別荘を接収した宿舎に帰ってゆく。すぐ浴衣に着替え、冷えたビールを飲んでくつろぎ、夜は自動車で紅灯の巷にゆき、飲食して女と遊ぶ、というありさまであった。

このころ、ハノイ（北部仏印）にいた評論家の芦原英了は、現地人のメイドから、つぎのようなことを聞いていた。

「日本の将校さんたちは、女郎屋へ通うのに、堂々と軍の自動車に乗り、入り口に当番兵を張り番に立たせている。フランスの将校も女郎屋へゆかないこともないが、平服で、人目を忍んでゆく。これでは日本は負けるにちがいない」

辻が飯田に、乾坤一擲の決戦をひかえ、ぜひとも司令部の軍紀を粛正すべきである、と進言すると、飯田はわが意を得たというように、即座に同意した。そして、つぎのようなことが定められた。

「幕僚は全員、現在の宿舎をひき払い、アパートに移住する。

自動車の私用を禁止する。

機密費での宴会は廃止する。

幕僚も、長髪、開襟シャツ、半ズボンをやめ、坊主頭、詰襟服とする。

飛行場設営、その他、作戦準備の万全を期するために、夜十時まで勤務する」

この粛正通達は、ただちに実行にうつされることになった。

刷新とか改革は嫌われる。このばあいも、多くの幕僚らは不快に思い、辻にたいしてつよい反感を抱いた。

弊風を刷新するのはいいことだが、辻のやり方はアクがつよく、やりすぎるから、反感をもたれるのである。

しかしこのときは、アクがつよく、やりすぎても、激烈に刷新するのが、正しかったであろう。

合計十二ヵ所の飛行場設営をすすめるうちに、辻は、マレー半島進撃作戦のためには、同半島に近いフコク島にも飛行場が必要と考えた。フコク島は、シャム（タイ）湾に面するカンポト（現在のカンボジア内）の西方海面に浮かぶ小島である。

思いたつと、やりとおさなければおさまらないのが辻である。

飛行場建設工事の担当は、シンガポール攻撃の第二十五軍航空主任参謀の西岡繁中佐であった。

辻は、西岡が東京出張中のある日、若い飛行将校が操縦する小型機に乗り、フコク島上空を飛び、同島に飛行場適地を二ヵ所、発見した。

帰ると、参謀本部にも仏印当局にも断わりなく、独断で、苦力《クーリー》二千人をフコク島に送り、二ヵ所の飛行場建設を開始させた。はなはだしい越権行為というほかないが、「勝敗を決する仕事である。怨まれ、罰せられても、一人で全責任を負う。非難は甘んじる」と、平然としていた。

東京から帰ってきた西岡に、辻はいった。

「留守中、出しゃばったが、怒るなよ」

西岡はおどろいたが、「禅坊主」とアダ名されるくらいの男で、

「いやあ、思いきって、よくやってくれましたなあ」と、よろこんでみせた。

服部がきりまわす参謀本部も、なんら苦情をいわなかった。フコク島を管理する現地の知事は、協定にないと強硬に反対したが、辻にひきまわされた第二十五軍は、強引に飛行場建設工事をつづけさせた。

この二飛行場は、一ヵ月後に完成したが、結果的には、これによって日本軍がシャム湾、マレー半島北東部の制空権をにぎった。

開戦劈頭には、山下奉文中将がひきいる第二十五軍は、マレー半島東岸(タイ領)のシンゴラ、パタニ(シンゴラの南東約八十キロ)に奇襲上陸し、ジョホールバル、シンガポールに向かい、急進南下する予定である。

シンゴラの南々東約千百キロにあるシンガポール島は、海側から攻めれば難攻不落の堅固な要塞だが、防備が意外に手薄な背後のジョホールバル側(北側)から攻めれば攻めやすい。

英軍がジョホールバル側の防備の手を抜いたのは、タイと英領マレーの国境からジョホールバルまで約千キロあり、その区間で日本軍の進撃を阻止しつづければ、すくなくとも半年はもちこたえられようから、その間に本国から救援を得て、ジョホールバル側の防備を完整できる、と判断したからであった。

それに、シンガポールをふくむ英領マレーの英陸軍部隊は、英人約一万九千人、豪州人約一万五千人、インド人約三万七千人、アジア人約一万七千人、合計約八万八千人という大兵力で、火砲、戦車、弾薬、食糧も十分にあるため、楽観していたのである。

第五師団(広島)、第十八師団(久留米)、近衛師団(東京)を主力として新編成される第二十五軍の兵力は、合計約六万人で、火砲、戦車数は英軍の約半分しかない。

しかし、英軍のシンガポール防衛にたいする甘い判断のウラをかき、マレー半島の英軍を各個に奇襲撃破して、七十日以内にシンガポールを攻め落とそうというのであった。

さいわい、フコク島をふくめて仏印の各地につくられる十四ヵ所の飛行場(うち三ヵ所は海軍用）に展開する集団長菅原道大《みちおう》中将の第三飛行集団の航空兵力が、英軍の約二倍になるのが、日本軍にとってなによりの強味であった。

シンガポール島を攻略するには、まずシンゴラ、パタニの上陸作戦に成功しなければならない。

辻は、タイ南部で隠密裡に、シンゴラ、パタニ方面の海岸状態、付近の地形、防備態勢、飛行場の能力などを調査して帰った朝枝繁春参謀の報告を聞き、つぎのような新事実を知った。

「シンゴラ、パタニの海岸近くには、三メートルの巻波があるが、大発（七十人乗りの大型発動艇）ならば上陸可能である。

上陸予定地点には散兵壕があるだけで、鉄条網やトーチカはないし、タイ軍（警察部隊をふくむ）の警備もたいしたことがなく、上陸作戦に心配はない。

しかし、シンゴラ、パタニの飛行場ははなはだ貧弱で、北部英領マレー北東岸のコタバル（パタニの南東約百四十キロ）にある英軍の大飛行場には、束になってもかなわない。

コタバルの飛行場をいちはやく奪取して、味方機が使用するようにしなければ、軍の上陸と、その後の作戦に、多大の妨害をうける」

南部タイと北部英領マレーの上空に飛行機で潜入して、第二十五軍の上陸予定地域とその周辺の状況を確認しようと思いたった辻は、十月十九日、若い偵察飛行将校の池田大尉にいった。

「明日、南部タイと北部マレーを飛んでみたいが、やれるか」

無断で他国の上空を飛ぶのは領空侵犯であり、発見されれば、戦闘機か対空火器に撃墜されるリスクが大である。飛ぶ飛行機は高速で、航続時間が五時間ある最新鋭の百式司令部偵察機だが、戦闘機に追われれば、まず生きては帰れない。この飛行機には、機関銃もないのである。

「はい、飛びます。参謀殿がいかれるなら、わたくしが操縦します」

池田大尉は、なんの躊躇もなくこたえた。

「そりゃあ、ありがたい。じやあ、日の丸を塗りつぶしておいてくれ」

「わかりました」

明くる日の二十日と、一日おいた二十二日、池田が操縦し、辻が同乗する百式司偵はサイゴン飛行場を発進し、タイ領、英領の各要地を、沈着大胆に、燃料ぎりぎりまで、念入りに偵察した。

その結果、辻は、

「北部英領マレー東岸のコタバルと、西岸のアロルスター、スンゲイパタニ、タイピンの英軍飛行場は強大だが、南部タイのシンゴラ、パタニの飛行場は弱小で、大人と子供のちがいがある。

これらの英軍飛行場は、上陸後、ただちに奪取し、味方飛行隊を進出させ、逆用しなければ、部隊の上陸、進撃作戦を、計画どおりにはこぶことが困難になる。

とくに、コタバルの英軍飛行場は、シンゴラに軍主力が上陸するのと同時に、別働隊をコタバルに上陸させ、一気に占領しなければ、その後のシンゴラ、パタニでの上陸作業も、英軍機の妨害をうけ、甚大な損害をうける羽目になろう。

マレー半島には、アスファルト道路と鉄道が南北に走っている。道路をはさみ、約一キロ幅のゴム林がある。ゴム林の外側は、通行も困難なジャングルになっている。ゴム林内は部隊の突進が可能で、戦闘はこの範囲内でおこなわれよう。白兵戦をお家芸とする日本軍にあつらえむきである。

軍主力は、シンゴラ上陸後、即時、シンガポールへつづくアスファルトの街道を南進し、北部英領マレー北西端のケダー州に突入し、アロルスター、スンゲイパタニ、タイピンなどの有力英軍飛行場を占領しなければならない。

そして、軍の第一目標は、万難を排し、一挙にペラク河（タイ、英領マレー国境付近から南へ流れ、マレー中部西岸に達する河幅三百メートルほどの大河）左岸（東側）に進出し、英軍に先んじてペラク河にかかる三つの橋（街道橋二、鉄道橋一）を確保することである（橋がなければ、進撃が停頓する）」

と判断した。そして、

「第五師団主力（第二十五軍の主力でもある）はシンゴラに、その支隊はパタニに上陸する。第十八師団の支隊はコタバルに上陸する。

第五師団主力とその支隊は、それぞれ一挙にペラク河まで突進し、アロルスター、スンゲイパタニ、タイピンなどの英軍飛行場と、ペラク河にかかる三つの橋を占領する。

第十八師団の支隊は、コタバルからマレー半島東岸沿いに、クワンタン（コタバルから約三百キロ）へ突進する」という捨て身の電撃戦法を発想した。

だが、英軍が防備を固くしているコタバル上陸作戦はきわめて困難で、海軍の挺身的な掩護がなければ実行ができず、海軍の承諾を得なければならなかった。

十月二十五日、上京して参謀本部に出頭した辻は、服部に、シンゴラ、パタニ上陸と同時にコタバル上陸もやらなければだめだ、と力説した。

服部は同意し、杉山参謀総長、塚田次長、田中第一部長らの賛成を得て、辻に、

「君が命を賭けて見てきた結果の計画修正だから、だれも文句のつけようがなかったのだ」

と告げた。

総司令官寺内寿一大将以下の南方軍首脳部もこれに賛成した。

十一月六日、満州防衛司令官の山下奉文中将が第二十五軍司令官に、第二十五軍司令官の飯田祥二郎中将が第十五軍（タイ進駐予定）司令官に転じた。

十一月八日に上京し、参謀本部でマレー作戦の計画を聞いた山下も、シンゴラ、パタニ、コタバルの同時上陸を断じて決行すべきであるといった。

十一月八日から十日にかけ、陸軍大学校で、十一月五日に決定された「南方作戦陸海軍中央協定」にもとづき、寺内南方軍総司令官と山本五十六連合艦隊司令長官（大将）、および寺内南方軍総司令官と近藤信竹第二艦隊（重巡洋艦部隊）司令長官（中将、フィリピン・南シナ海・蘭印・仏印・マレー方面の南方部隊最高指揮官）のあいだで、それぞれ作戦協定会議がひらかれた。「東京協定」とよばれるものである。

会議の席上、辻は強調した。

「シンゴラ、パタニなど、南部タイの予定上陸地点付近には、上陸直後、陸軍の航空兵力を展開できる適当な飛行場がない。軍としては、コタバル飛行場を占領し、英空軍の活動を封止するとともに、そこにわが航空兵力を進出させる必要がある」

杉山参謀総長、寺内南方軍総司令官、山下第二十五軍司令官らも、シンガポール攻略作戦を成功させるためには、コタバル同時上陸をぜひとも決行しなければならないと、つよく主張した。

だが、海軍の近藤第二艦隊司令長官らは、「コタバルには英軍の有力な航空基地があるので、機雷敷設や潜水艦の配備などが予期される。そのため、敵航空兵力の制圧、掃海、対潜制圧が不十分のまま輸送船団が進入すれば、どのような損害をうけるかわからない。

シンゴラ、パタニ、コタバル地点の各船団すべてに防空直衛機をつけることはできない。防空直衛は、シンゴラに上陸する兵団主力船団に重点がおかれ、コタバル上陸船団の防空の万全は期待できない。

コタバル上陸がハワイ攻撃より早くなり、ハワイ奇襲作戦を失敗させる恐れもある」などと、コタバル同時上陸に反対した。

南方軍と第二艦隊は、たがいにゆずらず、ついに合意に達しなかった。けっきょく、山本五十六の、

「X日（開戦日）のコタバル上陸は、現地の陸海軍指揮官（山下奉文第二十五軍司令官と小沢治三郎南遣艦隊司令長官〈中将〉）の間の協議によって決定する」という提案によって、この場はうち切られ、問題の解決は、サイゴンにいる小沢の胸三寸にあずけられることになった。

最終日の十一月十日の会議のとき、山本五十六の左に着席していた山下は、シンガポール攻略作戦の見とおしを山本に聞かれて、こたえた。

「わたしは、両三年前から、このあたりの記録はことごとく渉猟しつくしました。インド人を混じえた軍隊ならば、始末しやすい。陸地に足をかければ、かならず成功します。ただ、

陸地に足をかけることに関しては、なんら確信が持てません」

「その方面は、海軍が手不足の憂いがありますが、これも全作戦を重点に徹してすすめるので、やむをえないのです」

山本はちょっと躊躇していった。

「上陸作戦も成功するにちがいありません。たとえ山田長政となっても、シンガポールを落とさなければやまない覚悟です」

山下は、山本の積極的な協力をうながすようにいって、笑顔をみせた。


十一月十八日、サイゴンの商工会議所内の一室で、現地陸海軍首脳が会合して、陸海作戦協定会議がひらかれた。

山下が力づよく挨拶した。

「陸海軍共同の真の精神発揮は、今回の上陸作戦にあるから、上は聖旨に、また国民の期待に沿うよう各位に渾身の奮闘努力を願う」

あとをつぎ、小沢がおもむろに口を開き、とつとつと話した。

小沢は山下と容貌、体型はちがうが、やはり大男である。身長が一メートル八十センチ以上、肩幅が広く、筋骨たくましく、赤銅色で、不動と仏が混じったような顔をしている。海軍部内では、「鬼瓦《おにがわら》」「三面《さんめん》」などというアダ名がつけられている。三面は「むっつり、カミナリ、にっこり」である。山下より一歳若い五十五歳である。

「コタバルには第二十五軍の考えどおり、上陸作戦を実行されたい。わたしは全滅を賭しても、責任完遂に邁進する」

このときの会場のようすを、第二十五軍参謀副長馬奈木敬信少将は、のちにこう述べた。

「ここに大本営で留保され現地最高指揮官にまかされた作戦に断が下された。その刹那、全議場は粛として声なく、むしろ快哉を叫びえない感激の光景を呈し、マレー作戦の前途は、すでに成功の一語につきると切言する者すらあった」

参謀の朝枝繁春少佐は、

「小沢長官は淡々として、己れを殺し、己れの犠牲において陸軍の作戦を思う存分に必成させようという、自己犠牲と申すか、縁の下の力持ちと申すか、まったく海・陸一如の精神であり、協同などという生ぬるいものではなかった」と語っている。

山下はこの日の日記に、「必勝の信念成る」と書いた。

小沢は、第二艦隊や大本営海軍部（軍令部）が反対して、小沢にも反対させせようとしたコタバルの上陸作戦を、つぎのような理由から決行させることにしたのであった。

「海軍は上陸の安全を主眼とし、陸軍は上陸後の作戦の敏活を主として考えた。いずれも理屈がある。

だが、シンゴラ、パタニには、わが航空部隊を展開するのに適した飛行場がなく、上陸直後、制空権確保の途がない。英軍が立ち上がったら、上陸の継続はできなくなる。

コタバル上陸作戦をやれば、英主力艦隊は全力を挙げて反撃に出てくるであろう。わが艦隊はそれを撃滅し、マレー半島東方海域の制海権を確保しなければならない。南遣艦隊の兵力は十分ではないが、シンゴラ、パタニ方面はたいした兵力を要しない。コタバル方面に重点をおいて配備すれば、全体として差しつかえはない。コタバルは敵飛行場の鼻先に上陸するから、相当の損害を覚悟してかからなければならないが、開戦劈頭の奇襲だから、成功の算が大である。真珠湾攻撃よりコタバル上陸が二、三時間はやくても、真珠湾攻撃に支障をあたえるようなことはない」

ふつうの指揮官は、わざわざ自分の責任を重大にして危ない橋を渡るようなことはしないが、小沢はあえてやろうというのであった。

だが、山下が日記に書いたように、小沢の犠牲的決断によって、マレー作戦の成功が約束されたといっていい。

辻は、贅沢を忌避するが、酒は好きであった。それを、第二十五軍の作戦主任参謀に任命された十一月六日に、「シンガポールを落とすまで」と心願を立て、断酒を開始した。激務と酷暑で、心身は疲労し、ノドは乾く。幕僚らのグラスに注がれたビールを見れば、「一杯だけほしい」と思う。しかし、「戦いはこれからだ」と自制して、渋茶を一気に飲み干して我慢した。

苦行僧のような日夜を送る辻の心から、片時もはなれないのが作戦計画であった。一日に

二、三時間しか寝ないし、夜中に飛び起き、夢うつつの中で浮かんだ思案をメモすることもしばしばであった。

全知全能を、シンガポール攻略作戦にぶちこんでいたのである。

ある夜、奇想を思いついた。

「シンゴラに上陸した第五師団中の一コ大隊（約一千人）の全将兵に、タイ軍の軍服を着せる。タイ人男女数十人をそれにくわえ、全員をタイのバス、トラックに乗せる。

タイ人男女らを先頭にしたバス、トラックの偽装部隊は、英軍に救いを求めるようにタイ国旗と英国旗を振り振り、『日本兵は恐ろしい、イギリス万歳』とさけんで英軍将兵をあざむき、国境の関所を突破し、全力でペラク河まで突進して、クワラカンサルの橋を確保する」という、戦国時代の忍者部隊のようなものである。

国際信義もヘチマもなく、生還も期せないイチかバチかの奇襲作戦だが、成功すれば、シンガポール攻略作戦は、一ヵ月短縮されるみこみであった。

たいていの作戦参謀は、作戦計画をたてて多数の将兵を死地に投じても、自分は安全な後方にいる。ノモンハンのときの辻も、そういうことがなかったとはいえない。だが、こんどは、「虎児は虎穴に入ってのみ」として、偽装部隊の先頭に立ち、決死の戦をしようと決意したのである。

第二十五軍のシンゴラ、パタニ、コタバルへの上陸軍（第五師団と第十八師団中の一コ旅団）を乗せる輸送船十九隻（いずれも七千トンから九千トン）は、十一月三十日、仏印東方の南シナ海にある海南島南岸の三亜港に集結した。

それらを護衛する小沢がひきいる南遣艦隊の重巡、軽巡、駆逐艦、潜水艦、水上機母艦などの三十数隻も集結している。

山下は、師団長の松井太久郎中将以下、第五師団司令部幕僚らが乗る香椎丸上で、午後一時半からおこなわれた松井の全部隊長にたいする命令下達に立ち会い、つぎのような訓示をした。

「予は龍城丸に乗り、師団将兵とともに上陸する。航海中、龍城丸に万一のことがあれば、第五師団長は予にかわって全軍を指揮せよ。もし香椎丸に事あらば、予は直接、師団各部隊を指揮する。

軍風紀を緊粛し、『焼くな、奪うな、犯すな』を厳守すべし。従わざる者は、ただちに軍法に照らして処断し、その上官にたいしては厳として責任を問う」

「X日（作戦開始日）を十二月八日とす」という意味の暗号電報は、海軍では「ニイタカヤマノボレ」だが、陸軍では「ヒノデハヤマガタトス」であった。

大本営陸軍部（参謀本部）から「ヒノデハ……」の電報が全陸軍部隊に発信されたのは、十二月二日午後二時四十分であった。

三亜に集結したマレー半島上陸部隊の輸送船団十八隻（うち一隻は病院船）は、十二月四日早朝、三亜港を出港（二隻は低速のため前夜出航）し、南遣艦隊の艦艇に護衛され、マレー半島の上陸地点に向かった。

辻は、山下以下、第二十五軍の司令部幕僚らとともに、大小発動艇三十隻を積んだ大型輸送船龍城丸に乗った。

辻が発想し、山下も積極的に承認した決死的偽装部隊に指名されたのは、大隊長市川正少佐の第五師団歩兵第十一連隊（広島）第三大隊であった。

熱田山丸と笹子丸に分乗した隊員らは、三亜を出港後にわたされたタイ軍の軍服をおもしろがって着て、記念撮影などをしていた。

「日本軍に追われるタイ軍を偽装し国境を通過する」と聞かされたが、それほど決死的な戦いをやらされるとは、小隊長クラスでも、まだ知らなかった。

けっきょくこの作戦は、上陸後の手順にまちがいが生じて実行できなくなるが、第三大隊第十中隊長の大川幸三郎大尉は、のちにこう語った。

「三亜港で辻参謀がわたしたちが乗る笹子丸にきて、

『夢を見て思いついた。なにがなんでもペラク河まで急行せねばならんので、十一連隊の第三大隊にその役をやってもらう』というのです。なんでもハジャイ（シンゴラの南西約三十キロ）にあるダンスホールのダンサーたちを先頭の車に乗せるということで、奇妙な計画だと思いました。

わたしは市川大隊長から、

『第十中隊長は後方の車に乗り、中間に敵が入ってきたときに対処せよ』という命令をもらいました。

大隊長が先頭の車に乗ることにしていたのです。

この作戦の目的は、なにがなんでも、タイ国と英領マレーの国境を突破しようという苦肉の策ですが、こんな作戦が成功したかどうか、なんともいえません」（御田重宝『人間の記録・マレー戦』参照）

だが、狡知と蛮勇の辻が、市川とともに先頭で戦ったら、どうであったろうか。

七日夕刻、小沢が乗る南遣艦隊旗艦の重巡「鳥海」から、山下あてに発光信号が送られてきた。

「本職ハ、今ヨリ佗美《たくみ》支隊ヲ直衛シ、コタバルニ向カウ、上陸ノゴ成功ヲ祈ル」

小沢が直率する「鳥海」以下重巡五隻、駆逐艦三隻と、司令官の橋本信太郎少将がひきいる第三水雷戦隊の軽巡、駆逐艦など八隻が、佗美支隊の輸送船三隻を護衛しながら、南方へ別れていった。

佗美支隊は、旅団長佗美浩少将がひきいる第十八師団第二十三旅団主力である。

小沢はことばどおり、南遣艦隊主力の重巡五隻と第三水雷戦隊主力の全滅を賭して、佗美支隊のコタバル上陸を成功させようというのであった。

七日午後十時ごろ、西方のシンゴラに向かう第五師団主力（第二十五軍の主力でもある）と別れ、パタニとタペー（シンゴラとパタニの中間）に向かう安藤支隊の輸送船六隻が南方へ去って行った。

司令の小川莚喜《のぶき》中佐が指揮する第十二駆逐隊の駆逐艦二隻が先導している。

安藤支隊は、連隊長安藤忠雄大佐の第五師団歩兵第四十二連隊（山口）を基幹とする部隊である。第二十五軍参謀の橋詰勇少佐と朝枝繁春少佐がついている。

山下司令部が同行し、師団長の松井中将がひきいる第五師団主力の輸送船十隻・病院船一隻は、司令の山田雄二大佐が指揮する第二十駆逐隊の駆逐艦二隻に先導されて、十二月八日午前零時三十五分、シンゴラ東岸、三千メートル沖の錨地に投錨した。

機略縦横

コタバルに敵前上陸をおこなう第十八師団の侘美《たくみ》支隊約五千五百人が乗る輸送船三隻は、最高速力十八ノット（約三十三キロ）の優速船である。劣速では、英軍機、潜水艦などの餌食にされやすい。

掃海艇と駆逐艦に先導された輸送船淡路山丸（九四七五トン）、綾戸山丸（九四七五トン）、佐倉丸（七一七〇トン）は、昭和十六年十二月七日の午後十一時三十五分、英軍飛行場にももっとも近いサバク河口沖六千メートルに投錨した。

月齢十九の明るい月でマレーの山々がよく見え、船位は確実に測定された。

投錨と同時に、それまで輝いていた陸上の灯火がさっと消えた。英軍が日本軍船団の進入を知ったようである。

風速七メートル、波高二メートルで、海はやや荒れている。しかし、上陸できないほどではない。

八日午前一時三十五分、第一回の上陸部隊が乗った二十隻の大小発動艇（大発は七十人乗り、小発は三十人乗り）が隊形をととのえ、月明かりの海上を、いっせいに陸岸向けて発進した。

海岸から四〜五百メートルまで行ったとき、陸地から機関銃、火砲の一斉射撃をうけはじめた。

那須義雄大佐が指揮する歩兵第五十六連隊を基幹とするこの支隊は、午前二時十五分から上陸を開始したが、英軍の猛射と荒波のために、かなりの損害を生じた。

右第一線の第三大隊第十一中隊の約半数が乗る特大発（百人乗りの特殊大発動艇）は、敵砲弾をうけて沈没し、三分の一の将兵が行方不明となった。

左第一線の第一大隊長数井孝雄少佐の乗艇は、巻波にさらわれて沈没し、海中に投げだされた将兵は、大波に巻きこまれながら、陸岸まで泳がなければならなかった。

第二回上陸部隊の発動艇群が、午前二時四十五分に発進した。

午前三時半ごろ、英軍機三機が船団と艦艇に低空爆撃と機銃掃射を反復し、各輸送船は被弾して、中小破された。

佗美支隊長が乗る淡路山丸は大火災を起こしたが、佗美は屈せず、上陸作業を続行し、みずからは午前四時三十分に発動艇に乗り、陸岸に向かった。

午前五時と六時、英軍機各四機がかさねて船団を爆撃し、淡路山丸は大火災で航行不能、綾戸山丸は戦死約六十人、負傷約七十人、佐倉丸は戦死三人、負傷十数人という甚大な損害をうけた。

橋本第三水雷戦隊司令官は、午前六時、綾戸山丸と佐倉丸の避退、淡路山丸の放棄を命じた。

一部の人員と火器を揚陸できないまま、綾戸山丸と佐倉丸は、駆逐艦「敷波」「浦波」に護衛され、午前六時三十分に抜錨し、北西約百四十キロのパタニ沖に向かい避退した。夜、ふたたびコタバル沖にもどるのである。

駆逐艦「綾波」と第九号駆潜艇に乗組員を救助された大火災の淡路山丸は、カラ船で放棄され、のちに沈没した。

上陸した佗美支隊は、至近からの英軍の銃砲火、鉄条網、地雷などに妨害され、死傷者が続出し、前進が困難をきわめた。

佗美少将は、軍刀をふるって部下を激励し、前進をつづけた。

大隊長二人の重傷をふくめ七百人以上の夥しい死傷者を出しながら、将兵は勇戦し、八日の午後十一時三十分には、上陸地点から北方約二キロのコタバル飛行場を、九日午前十一時三十分には、飛行場から北東約七キロのコタバル市を占領した。

パタニ沖へ避退していた綾戸山丸と佐倉丸は、九日の午前一時半ごろ、コタバル沖にもどり、午後三時ごろまでに残りの人員、火器などの揚陸を終了した。

十二月十三日、加藤隼戦闘隊で名高い、戦隊長加藤建夫少佐がひきいる飛行第六十四戦隊が、はじめてコタバル飛行場に進出した。隼といわれる最新鋭の一式（昭和十六年式）の戦闘機一型三十六機の兵力である。

第六十四戦隊は、第二十五軍の輸送船団援護と開戦劈頭の航空撃滅戦における武功抜群によって、二日前の十一日、寺内南方軍総司令官から感状をうけていた精鋭戦闘機隊である。

この日から、陸軍戦闘機隊が、コタバル、パタニ、シンゴラの地域の制空権を完全に確保したため、つづいての揚陸作業、陸上進撃は、空からの支障がなくてすんだ。

コタバル上陸作戦は正解だったようである。


シンゴラに向かった師団長松井中将の第五師団主力は、十二月八日の午前四時十二分に、ぶじ上陸した連隊長岡部貫一大佐（特別志願将校）の歩兵第四十一連隊（福山）を先頭に、各部隊も、だいたい予定地点に上陸した。

辻中佐は、鉄道主任参謀の本郷健中佐、情報主任参謀の林忠彦少佐とともに小発（小発動艇）に乗り、全軍の先頭で上陸した。

上陸にたいしてタイ軍の抵抗はなく、あたりに人影もなかった。しかし、

「こんなはずはないが……」と、タイ軍の軍服を着た辻は不満そうに呟いた。

シンゴラ領事館の書記となっている大曾根義彦少佐が、タイの軍隊と警察に渡りをつけ、

日本軍の上陸と進撃に協力させ、市川挺進隊（大隊長市川少佐の歩兵第十一連隊第三大隊の偽装部隊）用のバス、トラックを用意していてくれるはずだったのである。

市川は辻と相談して、付近で自動車の徴発をはじめた。ようやく歩兵一コ中隊、機関銃一コ小隊、大隊砲一コ分隊を乗せるだけの自動車をあつめ、これを先遣隊として国境突破をしようと、偽装自動車隊を発進させた。

だが、自動車が走り出すと、タイ軍からの射撃をうけ、そのまま突進することができなかった。

全員は下車して、タイ軍に反撃した。

大隊長宮本菊松少佐の歩兵第四十一連隊第一大隊を主力とする「鉄道突進隊」（列車に乗って進撃する）は、シンゴラ駅で列車・輪転材料を接収し、鉄道第九連隊と協力して、パーダンペーサ駅（シンゴラの南々西約八十キロ）をへて国境を突破し、英領マレーの鉄道を占領する任務を帯びていた。

上陸後、すぐさまシンゴラ駅を占領した同隊は、停車中の列車に乗り、午前五時四十分に南進を開始した。

だが、これもタイ軍の射撃をうけて進めず、徒歩反撃に転じた。

このような手ちがいが、なぜ生じたかを糾明しようと、通訳の青年と伝令一人をつれてシンゴラの日本領事館に急行した辻は、酒臭い勝野領事と、白背広を着た大曾根少佐を見て、

「何をやっていたのか」と、憤激した。

頭を下げた。

大曾根は、日本軍の上陸を、翌九日朝とまちがえたといい、「六ヵ月の準備を水泡に帰させてしまいました。まことに申しわけありません」と、悄然と頭を下げた。

松井中将以下の第五師団司令部は、午前七時三十分、シンゴラ飛行場に達した。

同飛行場を占領した大隊長友野幾久治中佐の歩兵第四十一連隊第二大隊は、すぐ飛行場の整備作業にかかった。

歩兵第九旅団長の河村参郎少将がひきいる河村部隊は、シンゴラ市の要所、埠頭などを占領した。

この部隊は、連隊長渡辺綱彦大佐の歩兵第十一連隊（広島）、岡部連隊長の歩兵第四十一連隊（福山）、戦車第一連隊の一コ中隊、連隊長中平峯吉大佐の野砲兵第五連隊などから成る第五師団の主力である。

一方、捜索第五連隊長の佐伯静夫中佐が指揮する佐伯部隊は乗車二コ中隊、軽装甲車一コ中隊（約十輛）、軽戦車一コ中隊（約十輛）を主力とする第五師団の機械化部隊（うち一コ中隊はパタニに上陸した安藤支隊に配属されている）であった。

上陸後すみやかに、シンガポールへつづくアスファルトの街道を、まずハジャイ（シンゴラの南西約三十キロ）に突進し、付近の要所を占領するとともに、自動車、鉄道輪転材料などを徴発、接収する任務を帯びていた。

ところが、激浪のために、自動車は揚陸できず、戦車はどうなったか不明である。

部下に命じて付近から約五十台の自転車を徴発させた佐伯は、第二中隊長を指揮官とする自転車隊を編成し、それを先遣隊として、まず出発させた。

佐伯以下の主力は歩いてハジャイにゆく途中、自転車や自動車を手に入れ、やがて先遣隊に追いついた。

合同した部隊は、ハジャイに近いトンリー村付近でタイ軍部隊と衝突したが、これを降伏させ、午後二時ごろハジャイに入り、目標どおり周辺にある自動車すべてと、貨物列車を徴発、接収した。

接収品の合計は自動車五十輌、機関車八・客車九・貨車百五十八輌である。

大曾根少佐のミスのために、タイ軍との協力と偽装作戦の失敗を確認した辻は、領事館から、大曾根とともに、第二十五軍司令部へ向かった。

山下軍司令官、軍参謀長の鈴木宗作中将、参謀副長の馬奈木敬信少将、高級参謀の池谷半二郎大佐らに事情を報告し、市川挺進隊の任務解除、原隊復帰を要請した。

偽装部隊作戦は、こうして実行されずに消滅したのである。

抵抗していたシンゴラ付近のタイ軍が、午後二時半ごろ、白旗を掲げて停戦をもとめた。首都バンコクで、正午ごろ、日タイ間に、「日本軍隊通過協定」が成立したためであった。

河村部隊と鉄道突進隊は、ようやくハジャイに向かい南進を開始した。

一刻も早く国境を突破して、ケダー州の各飛行場を占領し、シンガポールへの街道と鉄道が通るペラク河の三つの橋を確保しなければならない。

タイ軍服から日本軍服に着替えた辻は、山下の許可を得て、単身、最前線へ向かった。途中、日本軍の中戦車三輛と野砲一小隊に出合うと、指揮権を無視し、「敵機械化大部隊、本日正午、チャンルン（タイ国境の南方約十キロ）を北進中……」と命令し、シンガポールへの街道を国境方面へ急進させた。

参謀は、こういうことをやってはならないのだが、急を要するこの場合は、やむをえない処置といってもいいであろう。

サダオ（ハジャイの南方約五十キロ）の付近に達したとき、ゴム林に集結している先頭の佐伯部隊に追いついた。

辻は佐伯から情況を聞いた。

英軍の機械化部隊が北進中というので、部隊は速射砲・機関銃などによる対機甲戦闘準備をととのえ、日暮れに国境に急進するという。

辻は、ここでも独断で、いっしょにきた中戦車三輛と野砲一門を佐伯部隊に編入させた。

暗がりの中を進んだ佐伯部隊は、午後十一時ごろ、サダオの北方一キロ付近で、軽装甲車五輛、兵力三～四百人の英軍と衝突した。

約一時間後、英軍は血だらけの装甲車一輛とサイドカー一台を捨てて南方へ退却した。血まみれの地図がのこされていたが、きわめて精密なもので、辻は、貴重品として、自分が使うことにした。

　翌十二月九日の朝、辻は、サイドカーでシンゴラの軍司令部に連絡に帰った。途中、第五師団司令部で、海軍が真珠湾奇襲攻撃に成功したと聞いて、血を湧かせた。

　淵田美津雄中佐が指揮する日本機動部隊の攻撃機隊が米艦隊に突撃を開始したのは、日本時間で十二月八日午前三時二十分ごろである。

　佗美支隊がコタバルに上陸を開始したのは、同日午前二時十五分で、佗美支隊の方が一時間五分ほど早かった。

　しかし、小沢の判断どおり、真珠湾攻撃にはなんの影響もなかった。

　ただ、問題はのこった。

　真珠湾攻撃は、米政府にたいする最後通告が攻撃開始より約一時間おくれたため、「国際条約を破る卑劣な騙《だま》し討ち」として、全米国民の激しい非難攻撃をうけた。

　同様に英国に無通告のコタバル攻撃も、「国際条約を破る卑劣な騙し討ち」と非難攻撃されても、否定できないからである。

　第二十五軍司令部に着いた辻が、山下に戦況を報告すると、山下は、佐伯部隊が英軍の機械化部隊を破ったことをとくに喜んだ。

　第五師団の安藤支隊（歩兵第四十二連隊基幹）が乗った六隻の輸送船のうち、安藤忠雄大佐直率の第一・第二大隊などの四隻はパタニへ、小林源一郎少佐が指揮する第三大隊などの二隻はタペー（パタニ西方約二十五キロ）へ進入した。

十二月八日の午前四時半ごろ、両方面ともなんらの抵抗もなく上陸に成功した。

パタニではタイ軍一コ大隊、警察隊一コ中隊などの抵抗をうけたが、翌九日の昼ちかく、タイ軍は白旗をかかげ、抵抗を中止した。

パタニ飛行場も、まもなく手に入った。

タペーに上陸した第三大隊は、八日午後七時ごろ、飛行場を占領した。

安藤支隊主力は、十二月十日から十三日にかけて、パタニ南方の道路沿いで、タイ領に進出してきた英軍と戦い、これを各所に破って南進し、十四日には国境にちかいベトン（パタニ南々西約百二十キロ）に進出した。

この間、野砲六門、戦車十輛、迫撃砲・機関銃など多数を捕獲し、約百五十人を捕虜にした。戦場には数百人の英軍の死体が遺棄されていた。

安藤支隊の死傷者は約百二十人である。

十二月十五日正午ごろ、安藤支隊主力は、国境を通過し、ひきつづきペラク河右岸（西側）のクワラカンサル（ベトンの南々西約百二十キロ）へ急進した。ペラク河にかかる街道橋、鉄道橋を確保するためである。

安藤支隊が乗っていた輸送船六隻のうち三隻は、十二月十二日、軍用資材揚陸中に、英潜水艦の魚雷攻撃をうけて沈没した。

小沢司令長官の命をうけた、南部仏印に展開中の、南遣艦隊第一航空部隊の陸上攻撃機八十一機（九六式陸攻五十五機、一式陸攻二十六機）が、十二月十日の午後、英東洋艦隊主力の戦艦プリンス・オブ・ウエルズとレパルスの二隻を、マレー半島中部のクワンタン東方海面で撃沈した。

マレー半島東方海域の制海権も、これによって日本海軍がほぼ手中にし、あとは対潜水艦警戒を厳にすればいいていどになった。

全軍の先頭をゆく機械化部隊の佐伯部隊（捜索第五連隊）は、十二月九日の午後三時三十分、シンガポールへつづくアスファルト街道を国境へ突進した。

辻はそれに同行している。

部隊は、破壊された道路、橋を修理し、英軍の機関銃、大砲、戦車の攻撃に反撃をくわえながら、英領マレーに入り、さらに前進をつづけた。

十二月十日、新たに一コ中隊と、山砲一コ中隊、工兵一コ小隊を配属された佐伯部隊は、「佐伯挺進隊」となり、一挙にペラク河まで突進することになった。

これもペラク河の街道橋、鉄道橋を確保するためである。

真夜中の午後十二時（十一日午前零時）に編成を完了した佐伯は、部下たちに訓示した。

「一車進まざれば一車を捨て、二車進まざれば二車を捨て、友軍たりと敵たりとを問わず、乗り越え、踏み越え驀進あるのみ。側背攻撃は不断にうけるものと覚悟せよ。停車応戦することを禁ず。すべてゆきつくところまで突進せよ。他のことは、その後に処置すればよし」

歩兵第四十一連隊の掩護をうけた連隊長田村安治大佐の工兵第五連隊が、チャンルン（国境南方約十キロ）の爆破された橋を修理した直後の十二月十一日の午後六時半、佐伯挺進隊は、戦車中隊・装甲車中隊・乗車小隊・連隊本部・通信小隊・乗車中隊・山砲中隊・乗車中隊・工兵小隊・衛生隊・防疫給水部の行軍序列で橋を渡り、ペラク河に向かって突進を開始した。

滝のような猛烈なスコールのなか、十輛の中戦車、十輛の装甲車などのあとから、英軍から分捕った黒塗りの自動車に佐伯と辻が同乗して、部隊を指揮している。

路上に十数門の大砲が見えてきて緊張したが、英軍の姿が見えない。ゴム林や番人小屋に雨宿りしているようである。

挺進隊の先頭戦車が射撃すると、英軍はやみくもに反撃してきた。しかし、それはすでに手おくれであった。

「桶狭間の急襲のようだ」と、辻は思った。

二十分後、英軍は大量の兵器・弾薬を放棄したまま四散した。自動車百輛、軽装甲車四十輛、自動二輪車二十台、榴弾砲十二門、速射砲十五門、軽機関銃三十梃、軽迫撃砲九門、小銃百梃などが、労せずして手に入った。

勢いづいた挺進隊は、ジットラ・ライン（チャンルン南方約二十キロ）と呼ばれる英軍陣地も一気に突破しようと、勇躍して南進した。

十二月十二日の午前四時十分、本田中尉が指揮する先頭の第一中隊が夜襲をかけた。

ところが、ここでは、鉄条網を二重、三重に張りめぐらした堅固なトーチカから、大砲、機関銃、小銃で猛射され、本田中尉以下多数が戦死し、襲撃は失敗に終わった。

敵を軽視して、猪突猛進したためであった。

衝撃をうけた佐伯は辻にいった。

「辻君、僕はもう隊長として生きていられません。敵情判断を誤り、一生の不覚をとりました。多くの部下を殺してしまい……。いまから第一線に出ます」

「冗談じゃありません。なんとか打開しましょう。車を貸してください。ひとっ走り行ってきます」

底知れずタフで、そら恐ろしいほどの機略縦横の辻は、敵砲弾が炸裂するなか、車をぶっ飛ばして約四キロ後方にもどり、河村部隊長、岡部歩兵第四十一連隊長、中平野砲兵連隊長に会い、対策を提案して、即座に承認を得た。

弾着観測斥候を車に乗せ、ふたたび飛んで帰った辻は、佐伯に委細を報告すると、すぐさま中平連隊の野砲隊を、敵前至近の位置まで進出させ、トーチカめがけて、必中弾をぶちこませつづけた。

大隊長友野幾久治中佐の岡部連隊第二大隊は、街道東側のゴム林に展開して、攻撃を開始した。

これで敵味方互角となった。

前線に着いた河村は、岡部連隊の主力を、死傷者多数を出して戦力が低下した佐伯部隊と交代させ、連隊長渡辺綱彦大佐の歩兵第十一連隊（広島）を街道西側に展開させ、東、中、西からいっせいに夜襲をかけることにした。

ところが、準備をすすめていた午後五時半ごろ、英軍がにわかに退却をはじめた。

英軍は第十一インド師団の歩兵約九コ大隊と特科大隊で、約五千四百人、戦車約九十輛、対戦車砲五十四門の兵力であった。

そのうち、戦死者五百人から千人、投降したインド兵は千人以上、日本軍が押収した兵器は火砲五十一門、機関砲五十門、装甲車・自動車などは二百十輛である。

ほかに、ゴム林の倉庫の中に、一コ師団の三ヵ月分ほどの弾薬、食糧があった。罐詰、菓子、タバコ、ビール、ウイスキーなどもふんだんにある。

米と乾パンと塩だけを持ち、歩きながらそれを食っていた日本軍将兵は、罐詰、菓子、ビールなどの配給をうけ、

「チャーチル給与はうまいなあ」と歓声をあげた。

捕虜の英軍工兵将校はいった。

「湿地、ジャングルを効果的に利用した、縦に深い三線の強靭な陣地帯なので、三ヵ月はもつと思った。日本軍は、中国軍と四年も戦いながら勝てないので、そんなに強いとは思わなかった」

「なぜもろく敗れたのか」と辻が聞くと、

「大軍が殺到し、背後にも迂回したと思った」とこたえた。

辻や河村の作戦が図に当たったようである。

日本軍の損害は、戦死二十七人、戦傷八十四人、計百十一人であった。

この戦いから、辻は、

「敵の戦法、実力はわかった。恐るべきは火薬の量だけだ。これを打ち破る方法を、もっとも大胆に現場で編み出すことが、勝ちを制する最良の道だ」という結論を持った。

宮本菊松少佐がひきいる鉄道突進隊（歩兵第四十一連隊第一大隊主力）は、十二月九日の午後十一時半ごろ、サダオ北方約十五キロのクローンゲ駅に進出したが、その南方三キロの鉄橋が破壊されていたので、ひとまず列車を降り、徒歩前進にうつった。

だが、国境南方の英領マレー内で、さらに三ヵ所の鉄道が破壊されていたため、その後の列車による突進を断念した。

そのころ松井師団長から、

「鉄道突進隊は、すみやかにアロルスター（ジットラの南西約二十キロにある英陸空軍の有力基地）に突進して、河村部隊の戦闘を容易ならしむべし」という命令が出て、突進隊は鉄道線路に沿い、徒歩で南進をはじめた。

十二月十一日、突進隊が国境の南々西約十五キロのケーテリー駅を占領すると、付近の英軍が南方へ退却しだしたので、ただちに追撃にうつった。

十三日の午後四時ごろ、ジットラに到着した突進隊は、原隊復帰を命じられた。松井が、鉄道突進隊の必要がなくなったと判断したのである。

岡部連隊（歩兵第四十一連隊）は、ジットラで佐伯挺進隊を追い越し、十二月十三日の早朝、南方のケパラバタス飛行場を占領した。

河村部隊長は、岡部連隊に同飛行場の整備と破壊橋の修理援助をさせ、ここからは渡辺連隊（歩兵第十一連隊）を先頭に立てて南進させた。

渡辺連隊の先遣部隊となった大隊長大本清人少佐の第一大隊は、将、兵ともに自転車に乗り、爆破されていない鉄道橋を通り、午前十一時ごろ、重要目標の一つであるアロルスターに達し、英軍と激戦をまじえ、午後九時すぎ、同市を占領した。

アロルスターの大飛行場はすこしも破壊されていなかったし、爆弾は山のように、九十二オクタン価のガソリン・ドラム罐は数千本も、食糧も大量にのこされていた。

アロルスター南々東約四十キロのグルンに向かい、水田地帯の一本道を前進していた中隊長仁木大尉の岡部連隊第三大隊第十二中隊の自転車部隊は、突然、猛烈な砲撃をうけ、三分の一の戦死者を出した。十二月十四日午後四時すぎである。

自動車で救援に駆けつけた大隊長小林朝男少佐の同連隊第三大隊主力は、道路右側の雑草地に大隊砲を据え、英軍にたいして反撃を開始した。

夜になると敵の砲弾が火の玉となり、一直線に飛んできて、身の毛もよだつ。

そこへ辻があらわれ、うむをいわさず、砲中隊の小隊長内田圭介中尉に、「ああせい、こうせい」と指図をはじめ、しまいには下士官の分隊長がやることにまで口を出した。

内田は参ったが、相手が泣く子もだまる第二十五軍作戦主任参謀の辻中佐では、だまっているほかはなかった。

この場合の辻は、明らかにゆきすぎで、いいところがほとんどない。

辻の悪いクセが出たというほかない。

士気を鼓舞し、相談に応ずるくらいにしておくべきであった。

十二月十五日の午前十一時、グルンの英軍はついに敗走した。

河村部隊は、十二月十六日、付近に二つの有力飛行場を持つ重要基地スンゲイパタニ（グルン南方約二十五キロ）に、午後五時ごろ、無血で進入した。

大隊長小林朝男少佐の岡部連隊第三大隊を主力とするペナン支隊が、シンガポールにつぐ北部マレーの要衝ペナン島を、これも無血で占領したのは、十二月十九日の夕刻であった。

マレー軍司令官Ａ・Ｅ・パーシバル中将は、のちにこういった。

「日本軍の急速な進撃を阻止するためには、ペナン島の放棄もやむをえなかった」

この島はブッテルウォース（スンゲイパタニの南々西約二十五キロ）の西方海上一キロに浮

かぶ緑の風光明媚な島だが、マラッカ海峡を扼し、港湾、防備施設資材、弾薬などの貯蔵庫にもなっている。

英軍は二コ大隊を派遣して同島を守ろうとしたが、三ヵ月は持つ、と思っていたジットラが、一日も持たずに退却したため、それが不可能になったのである。

英陸空軍の大基地があるタイピンは、スンゲイパタニの南々東約百キロにある。

十二月二十三日の午前八時、渡辺連隊の軽装部隊がここに先頭で進入し、ついで同連隊主力が、自転車、徒歩でつぎつぎに入った。

これでケダー州の大飛行場は、すべて破壊されずに日本軍が入手し、第一段作戦の目標の半分が達成された。

いずれも施設が完備しており、弾薬、燃料、食糧も豊富で、日本軍はこれらをチャーチル首相からのすばらしい贈物という意味で、「チャーチル飛行場」と呼んだ。

英空軍の二倍の航空兵力を持つ日本陸軍飛行隊は、コタバル、アロルスター、スンゲイパタニ、タイピンなどの「チャーチル飛行場」を使うようになり、マレー半島北部一帯の制空権を完全ににぎり、陸上部隊の戦闘、補給、後続部隊の上陸などを、いちじるしく容易にさせたのである。

タイ領ベトンから国境を越え、英領マレーのクロウをへてクワラカンサル（タイピンの東南東約三十キロ）に南進をつづけた安藤支隊（パタニ、タペーに上陸した歩兵第四十二連隊を主力とする部隊）は、十二月二十三日の午前八時ごろ、カンポンボクメルバウ（クワラカンサルの北方約八キロ）付近を前進中、はるか南東方に大きな爆発音を聞き、衝撃をうけた。

第二十五軍は、ケダー州の各飛行場を占領するほかに、シンガポールへゆく街道、鉄道が通るペラク河の三つの橋を確保することを、もうひとつの目標としていた。偽装部隊、鉄道突進隊、佐伯挺進隊、安藤支隊などの各種部隊は、その目標を達成するための特別部隊だったのである。

ペラク河はマレー西海岸側第一の大河で、クワラカンサル北東四キロの街道橋と、そのすぐ上流（北側）の鉄道橋の付近では、河幅が約三百メートル、流速が三～四メートルの濁流である。

この両橋が、戦略上、きわめて重要なものであることは明白であろう。

安藤支隊は、これらの橋に、自転車ならば三十分ほどのところまで迫っていた。

それが、ここで両橋とも英軍の手によって爆破されてしまったのであった。

あとひとつの街道橋は、ブランジヤ（クワラカンサルの南々西約四十キロ）の東方約三キロにある舟橋だが、これもひと足おくれで、翌十二月二十四日の午前十時前に、爆破されてしまった。

こうして、ペラク河の三つの橋をぶじに確保する目標を達成することは不成功に終わり、その後の進撃、補給にずいぶん手間どることになったのである。

最前線の一匹狼

山下軍司令官は、十二月（昭和十六年）二十五日の夕刻、タイピンの軍戦闘司令所に各部隊長をあつめ、要旨つぎのような軍命令を出した。辻が立案し、山下以下幕僚らが検討して作成したものである。

「第五師団は有力な一部を、海上機動（舟艇に乗って西海岸沿いに南進する）により、敵の背後に上陸させて敵の退路を遮断し、主力はブランジヤ（タイピンの南々東約五十キロ）方面から、すみやかにペラク河を渡河し（西側から東側へ）、カンパル（ブランジヤの東南東約四十キロ）、タンジョンマリム（カンパルの東南約八十キロ）道方面から英軍を急追してクアラルンプール（タンジョンマリムの南々東約六十キロ、英領マレー連邦の首都）を占領する」

「近衛師団（バンコク方面から追及してきた）はクワラカンサル（タイピンの東南東約三十キロ）方面でペラク河を渡河し（東岸へ）、イポー（クワラカンサルの南々東約四十キロ）付近の敵を掃蕩し、一部をもって飛行場の整備に協力させ、主力は第五師団主力に続行し、ついでクブロード（イポーの南々東約百二十五キロ）、ベントン（クブロードの東方約四十キロ）、マンナス（ベントンの南東約五十キロ）方面からゲマス（マンナスの南東約七十キロ、クアラルンプールの南東約百二十五キロ）に向かい突進し、クアラルンプール方面の英軍の退路を遮断する」

「第二鉄道隊（連隊長佐々木萬之助大佐の鉄道第五連隊と、連隊長今井周《いたる》大佐の鉄道第九連隊が主

力）は、すみやかにクワラカンサル橋を自動車が通過できるように修理し、ついで、イポー以北で鉄道を開拓利用して、軍の作戦を容易ならしめる」

英軍は退却のとき、道路の要所と道路橋、鉄道橋の大半を破壊した。国境からペラク河までの間で、英軍によって破壊された道路と橋梁の数は、第五師団主力方面で約五十ヵ所、安藤支隊方面で約二十五ヵ所もある。これらを修理したのが、連隊長田村安治大佐の第五師団工兵第五連隊と、連隊長横山与助大佐の独立工兵第十五連隊、それに第二鉄道隊であった。

河村部隊の先遣隊である大隊長大本清人少佐の第十一連隊第一大隊は、十二月二十六日午後九時十五分、ブランジヤからゴム製の折りたたみ浮舟でペラク河を東へ渡り、対岸進出に成功した。のこりの各部隊も翌十二月二十七日、すべてぶじに対岸に進出した。

近衛師団の連隊長正木宣儀大佐の近衛歩兵第四連隊は、十二月二十六日の午前九時半、クワラカンサルの渡河点に達し、第一大隊を先頭にして東側へ渡河をはじめ、午後四時ごろまでに連隊全部が渡河を終わり、南方のイポーへ向かった。

山下軍司令官の厳命をうけた連隊長佐々木大佐の鉄道第五連隊は、昼夜ぶっとおしでクワラカンサル鉄道橋（ビクトリア橋）の修理にかかり、十日後には軽列車を通せるまでに修理した。橋上に板を敷けば、自動車も通れる。

この当時、第二十五軍の自動車数は千輌以上あったが、これでようやく、多数の自動車が連絡、補給に、かなり自由にうごけるようになった。

松井第五師団長は、十二月三十日、海上機動部隊となった渡辺支隊（歩兵第十一連隊主力ほか）長にたいし、要旨、つぎのような命令を下した。

「ルムト（ブランジャの南々西約五十キロの海岸）より海上機動で、クワラセランゴール（クアラルンプールの北西約五十五キロの海岸）付近に上陸し、敵の退路を遮断して、師団主力の戦闘を容易ならしめよ」

これに使用する舟艇は、小型汽船・地方舟約二十余隻、小発動艇約四十隻である。

支隊は、十二月三十一日夜半にルムトを出発した。翌一月一日（昭和十七年）早朝、敵機二機の機銃掃射をうけ、その一機を撃墜したが、味方も三人の負傷者を出した。

渡辺は敵機に発見された以上、航行をつづけることは困難として、ベルナム河河口（ルムトの南々東約三十キロのペラク河口、その南々東約二十キロ）の上流（東）約十キロのメリンタムに退避した。

一月二日の午後二時三十分、師団命令をうけた渡辺支隊は、海上機動作戦を中止し、カンパル方面の英軍の退路を遮断するため面のメリンタムの北東約二十五キロのテロクアンソン（北から流れてくるペラク河と、南東から流れてくるスンカイ河の合流点で、ここからペラク河は西海岸に流れてゆく）に向かった。

このときの海上機動戦は、不成功に終わったのである。渡辺が、英軍機や英潜水艦を恐れて、海上を進みたがらなかったためもある。

英軍の第十一インド師団長D・M・ミュレイ・リオン准将は、十二月（一九四一年）二十四日、カンパル陣地の線で、あくまで日本軍の進撃を阻止せよという命令をうけた。

カンパルはブランジヤの東南東約四十キロ、イポーの南東約二十五キロにある。西側にはいくたの河川、ジャングル、沼沢が入り組み、東側には標高千メートルの山があり、防御に適している。

部隊長河村少将の河村部隊主力（歩兵第四十一連隊と、歩兵第十一連隊の一部など）は、十二月三十一日、カンパル北方十キロのカンポンクワラディパンと、その東方約三キロのスンゲイシプト方面の英軍に、北側から猛攻をくわえたが、英軍も猛烈に反撃した。

大隊長大本少佐の歩兵第十一連隊（渡辺部隊）第一大隊は、十二月三十一日の午後五時ごろ、スンゲイシプト方面で、ようやく前進をはじめた。

北西側から川を渡り、湿地を通って南進した大隊長花輪逸市中佐の歩兵第四十二連隊（安藤連隊）第二大隊は、敵に阻止され、容易にカンパル方面に進めなかった。

松井師団長は、戦車一コ中隊、山砲一コ中隊を河村部隊に増勢させ、全軍の攻撃をつよめさせた。

花輪大隊がカンパル河を西から東へ渡河すると、ついに英軍は、南方のカンパル主陣地に後退した。

だが、二十七日からの連日の戦闘で、河村部隊の第一線部隊は極度に疲労し、攻撃力も衰えていた。

第一線に出て、河村部隊の悪戦苦闘を見ていた辻は第五師団司令部にゆき、「河村少将は旅団(河村部隊は歩兵第九旅団)の名誉にかけてもタパー(カンパルの南東約十八キロ)を占領するまでがんばるといっておられるが、わたしが見るところでは、部隊は極度に疲労し、攻撃力も低下している。このさい師団の善処を要望したい」と意見を述べた。疲れた第一線の河村部隊と、元気な第二線の安藤部隊を交代させろというのである。

師団長の松井は熟考ののち、河村の意志を尊重し、河村部隊にはカンパルを占領するまで戦わせ、カンパル占領と同時に安藤部隊を先頭に立てて、追撃させることにした。

このころ、西村琢磨中将がひきいる近衛師団は、カンパル北西約二十五キロのイポーの警備に当たっていた。しかし、河村部隊のカンパルでの苦戦を知った西村は、近衛師団の一部をもってカンパル南西約三十キロ、イポー南々西約五十キロのテロクアンソンを占領し、第五師団に協力したいと、タイピンにいる軍司令官の山下に進言した。テロクアンソンを占領すれば、英軍は左側背を衝かれ、退路にも窮するからである。

しかし、山下は、第五師団だけで十分だとして、すぐにはうけいれなかった。

勝敗もわからない激戦のうちに、昭和十七年元旦の夜が明けた。

カンパルの英軍は数十門の有力な火砲をもち、陣地は思いもおよばなかったほど堅固だと知った松井は、ここではじめて、いままでの追撃態勢による攻撃をやめ、歩兵・戦車・火砲の総合戦力を集中して、一気に敵陣を突破することにした。

しかし、河村部隊の疲労と戦力の低下を思えば、自信がゆらいだ。

前方で南進中の花輪大隊を除き、安藤大佐がひきいる歩兵第四十二連隊を基幹とする部隊は、河村部隊が戦っているカンポンクワラディパンの北方一〜二キロ付近で待機していた。

正午ごろ、安藤は松井から、安藤部隊を河村部隊より先に前進させることにしたいという内意を伝えられた。すぐさま師団司令部へ出頭した安藤は、松井に進言した。

「武士の情宜として力攻中の友軍を超越（追い越す）するに忍びない。今日の元旦中にはかならず陥落するだろうから、一日の猶予を願いたい。もし本日中にも攻撃成功せば、ただちに超越前進するよう準備します」

中隊長信岡大尉の歩兵第四十一連隊第二大隊第七中隊は、一月一日の午前十一時すぎ、カンパルへゆく山の西麓の本道ちかくで、信岡大尉を中心にして、後方の予備隊の手で届けられた正月の餅を、一人一個ずつ、ほろりとしながら食べた。キツネ色に焼けた餅であった。だが、その餅を食い終わった瞬間、敵の砲弾が炸裂して、信岡中隊長以下、数人が戦死してしまった。

隊員たちは深い悲嘆に沈んだが、第二小隊長の上部少尉が指揮して、全員が一人用のタコツボを掘って入り、射撃を再開した。

そのとき、戦闘帽をかぶり、無精ヒゲを生やし、丸い黒ワク眼鏡をかけた辻が、たけだけしい狼のように平然と歩いてきて、どなった。

「なにをぼやぼやしとる。そんなことで、中隊長の弔い合戦ができるか」

みんなタコツボの中に入りこんで首をすくめているのに、辻は敵弾が飛んでくる方に背を向けて立ち、

「勇敢な兵隊にはチョコレートをやる。取りにこい」という。

何人かがタコツボを出て、辻のところへゆき、チョコレートをもらった。その一人の樽田篤麿上等兵は、辻からするどく聞かれた。

「小隊長はどこにいるか」

「あそこにおられます」
五、六メートル先のタコツボを指さすと、
「ああ、この小隊長はだめだ。おまえが、小隊長をやれ」

聞こえよがしの大声を出した。

たまげた小隊長は、軍刀を抜いて立ち上がり、

「突撃」と号令をかけてとび出し、全員それにつづいた。

辻は、中隊長が戦死して闘志を失った隊員たちに気合いを入れ、立ちなおらせようとしたのであろう。

だが、これは勇猛で風変わりな一匹狼のように面白くはあっても、はなはだ越権的だし、これみよがしで、反面教師にすべきものになった。

第五師団の戦況が進展しないのにシビレをきらした山下は、この一月一日の昼すぎ、ついに近衛師団の一コ大隊を、イポーからテロクアンソン攻略に派遣させることにした。

西村近衛師団長は、大隊長吉田勝中佐の第四連隊第三大隊を吉田支隊として、イポーからキンタ河（イポー方面から南々西に流れ、ペラク河に注ぐ）を下らせ、南々西約五十キロのテロクアンソンに向かわせた。

午後三時、河村部隊の第一線部隊は、砲兵の支援砲撃をうけながらカンパル陣地に前進をはじめた。戦車中隊の約十輛の戦車も前進する。

大隊長宮本菊松少佐の歩兵第四十一連隊（岡部連隊）第一大隊（前鉄道突進隊）は、カンパルの英軍の右側背を衝くために、カンパル東側の山地に踏み入った。

だが、やがて戦車は小川の橋が爆破されていて進めなくなり、歩兵部隊の将兵は、疲労と英軍火砲の猛射でうごけず、そのまま夜となった。

英軍の火砲が多数で、射撃が正確なことが日本軍の進撃を阻止したのである。

戦死した信岡大尉の中隊その他の第一線から、後方のゴム林内の第五師団司令部にもどった辻は、海上機動部隊の渡辺支隊（歩兵第十一連隊主力ほか）が、今朝、英軍機に襲撃され、メリンタムに退避したことを知った。

メリンタムの北東約二十五キロにテロクアンソンがあり、その北東約三十キロにカンパルがある。

「このさい、渡辺支隊を陸上にもどしてテロクアンソンに向かわせ、近衛師団の吉田支隊とともに、カンパルの英軍の退路を遮断させるべきだ」と辻は判断した。

辻の意見をとりあげた松井師団長は、師団参謀に、約百キロ後方のタイピンにいる第二十五軍司令部に電話をかけさせた。

だが、第二十五軍高級参謀の池谷半二郎大佐は、

「第五師団は、万難を排して海上機動を続行し、渡辺支隊を、敵後方のクワラセランゴール方面に進出せしめよ」という要旨の軍命令をつたえた。

「百キロも後方で屠蘇を飲んでいて、第一線の情況がわかっておらん」

カチンときた辻は、自分で軍参謀長の鈴木中将に電話をかけ、渡辺支隊の陸上転用をつよく要求した。しかし、鈴木も応じない。業を煮やした辻は、

「作戦主任としてご信用にならないなら、いますぐ辞めさせてください」と、反抗した。

温厚な鈴木は、穏やかにたしなめたが、辻は承知しない。けっきょく、「軍命令は変更しない」という鈴木の結論で電話は切られた。

辻はおさまらず、自動車でタイピンへ向かい、一月二日午前二時すぎ、第二十五軍司令部に着いた。

全幕僚を前にして、辻はふたたび、渡辺支隊の陸上転用を猛烈に強調した。

だれも賛成しない。辻は我慢できず、

「作戦主任を辞めさせてください」と、ごねた。

それでも、主張は通らなかった。憤懣やる方ない辻はフテ寝して、正午ごろまで仕事をし

なかった。

これほど我がつよく、下剋上で、自分勝手では、どんなに意見が正しくても、支持するわけにはいかなくなろう。

鈴木、池谷などから話を聞いた山下は、一月三日の日記に書いた。

「辻中佐（政信。参謀）第一線より帰り私見を述べ、いろいろの言ありしという。この男はやはり我意強く、小才に長じ、いわゆる、こすき男にして国家の大をなすに足らざる小人なり。使用上注意すべき男なり。小才者多く、がっちりしたる人物乏しきに至りたるはまた教育の罪なり、特に陸軍の教育には、表面上端正なる者を用いて小才を愛するゆえに、年とともにこの種の男増加するには困りたるものなり」

もっとも、こう書いた山下も、カンパルの敵情や味方の情況を正確に知らず、戦況が思うように進展しないことについて、

「大隊長らの元気不足なればなり」と、ひどく主観的で、見当ちがいなことをいっていた。

山下軍司令官、鈴木軍参謀長以下の軍司令部にも、情況判断が甘いという欠陥があったことは、否定できない。

イポーからキンタ河を南々西に下った近衛師団の吉田支隊は、一月二日未明、テロクアンソンの奇襲上陸に成功し、またたくまに同地を占領した。

山下軍司令官からカンパル敵陣地の突破を督促された松井第五師団長は、この日午前十時

半ごろ、疲労困憊した第一線の河村部隊に見切りをつけ、第二線の安藤部隊に、
「すみやかにカンパル敵陣地を突破し、敵を急追してタパー（カンパルの南東約十八キロ）、スンカイ（カンパルの南東三十五キロ）、タンジョンマリム（カンパルの南東約八十キロ）道を突進せよ」という命令を下した。

安藤は、池があり、三線の鉄条網が張られ、大砲、機関銃、迫撃砲などを配備する、高地の堅固な英軍陣地を抜くには、夜襲しかないと判断した。正午ごろ各大隊の展開が終わり、安藤は敵砲弾下を河村のところにゆき、第一線の交代を告げた。

スンゲイシプト方面から東方の山中を迂回しようとしていた大本支隊（歩兵第十一連隊第一大隊）は、午後零時半ごろ、前方（南方）に橋梁爆破音を聞き、敵退却の徴候と判断して、第五師団司令部に、
「敵退却の兆《きざし》あり、支隊は、本夜闇を利用して夜襲を決行する」と報告した。

このころ西海岸のベルナム河口に近いメリンタムにいた海上機動部隊の渡辺支隊（大本少佐の第一大隊をのぞく歩兵第十一連隊が基幹）は、第二十五軍から、「万難を排して海上機動を続行し、クワラセランゴールに上陸せよ」と命じられていた。

しかし、渡辺は、松井第五師団長に、
「支援行動は敵に知られ、敵艦隊の北上が予期され、クワラセランゴールへの上陸は困難と判断する」という旨の報告をして、動かなかった。

松井は渡辺に同意し、山下軍司令官の承認を得て、午後二時三十分、渡辺支隊に対して、

「渡辺支隊は主力をもって、すみやかにテロクアンソン、スンカイ道を急進し、スンカイ付近の敵の退路を遮断せよ」という要旨の命令を下した。

こうして渡辺支隊は、舟艇を降り、陸路テロクアンソンに向かったのである。

一月二日になってからだが、安藤部隊は河村部隊にかわって第一線に進出し、渡辺支隊は陸上に移動して英軍の退路遮断に出発し、辻がやかましく主張していたとおりになった。最前線を歩き、情況をよく知っていた辻の判断が正しかったようである。といっても、自説を通すためにとった辻の態度がよくなかったことも確かである。


安藤部隊はこの一月二日、薄暮に乗じて敵陣地に突入した。午後九時半ごろ、大隊長丸谷順助少佐の歩兵第四十二連隊第一大隊は、カンパル村の南端で英軍の集中砲火を浴びたが、射撃の間断を利用しながら南進した。


大隊長花輪中佐の第二大隊は、西方を迂回してタパーに進撃した。

一月三日午前一時半ごろ、第五師団の命をうけた渡辺支隊主力は、カンパルの英軍の退路を遮断するためにテロクアンソンを出発し、近衛師団の吉田支隊のあとを追い、スンカイ(テロクアンソンの東方約三十キロ、カンパルの南東約三十五キロ)へ向かった。

市川少佐が指揮する同支隊第三大隊(前の偽装部隊)は、テロクアンソンで主力と分かれ、ひときわ深く英軍の背後を遮断するため、西海岸道路をメリンタム、クワラセランゴール(メリンタムの南東約八十キロ、クアラルンプールの北西約五十五キロ)へ急進した。

この一月三日の夜明けごろ、タパー方面に爆発音があった。西側を南進していた花輪大隊の後方進出を恐れ、英軍が退却をはじめたのである。

花輪大隊は午前八時に、安藤部隊の先頭は午前九時に、大本支隊は午後二時二十分に、それぞれタパーに進出した。

花輪大隊は午後一時ごろ、南方の英軍を駆逐して、さらに追撃にうつった。

英軍は退却するとき、すべての橋を爆破し、日本軍の対岸に歩・砲兵をのこして、追撃を遅らせようとした。

これらの破壊された橋梁を修理した工兵隊の働きは驚異的であった。

連隊長横山与助大佐の独立工兵第十五連隊は、第五師団工兵第五連隊とともに、シンパンチガ（カンパルの南東約十二キロ）からスンカイ（カンパルの南東約三十五キロ）までの七〜八カ所の爆破された橋を、たった一日半で修理した。

最後のスンカイ橋の修理が完了したのは、一月六日で、これで約二日間行程がひらいていた第五師団主力は第一線に追いつき、砲兵、戦車も前進することができるようになった。

辻は戦後の昭和二十七年に『シンガポール』という本を出版した。そのなかで、敵弾の中を自転車で昼も夜も走りまわり、道路、橋の材料をあつめ、作業を指揮していた横山のことを、挺進隊長の佐伯のこととともに、こう書いた。

「陸大卒生がぜんぶ、どこの戦場でも、黙々と勇敢に陣頭に立ち、佐伯や横山のように戦っていたら、ちがっていたろう」

佐伯も横山も陸軍大学校に行っていない。横山は陸士二十五期で、陸大出の同期生は中将か少将になっている。佐伯(中佐)は陸士二十八期で、陸大出の同期生は少将か大佐である。

だが、実戦で本当に役に立ったのは、進級はおくれていても、誠実なかれらのような男たちで、陸大出の多くは安全なうしろにいて、現実にマッチしないことをやり、役に立たなかった、ということのようである。一理あるといえる。

遠藤三郎少将が指揮する第三飛行団(戦闘機二十四機、襲撃機三十六機、軽爆撃機五十四機)は、一月三日の朝から、全力を挙げて英軍を攻撃し、退路遮断につとめ、陸上部隊の追撃に協力した。

安藤部隊は、一月四日の午後二時ごろ、スンカイに入った。

午後三時すぎ、西からきた渡辺支隊と近衛師団の吉田支隊が、ぞくぞくとスンカイに入ってきた。

渡辺支隊が陸に上がったあと、一月六日、近衛歩兵第四連隊(第三大隊欠)が、陸上部隊兼海上機動部隊の主力となった。

第四連隊の連隊長は、一月二日に正木大佐と交代した国司《くにし》憲太郎大佐で、部隊の兵力は第四連隊のほか、工兵一コ中隊、独立速射砲一コ小隊、無線一コ小隊、衛生三分の一コ小隊である。

「クワラセランゴール、クラン(クワラセランゴールの南東約三十五キロ)付近をへて、カジャン（クランの東南東約四十キロ、クアラルンプールの南々東約二十キロ）方向に深く侵入し、敵主力の退路を遮断せよ」という要旨の第二十五軍命令をうけた国司支隊は、一月七日の午前三時、イポーを出発し、テロクアンソン、サバクをへて、ぶじに九日、クワラセランゴールに進出した。

大隊長伊藤光治少佐の国司支隊第二大隊は、同日の午後三時三十分、支隊主力と別れ、舟艇でクワラセランゴールから南下し、十日の午後五時三十分、なんら抵抗もうけずに、モリブ（クワラセランゴールの南々東約七十キロ）付近に上陸した。

ついで陸路、北東へ急進し、一月十一日午後九時、目標の要衝カジャンを占領した。

第五師団の渡辺部隊がクアラルンプールに突入したのとほとんど同時である。

国司支隊主力は、一月九日の午後四時ごろ、クワラセランゴールから、陸路クランへ急進し、途中、少数の英軍を撃破しながら、一月十一日正午、クランを占領した。

クランはクアラルンプールの外港ポートスウェッテンバンの東北東約十五キロの要衝で、これによってクアラルンプール方面の英軍は、海上へ逃げることが不可能となった。

国司支隊は、渡辺支隊ができなかった海上機動作戦を、みごとに成功させたわけである。

辻はこれについて、要旨、

「渡辺支隊は海上機動の訓練を積んでいたが、国司支隊は未熟であった。しかし、国司支隊は、敵機や敵潜水艦などを恐れず、勇敢に海上を前進した。盲蛇に怖じずであったかもしれない。しかし、その無鉄砲が敵のウラをかき、遠く深く敵の背後に奇襲上陸することに成功し、チャーチルを激怒させ、パーシバルをがっかりさせたのだ」といっている。

国司支隊の舟艇は小さく、陸地にちかく航走したため、潜水艦は近よれず、飛行機は低空でしか攻撃できなかった。それに、日本陸軍の新鋭戦闘機隊が、この海上機動部隊を掩護した。これらもまた、成功の要因であった。

渡辺部隊（支隊）は英軍を追撃しながら南進し、一月九日の夜、クアラルンプール北々西約四十キロのセレンダーに進入した。

クワラセランゴールを出て東進した市川支隊（渡辺部隊第三大隊）は、この日の早朝からバタンベルジュダイ（クワラセランゴールの東約十五キロ）を突破し、ラワン（セレンダーの南約十二キロ）へ急進していた。

そのころ、前記のように、国司支隊主力は、クワラセランゴールから、クアラルンプールの外港ポートスウェッテンバンを扼するクランに向かい、同支隊伊藤大隊は、舟艇で南下していた。

クアラルンプールの英軍は、この情勢を見て、翌一月十日夜、クアラルンプール地区を退却することを決定したのである。

大隊長三柴恒夫少佐の歩兵第十一連隊（渡辺部隊）第二大隊が、英領マレー連邦の首都クアラルンプールを占領したのは、昭和十七年一月十一日の午後九時であった。

その直前、第五師団は、各部隊にたいして、師団参謀長指示を通達した。要点は、

「軍人軍属の軍紀風紀の取り締まり。とくに掠奪暴行の予防阻止。

原住民の掠奪防止。

各部隊長はそれぞれ自隊の軍紀風紀の取り締まりを厳にし、警備隊の任務達成を補助す。

とくに部隊宿営地以外にありては伝令車のほか、将校の引率せざる単車の行動を厳禁す。

クアラルンプールにおける徴発は、物資蒐集班一元的にこれを実施し、警備隊はこれが業務を援助す。細部に関しては相互協定するものとす。

前記以外の部隊の徴発はこれを禁ず。

昭和十七年一月十一日

第五師団参謀長　河越重定」

というものである。河越は陸士三十一期の大佐である。

山下は前年の十一月三十日、海南島の三亜港で、各部隊長にたいして、「軍紀風紀を緊粛し、『焼くな、奪るな、犯すな』を厳守すべし。……」という訓示をした。

ところが、ペナン島で軍紀風紀を破る不祥事件が発生した。

十二月十九日にペナン島を占領した大隊長小林朝男少佐の歩兵第四十一連隊（岡部部隊）第三大隊の兵数人が、掠奪強姦をしたのである。

住民の訴えから事実を知った山下は、関係者を処罰しなければならなくなった。

辻は主張した。

「掠奪、暴行、放火するものは、階級のいかんを問わず、即座に銃殺すべきである」

これは本気でいったのか、山下ほか幕僚らの反応を見るためにいったのか、よくわからない。ただ、辻には、天才的なところとともに気ちがいじみたところがあるので、本気だったかもしれない。

山下の判決は、

「軍法に照らし厳罰に処す」という、正常なものであった。

上司の第三大隊長の小林と、連隊長の岡部は、両人とも「重謹慎三十日」とされた。

岡部と小林は、処罰を伝えられ、

「わたくしの不徳のいたすところ、謹んでおうけいたします」とこたえた。

辻のこの発言は、本気にしてもカマをかけたにしても、超法規的で、いいとはいえないであろう。

ペナン島事件の始末が全軍に伝わり、師団参謀長の指示があったためか、クアラルンプールでの日本軍の軍紀風紀はよく維持されたようである。

クアラルンプール市を占領した渡辺部隊は、十三日から飛行場整備にかかった。この飛行場もアロルスター、タイピンとおなじように強大な「チャーチル飛行場」であった。

コタバルに敵前上陸して、捨て身で飛行場を奪取した殊勲の侘美《たくみ》支隊は、その後、マレー半島東岸を南進し、十二月三十一日、中部マレーでクアラルンプールにつぐ要衝のクワンタン市を占領した。ついで、一月（昭和十七年）三日、目標の飛行場も占領した。これも「チャーチル飛行場」であった。

佗美支隊は、全力を挙げてクワンタン飛行場の整備にかかり、一月十日ごろ、およその整備を終了した。

クアラルンプール、クワンタンの飛行場が手にはいり、日本陸軍飛行隊は中部マレーの制空権もにぎることになった。

これで、中部マレーからシンガポールに向かうための空の条件はととのった。

英軍最後の部隊

中部以北とちがい、クアラルンプールから南方はひらけた平地で、道路網も発達し、二コ師団が併進できる。

第二十五軍は、一月（昭和十七年）十日、要旨、つぎのような軍命令を下した。

「軍はシンガポールに向かい、敵を急追せんとす。

近衛師団は西海岸道をゆき、マラッカ（クアラルンプールの南々東約百二十キロ）付近をへてシンガポールに向かい、敵を急追すべし。

第五師団は、クアラルンプールの飛行場整備に協力し、ついでタンピン（クアラルンプールの南東約百キロ）、ゲマス（タンピンの東北東約三十五キロ）、クルアン（ゲマスの東南東約百キロ、ジョホールバルの北西約八十キロ）をへて、シンガポールに向かい、急追すべし。

佗美支隊は現任務（クワンタン付近の警備、飛行場の整備）を続行すべし。

向田支隊は、クアラルンプール付近で第五師団を超越し、カジャン（クアラルンプールの南々東約二十キロ）、タンピン、ゲマス道をゆき、敵を急追すべし」

向田支隊は、連隊長向田宗彦大佐の戦車第一連隊を主力として、戦車団工兵隊、歩兵一コ大隊、野砲兵一コ中隊、速射砲一コ中隊、工兵一コ中隊、無線一コ分隊、衛生隊などから成る機械化部隊である。

この一月十日、連隊長木庭《こば》大《ひろし》大佐の第十八師団歩兵第二十三旅団（佗美旅団）歩兵第五十五連隊が、クワンタンに到着した。

前年の十二月二十八日にコタバルに上陸し、佗美支隊のあとを追ってきたものである。

向田支隊は一月十二日の午後、第五師団を追い越して先頭に立ち、十五日の午後十時、花輪先遣隊（歩兵第四十二連隊第二大隊）とともにゲマスに突入した。

杉浦英吉少将がひきいる第五師団歩兵第二十一旅団（歩兵第二十一連隊〈島根県浜田〉、野砲兵第五連隊第二大隊など）は、一月十四日ごろシンゴラに上陸し、一月十七日にクアラルンプールに入り、ついでタンピン東北東約三キロのカンポンケドクに進出した。

連隊長岩畔《いわくろ》豪雄《ひでお》大佐の近衛歩兵第五連隊は、一月十六日の早朝、英軍機械化部隊を撃破して、シンパンジュラム（マラッカの東南東約四十キロ）に入った。

国司支隊（近衛歩兵第四連隊）主力は、十六日の夕刻からムアル市街（マラッカの南東約三十キロの海岸）の掃蕩にかかった。

大隊長岡春雄中佐の国司支隊第一大隊は、マラッカから舟艇による海上機動で南下し、一月十六日の午前八時、主力から遠く離れたバトパハ（ムアルの南東約五十キロ）付近に上陸した。この果敢な挺進行動は英軍を恐怖させ、日本軍を奮起させた。源義経の鵯《ひよどり》越えのようなものである。

一月十日にクワンタン飛行場の整備を概了した佗美支隊は、十一日、クアラルンプールをへて軍主力方面に転進せよという第二十五軍の命令をうけ、クワンタンを出発した。一月十二日にはクワンタン南西約四十キロのマランに達し、山地、川、沼沢、ジャングルを歩き、一月二十四日、ようやくクアラルンプールに辿りついた。ついで、自動車、自転車で、第一線のクルアンへ進んだ。

一月十日にクワンタンに到着した木庭支隊（歩兵第五十五連隊）は、十一日朝から東岸道を南進し、一月二十二日の未明には要港エンドウ（クワンタンの南々東約百三十キロ、ゲマスの東約百二十キロ）を、一月二十六日の未明には、これも要港のメルシン（エンドウの南東約三十キロ）を占領した。

同日午後、ふたたびメルシンを出発した同支隊は、英軍の激しい抵抗をうけたが、これを撃破して、二十八日には、クルアンから救援にきた佐伯支隊とゼマラン（メルシンの南々東約二十五キロ）付近で合流し、飛行場があるカハン（ゼマランの西約二十キロ）をへてクルアンへ進んだ。

日本軍の各部隊は、こうして、中央、西、東の陸路と、西海岸の海路を、優勢な飛行隊の協力をうけながら南進し、ひた押しに各地の英軍をシンガポール方面に追いつめていった。

牟田口廉也中将がひきいる第十八師団主力は、シンガポール攻略戦に参加するために、一月二十二日の夜、シンゴラに上陸した。

この師団は、歩兵第二十三旅団（旅団長佗美浩少将）、歩兵第三十五旅団（旅団長川口清健少将）の両司令部、歩兵第五十五、第五十六、第百十四、第百二十四連隊、騎兵第二十二大隊、山砲兵第十八連隊、工兵第十二連隊、師団通信隊、輜重兵第十二連隊などから成る。

歩兵連隊は、三コ歩兵大隊、連隊砲中隊、速射砲中隊、通信中隊から成っている。

歩兵大隊は、四コ歩兵中隊、機関銃中隊、歩兵砲小隊から成る。

騎兵大隊は、乗馬二コ中隊、機関銃一コ中隊から成る。

山砲兵連隊は、三コ大隊、うち二コ大隊は山砲、一コ大隊は野砲という編制である。

ただし、歩兵第二十三旅団司令部、歩兵第五十六連隊などは佗美支隊として、歩兵第五十五連隊は木庭支隊として、すでに前線に出ている。

第三十五旅団司令部と歩兵第百二十四連隊などは川口支隊として、英領ボルネオ攻略に参加するために、南部仏印のカムラン湾に待機している。

牟田口は連隊長小久久大佐の第百十四連隊ほかの部隊をひきいて、クアラルンプールからゲマス、クルアン方面に急行するのである。

ところが、マレー縦貫鉄道は、まだクアラルンプール付近までしか通じていないうえに、軍需資材輸送で手いっぱいで、軍隊輸送までの余力がなかった。

しかも師団が持つトラックは百輛に満たず、これでは全軍を運べない。

牟田口は第二十五軍に救援を要請した。

辻は、第五、近衛両師団の作戦主任参謀に、できるだけのトラックと運転手を提供してもらいたいと、電話をかけた。

しかし、両師団とも余力がないといって応じない。

辻は一策を案じ、ふたたび両師団の作戦主任参謀に電話をかけた。

「師団長に、同期生の牟田口閣下が困り抜いているのに、知らん顔をして助ける意志はないのかと確かめてから、もういちど返事をしてもらいたい」

これは利きめがあって、両師団は、運転手つきトラックを百五十輛ずつ提供する、と返事をした。

終局的には、合計五百輛となったトラック部隊は、一月二十四日の朝から二十五日にかけてシンゴラに到着し、第十八師団主力を、つぎつぎにクアラルンプールをへて、第一線にはこんだ。

牟田口は、一月二十七日、ゲマスの軍戦闘司令所で山下軍司令官に会って申告し、二十九日、クルアンに到着した。

侘美支隊、ついで木庭支隊は、ここで牟田口の指揮下に入った。

シンガポール攻略軍である第五師団、近衛師団、第十八師団が、こうしてジョホールバルを目前にして勢ぞろいをした。

マレー半島にいた全英軍の最後の部隊が、一月三十一日、シンガポール島内に撤収した。

この日午前十時、第二十五軍はシンガポール攻略の軍命令を下した。やはり辻が起案したもので、その方針は、

「軍はジョホール水道以北の敵を撃破せば、周到なる準備をととのえ、つとめて敵を陸橋以東の地区に牽制しつつ、全力をもって陸橋以西の地区より強襲し、すみやかに先ずブキテマ付近の要線に進出し、なお敵降伏せざるにおいては全島を攻略席捲せんとす」というものである。

ジョホール州とシンガポール島の間にあるジョホール水道は幅が約千メートル、潮汐《ちようせき》の干潮差が約二メートルの小海峡である。

「以北の敵」は、ジョホールバルにいたるまでのマレー半島内の英軍をいう。

ジョホールバルから対岸のシンガポール島北端のウッドランドにつながる堤道が「陸橋」である。

陸橋の対岸東側は、シンガポール軍港（セレター軍港）地区になっていて、岸壁が高く、堅固な防御施設があり、上陸がむずかしい。

陸橋の対岸西側はたいした防御施設がなく、舟艇が達着でき、上陸しやすい。

「つとめて敵を陸橋以東の地区に牽制しつつ（この地区に上陸しそうにみせかけ、英軍をひき

つけ)、全力をもって陸橋以西の地区より強襲し」というのは、このような敵情から出された戦法である。

ブキテマはウッドランドの南約九キロ、島南端のシンガポール市街から北西約七キロの要衝で、北東側に最高標高二百七十五メートルのブキテマ高地があり、その東方にはシンガポールの二つの水源池がある。

ジョホールバルの西方に集結した第五師団と第十八師団は、二月三日、師団の渡航攻撃計画を各部隊に下達した。

ジョホールバルの北方から東方にかけて集結した近衛師団は、目につくように、自動車を東方に走らせたり、海岸ちかくを歩き、英軍を騙《だま》しにかかった。

英軍砲兵と重要施設を撃破する軍砲兵隊は、主力がジョホールバルの北側、一部がジョホールバル北東約十キロの五七二高地付近に陣をかまえた。各砲はそれぞれ十基数の弾薬を持っている。一基数は、野砲、山砲の場合が百発、重砲の場合が五十発である。

ジョホールバルの西北西約十五キロのスクダイに、二月四日に進出した第二十五軍司令部は、二月六日の午前十一時、要点、つぎのような軍命令を下した。

「軍は二月八日夜、ジョホール水道を渡り、すみやかにシンガポールを攻略せんとす。

第十八師団は、八日午後十二時、ペルパ河(ジョホールバルの西南西約八キロ)以南の地区より水道を渡り、神速にテンガー飛行場(ペルパ河口の南東約六キロ)西南側地区に進出し、

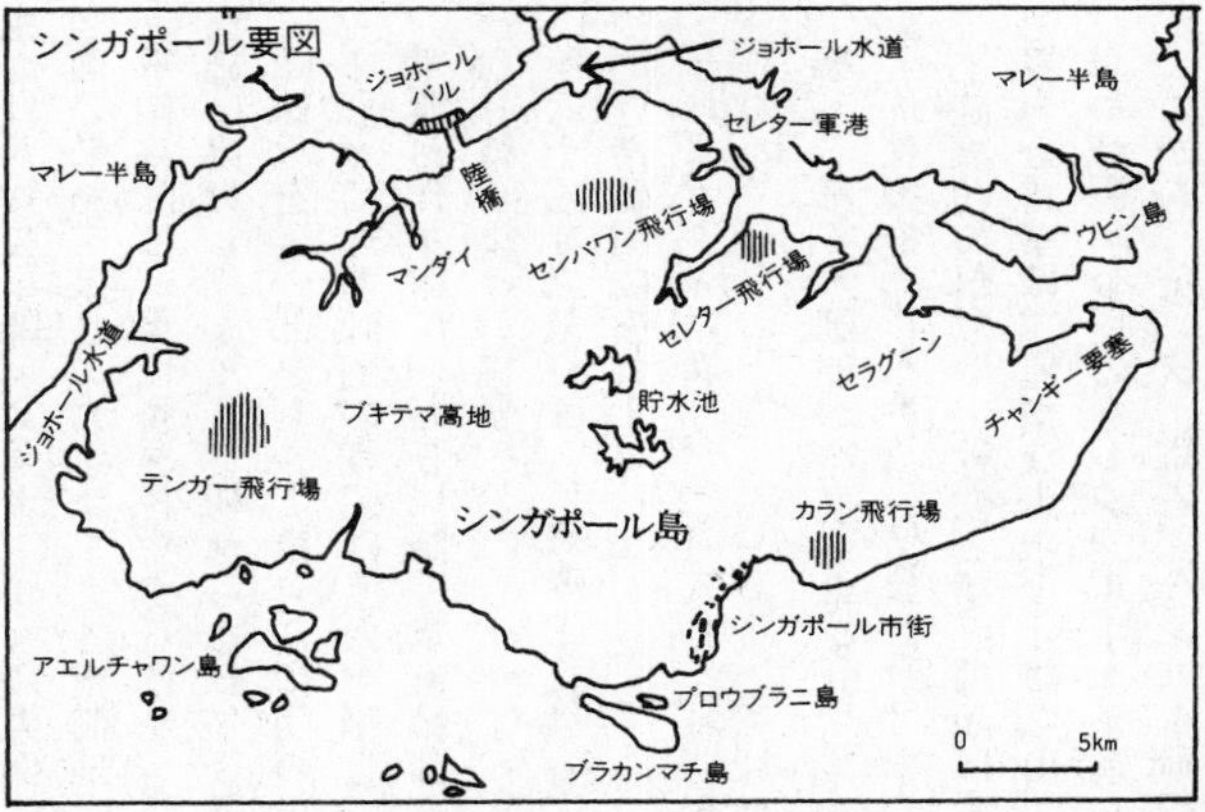

ついでブキテマ（テンガー飛行場の南東約六キロ）西南方向に向かい敵を攻撃すべし。

第五師団は、二月七日夜、陸橋付近で陽動を実施し、八日午後十二時、マラユ河河口（ジョホールバルの西方約六キロ）両側より水道を渡り、当面の敵を突破し、神速にテンガー飛行場（マラユ河の南々東約六・五キロ）南端地区に進出し、ついでブキテマ東北側に向かい敵を攻撃すべし。

なるべくすみやかに有力なる一部をもってマンダイ（ブキテマの北々西約五キロ、ウッドランドの南々西約五キロ）付近の敵を背後より攻撃し、近衛師団の二月九日夜以降におけるジョホール陸橋からの進出を容易ならしむべし。

近衛師団は二月七日夜、一部をもってウビン島（ジョホールバルの東南東約十六キロ、セレター軍港の東約七キロ、この島の南方対岸にチャンギー要塞がある）北角に奇襲上陸し、敵を牽制抑留せしめ、主力は八日夜以降、ジョホールバル方面に転進し、九日夜以降、陸橋方面より水道を渡り、当面の敵を突破し、まずマンダイ南側地区に進出し、軍作戦を有利ならしむべし。

軍砲兵隊は、現任務を続行するほか、二月七日、一部をもって近衛師団と第五師団の陽動実施に協力し、また八日朝から九日午後三時までは、主力をもって第五師団の正面にたいする敵砲兵を、一部をもって第十八師団の正面にたいする敵砲兵を制圧し、九日午後三時、主力をもって近衛師団の戦闘に協力すべし。

軍渡河作業隊は、九日以降、軍直轄部隊の渡河を担任し、必要に応じた近衛師団の渡河を援助し得るよう準備ずべし。

第八十三独立飛行隊（偵察機十八機、直衛機十二機）は、現任務を続行するほか、一部をもって近衛師団に協力すべし。

予はスクダイに在り。二月八日、戦闘司令所をジョホールバル西北王宮高地に推進す。

第二十五軍司令官　山下奉文」

第五、第十八師団の渡航用舟艇は、それぞれ工兵が操縦する小発動艇（五十人乗り）五十隻、折畳機舟（八人乗り）百隻である。

上陸成功の信号は、近衛と第五師団は青吊星、第十八師団は赤吊星である。

軍の合言葉は、赤穂浪士のように「山」「川」とされた。

軍の戦闘司令所となるジョホール王宮からシンガポール島北部までは約千メートルある。

ここから、セレター軍港、テンガー飛行場も手にとるように見える。

緑の芝生に囲まれ、高地上に屹立する白亜の王宮は絵のように美しい。

辻は、王宮地の東端に建つ望楼の最上階を作戦室とした。ラセン鉄梯子を昇った五階の四畳半ほどの狭い部屋だが、四方がガラス張りになっている。展望が最高で、戦況を見るのにこれ以上のところはない。

ただ、王宮といい、望楼といい、英軍火砲の射程距離内にあるので、砲弾をうければ、山下軍司令官にしても、辻参謀にしても、まず命はないであろう。

だが、山下は、辻の進言を入れ、国運を賭ける一戦に、みずから陣頭に立つことにした。

これにたいし、マレー軍司令官パーシバル中将のシンガポール防衛配備計画は、つぎのようなものであった。

「豪州第八師団と独立インド第四十四旅団は、ジョホール陸橋とその以西を防衛する。

（豪州第八師団の第二十二旅団はムアル、バトパハ〈南部マレー西岸〉で近衛師団に敗れ、第二十七旅団はゲマス〈南部マレー中部〉で第五師団に敗れ、ともに兵力の三分の一を失った。一月二十三日にシンガポールに到着した第四機関銃大隊が、それを補充するために新たに配属された）

インド第三軍団はジョホール陸橋（これはふくまず）以東を防衛する。（インド第三軍団は、英第十八師団とインド第十一師団から成る。インド第十一師団はマレー半島の戦いで大損害をうけ、現在は新しい部隊のインド第八、第二十八旅団から成っている）

シンガポール要塞司令官のF・ケイト・シモンズ准将が指揮する第一マレー旅団、第二マレー旅団、海峡植民地義勇部隊、要塞部隊は、チャンギー（シンガポール島東部の要塞地帯）以南（チャンギーをふくむ）地区と、ブラカンマチ島、プロウブラニ島（以上の二島はシンガポール市南方の島）などを防衛する。

インド第十一師団のインド第八旅団は、総予備隊として予備地区に配置される」

ジョホール水道に面する海岸に前哨部隊を配置し、その内側に反撃の拠点をつくり、機を見て攻勢に転じようというものである。

防御の重点は、ジョホール陸橋東のセレター地区だが、この配備は近衛師団の陽動以前に決定されていた。

マレー軍司令部情報将校のジェームズ大尉は、のちに語った。

「総督および軍司令官が一般市民の動揺を心配し、シンガポール島の北部と西北部の適当な防備施設をつくらなかったことは、わたしとしては忘れ難いほど遺憾なことである。

陸橋を破壊しなかったことも、軍司令官の責任である。陸橋の破壊がきわめて困難であることを熟知していた工兵隊から破壊作業着手の要求があったのに、司令部が躊躇したため、けっきょく時期を失い、ジョホール寄りの一ヵ所を、数ヤードだけしか破壊することができなかった」

真の勝利

赤道まぢかのシンガポール島は、東西約三十キロ、南北約十七キロ、中央部に標高二百メートルから四百メートル級の山々があり、川が八方の海に流れ、湿地も多い緑の島である。

シンガラ方面から南下してきたマレー縦貫鉄道と街道は、ジョホールバルから陸橋（堤道）を通り、南端のシンガポール市街までつづいている。

英国はここと香港を二大根拠地にして、八十年以上にわたり、極東の植民地経営、つまり極東侵略をすすめてきた。

その一つの香港は、前年の十二月二十五日、日本軍が占領した。

いまは、山下軍がシンガポールを攻撃し、もうひとつの根拠地も奪取しようとしている。

いわば、白人帝国主義国の英国と、黄色人帝国主義国の日本の戦略要地争奪戦というものだが、ここではその問題は抜きにする。

二月七日の夜ふけ、近衛師団のウビン島支隊は、ウビン島への奇襲上陸を決行した。

ウビン島はセレター軍港の出入口を扼する要衝で、中央部に標高二百四十五メートルの山があるが、西北角付近は百メートルほどの高地がつらなっている。

ボーキサイトを産出し、全島岩山で、海岸は泥ぶかい。

だが、この島からは南方対岸のチャンギー要塞が眼下にある。

独立速射砲第一大隊長の佐藤中佐を長とする約四百人のウビン島支隊は、約二十隻の八人乗り折畳機舟に乗り、三回にわたって、イルカの群れのように水道を横切った。

二月八日の午前零時四十分、ウビン島西北角に、奇襲上陸成功の青信号弾が上がった。

暗いうちに山砲二門も揚陸できた。

二月八日の朝から、近衛師団の全砲兵は、ウビン島対岸のチャンギー要塞を猛射した。野砲三十六門、歩兵連隊砲十二門、野戦重砲四門、合計五十二門で、これをゴム林内の広正面に分散配置して、射撃したのである。

英軍機もこれらの砲の位置を確認できないため、英軍は、この砲兵力を倍ぐらいに見誤ったようである。

ウビン島支隊は、午前九時ごろまでに二四五高地をふくむ島の西半分を攻略し、ひきつづき全島の掃蕩をすすめた。

現場にきて一部始終を見ていた辻は、緒戦の成功に気をよくして、午後四時すぎ、王宮の高地に帰った。

山下軍司令官、鈴木軍参謀長、馬奈木参謀副長、池谷高級参謀らは、この日の午前十時にスクダイを出発して、戦闘司令所を王宮に進めていたのである。

ジョホールバル北方の軍砲兵隊主力は、この日午前十時から、標高四百四十二メートルのマンダイ山（ジョホールバルの南々東約五キロ）の英軍観測所に集中射撃を浴びせ、これを破壊した。

ついで西の第十八師団正面の英軍砲兵、その東隣り第五師団正面の英軍陣地、さらにマンダイ山北側から西のテンガー飛行場にかけての英軍砲兵に、大量の砲弾をぶちこんだ。

日本軍の二倍の兵力を持つ英軍砲兵隊の日本軍にたいする砲撃も凄まじく、ゴム林がつぎつぎにふっ飛ばされた。

しかし、軍司令部がある王宮には、一発の砲弾も飛んでこなかった。由緒ある文化財を破壊したくなかったのと、丸見えの王宮に山下らがいるとは思わなかったからである。

パーシバルは、兵力を倍にみせかける近衛師団の陽動、とくにウビン島占領を見て、日本軍は陸橋以東に上陸しようとしているという判断をつよくした。

二月八日午後十一時、日本軍の全火砲四百四十門が火を噴き、対岸にある英軍陣地に必中弾を浴びせはじめた。

辻は王宮高地の望楼トップから、ガラス戸越しに戦況を見ていた。

日本軍の野砲、山砲は一門二百発、重砲は百発を、水際を射撃する英軍の火器にぶちこむはずである。

英軍陣地まえの鉄条網が切断され、掩蓋陣地がふっ飛ぶ。

午後十二時、西（ペルパ河以南）の第十八師団と、その東隣り（マラユ河両側）第五師団の第一回渡航部隊が乗る大小三百隻の舟艇が、ジョホール岸をいっせいに発進し、星もない暗夜の海を、全速力で対岸のシンガポール島に向かった。

敵陣地の各所から、大砲、機関銃の急射撃がはじまったが、味方の砲撃に撃破されたためか、それほど凄くはない。

水道をおおって走る舟艇群は、みるみるうちに敵岸に接岸した。

第五師団方面で青吊星の信号弾が上がり、しばらくして第十八師団方面で赤吊星の信号弾が上がった。九日の午前零時十分であった。

望楼で見ていた辻は、万感胸に満ち、滂沱と涙を流して、思った。

「これでシンガポール攻略戦に勝った」

工兵が操縦する小発と折畳機舟（二隻を横につないだもの）はただちにひき返し、敵弾の中を、第二回渡航部隊、ついで第三回渡航部隊をはこんだ。

第五、第十八師団の師団長をふくむ全部隊（砲兵隊の主力をのぞく）は、二月九日の午前七時までに、ほとんど損害もなくシンガポール島に上陸し、ひきつづき前面の英軍を撃破しながら、目標方面に急進した。

日露戦争で旅順を攻撃した軍司令官乃木希典《まれすけ》大将の第三軍は、最高に堅固な要塞に、ロシア軍の火砲を制圧しないまま、歩兵の肉弾突撃をくり返し、無為に数万の死傷者を出してしまった。

このジョホール水道渡航作戦は、その乃木軍の無残な戦訓を活《い》かしたことになるが、それにしても、その手際のよさは、乃木軍とは比較にならないし、川中島の上杉謙信にも勝るとも劣らないといえそうである。

山下軍司令官以下幕僚の主力は、二月十日午前六時にジョホール王宮を出て、舟艇で水道を渡り、軍戦闘司令所をテンガー飛行場（ジョホールバルの南西約七・五キロ）北方のゴム林内に進めた。

第五師団と第十八師団がテンガー飛行場を占領してまもないころで、英軍の重軽砲弾がしきりに付近に落下し、英兵もちかくに出没していた。

ただちに、ジョホール王宮と電話線をつなぎ、王宮にのこっている後方幕僚と、弾薬、重砲、戦車の輸送などについて、通話ができるようにした。

山下と幕僚らは、地面に敷いた天幕にあぐらをかいて、乾パンの朝食を食いはじめた。

そこへジョホール王宮から、船舶主任参謀の解良《けら》七郎中佐が駆けつけ、要旨、つぎのような報告をした。

「昨夜半、近衛師団長（西村中将）と参謀長（今井亀治郎大佐）が王宮にこられ、血相を変えて、『近衛師団が九日の日没後、陸橋西側で渡河を開始したところ、第一線連隊が敵の石油戦術にひっかかり、水上で火攻めにされて、ほとんど全滅してしまった。この責任は軍にある。十分準備をせずに、むちゃな渡河をやり、死傷者多数を出したことをどうしてくれるか』とどなられました」

さすがの山下も、英軍の石油戦術で、一連隊全滅と聞いて、顔色を変えた。

まもなく近衛師団の参謀が、山下の指示をうけにやってきた。

山下から近衛師団をどう使うべきかと聞かれた辻は、責任を軍に転嫁しようという西村、今井に反感をおぼえ、強気にこたえた。

「いまさら軍命令を変更する理由はありません。この攻撃は、第五、第十八師団だけでも勝てそうです」

山下は熟考ののち、近衛師団の参謀に、大声でいいわたした。

「貴官は早く帰って、師団長に伝えよ。近衛師団は好きなように、勝手にせよと」

午後、王宮の軍幕僚から、ゴム林の軍戦闘司令所に電話がかかった。

「近衛師団の報告は誤りでした。状況を確認したところ、損害僅少で、師団の第一線は、目下、陸橋両側の敵陣地を攻撃中です。師団長は軍命令のとおり、陸橋方面から、今夜、渡河するとのことです」

山下は、この日の日記に書いた。

「その後、石油事件は何事もなきにつき、いぜん前進すとの報あり。ああ、何事ぞ」

辻は戦後、自著『シンガポール』に、いまいましそうに書いている。

「このことは、マレー全作戦を通じて、ただ一つのミスであった」

この一件は、西村、今井らの早とちりと責任感不足による失敗、というものであろう。

山下が近衛師団の参謀に、「貴官は早く帰って、師団長に……」といいわたしたあと、辻は霧雨の中をテンガー飛行場へ向かった。

飛行場に数機の英軍機がのこっている。

兵舎に入ると、テーブルの上に新しいパンとスープが置いてあり、将校服もトランクもそのままである。

よほどあわてて逃げたらしい。

ヒラメキを感じた辻は、判断した。

「いち早くブキテマと貯水池を取るべきだ」

テンガー飛行場を、西北側から占領した第十八師団は、ブキテマの南西一・五キロの一八六高地と、ブキテマの西一・二キロの一八〇高地をむすぶ線まで進出しようと、準備中であった。そこは、テンガー飛行場の南東約六キロである。

同じくテンガー飛行場を東南側から占領した第五師団は、飛行場の東約四キロ、ブキテマの北々西約三・三キロ、マンダイ山（標高四百四十二メートル）の南々西約一・八キロの、ブキパンジャン攻撃を準備中であった。

ブキテマの北東約一・五キロ、ブキパンジャンの南東約二キロに、標高二百メートル級の山がつらなるブキテマ高地があり、その東側に南水源池と北水源池がある。

シンガポール百万人の飲料水を供給する水源池で、ここを占領すれば、シンガポールの命運も尽きる。

しかし、ブキテマとブキパンジャン付近の英軍陣地は、コンクリートでかためた複郭陣地で、重砲でなければ撃破できないものであった。

そのため辻も、いままで、重砲の急速輸送の方法を考えていた。

しかし、テンガー飛行場の英軍の周章狼狽ぶりを見て、英軍の態勢がととのわないこの機を逃さず、重砲がなくても、ただちに夜襲をかければ、攻撃はかならず成功する、と直感したのである。

テンガー飛行場西側の第十八師団司令部へゆく途中で、はげしいスコールがあり、辻は服を脱いで汗を流した。

ふたたび歩き出して、ゴム林をゆくと、全身真っ黒な日本兵たちに出会った。

「どうしたのか」と聞くと、かれらは笑った。

「参謀殿も真っ黒ですよ」

日本軍の砲撃で燃えた油タンクから噴き出した煤煙が、雨にまじって降り、人間もゴムの木の葉も真っ黒になったのである。

辻は師団司令部で、眉が太く、目鼻が大きく、西洋人のような顔の牟田口に会ったが、左肩に負傷しているのに気づいた。

牟田口は、小声でいった。

「だまっておいてくれ。第三回めに渡航したんだが、機関銃にやられてね。ところが、こちらは、弾丸と砲兵がまだ渡ってこなくて、困っている」

「苦しいことはわかります」

辻はもっともらしくこたえた。だが、それからは、

「けれども、テンガーの敵のあわて方を見ると、完全に奇襲したようです。軍司令官の希望は、敵が息を吹き返さないうちに、一刻も早く、ブキテマを取ってしまいたいということで

す。弾丸がなかったら、銃剣で今夜……」と、まるで猛犬を獲物にけしかけるように、誘いをかけた。

山下が、「今夜、夜襲をやれ」といっているかのような、巧妙ないい方であった。

功名心がつよい猛将の牟田口は、今夜の夜襲が真に山下の意志なのかどうかを確かめることもなく、こたえた。

「ああそうか、軍がぜひともと考えるなら、今夜、師団長が先頭で全力夜襲しよう」

「はあ、今夜なら、まだ敵は態勢を立て直せないでしょうし、かならず成功です」

辻は、「うまくかかった」と思った。

気をつよくした辻は、いそいでテンガー飛行場東側の第五師団司令部にゆき、師団長の松井に会った。

「牟田口閣下は今夜、先頭に立って全力、ブキテマを夜襲されます」

牟田口が、自分から夜襲をやりたいといい出したかのようであった。

松井もひっかかった。

「そうか、僕の師団は軍砲兵を推進してからと思ったが、牟田口がやるなら、僕もやろう」

このとき第二十五軍司令部では、まだ、重砲待ちか夜襲か決まっていず、山下は辻にたいしても、

「第五師団と第十八師団の攻撃（ブキパンジャン、ブキテマ方面への）をいつやるか、情況を判断した上で、両師団の実情に合うように指導せよ」と指示していただけだったのである。

意した。

　しかし、辻から、牟田口、松井の決意を聞かされた山下以下幕僚主力も、今夜の夜襲に同
　頭がいいというか、狡猾というか、そういう狐が、大まかな虎や獅子にうまいことをいって、みんなを自分の思いどおりに動かした、というようなものである。

　山下は二月十日の夕刻、軍戦闘司令所をテンガー飛行場南側ジャングル内の英軍高射砲陣地跡に進め、第一線兵団の戦闘を、さらに積極的に指導しはじめた。

　大隊長亀本哲少佐の歩兵第百十四連隊（第十八師団小久連隊）第三大隊は、二月十日の午後七時二十分、ブキテマ南部にある一八六高地北側の一四五高地を無血で占領した。

　同行した連隊長小久久大佐はじめ、牟田口師団長と幕僚らも山に登った。

　北東のブキテマ集落がすぐ眼下にある。日本軍が迫ったのに気づかないのか、灯火が輝いている。

　大隊長林礪三少佐の歩兵第五十六連隊（第十八師団佗美部隊那須連隊）第二大隊は、二月十一日の午前三時ごろ、ブキテマ西北西にある一八〇高地の西方近くで英軍を夜襲し、これを潰走させた。

　他方で、大隊長佐々木勝五中佐の歩兵第二十一連隊（第五師団杉浦部隊原田連隊）第三大隊は、二月十日の午後十時三十分ごろ、南西側からブキパンジャンを占領した。

　同じころ、部隊長河村参郎少将の第五師団河村部隊（歩兵第十一連隊、歩兵第四十一連隊基

幹）は、北西側からブキパンジャンに迫っていた。

もう一方、大隊長中島正清中佐の近衛歩兵第三連隊（近衛師団小林歩兵団生沼《おいぬま》連隊）第三大隊は、二月十日の日没ごろ、マンダイ山北東側に進出して、攻撃準備にかかった。

連隊長国司憲太郎大佐の近衛歩兵第四連隊も、同じころ、マンダイ山北側から北西側に進出した。

戦況が予定どおり順調にすすみ、英軍の抵抗も弱いと見た山下は、二月十日夜、翌十一日に飛行機から英軍にたいして、「投降勧告文」を投下させることにした。

二月十一日は紀元節（現在の建国記念日）で、日本軍はこの日にシンガポールを陥落させることを目標にしてきたのである。

英軍の抵抗が弱ったのは、パーシバルが日本軍の攻撃にたいする判断を誤り、セレター地区からチャンギー地区に重点をおいて兵力を配備したため、ブキテマ、ブキパンジャン地区はがら空きにちかくなっていたためである。

それに、英軍がブキテマ、ブキパンジャン地区へ兵力を移動する間もないうちに、日本軍がテンガー飛行場から急進して、夜襲したからであった。

この点、機を見るに敏な辻の判断は、正しかったといえる。

情報主任参謀の杉田一次中佐が起草した、英軍に投下する二十九通の「投降勧告文」の要点は、つぎのようなものである。

「戦局はすでに決せられ、シンガポールの陥落は目睫の間に迫れり。今後の抵抗はいたずらに多数の在シンガポール非戦闘員に、直接危害をあたえ、かつ戦禍に苦しましむるに過ぎざるのみならず、この上さらに英軍の名誉を増すものとは考えられざるところなり。

本職は、閣下がわが勧告にしたがい、今後の無意義なる抵抗を断念し、すみやかに全正面にわたり、その戦闘を停止し、左記のように軍使を派遣するの処置を取るべきを期待す。もし、これに反し、依然として抵抗を継続するにおいては、軍は人道上忍び難しといえども、やむを得ず徹底的にシンガポールに向かい攻撃を続行すべし。

左記

一、軍使の前進路はブキテマ道路とす

二、軍使は大白旗および英国旗を掲揚し、若干の護衛兵を随行することを得

昭和十七年二月十日

大日本軍司令官　山下奉文

英軍最高指揮官パーシバル閣下」

ブキテマ道路（ロード）は、シンガポール市とブキテマ間の街道である。

ブキパンジャンで戦車一コ中隊を配属された連隊長安藤忠雄大佐の第五師団歩兵第四十二連隊は、二月十一日の早朝、戦車を先頭に南進し、猛烈に抵抗する英軍を撃破して、ブキテマ集落とその周辺の要地を占領した。

この連隊は、午前八時ごろまでに、約三千人の英軍将兵を殺傷、或いは捕虜にしていた。

一方、連隊長那須義雄大佐の第十八師団佗美部隊歩兵第五十六連隊は、二月十一日午前十時ごろ、ブキテマの西方の要衝一八〇高地を、ほとんど抵抗もうけずに占領した。

そのころ、大隊長酒向《さこう》密夫少佐の歩兵第百十四連隊（第十八師団小久連隊）第二大隊は、すでに第五師団によって占領されているブキテマ集落に入った。

ところが、午前七時半ごろからはじまった南方英軍の火砲と戦車によるブキテマ集落への反撃が激烈となり、第五師団も第十八師団も、それ以上は進めなくなった。

テンガー飛行場南側の軍戦闘司令所から、このブキテマ三叉路（ジョホールバル、シンガポール、西方のランジャン要塞の三方へゆく）にきた辻もこれにはうなった。東側の高地に登って最前線を見ると、英軍は戦車、装甲車を総動員して、白人先頭で戦っている。乾坤一擲の反撃をこころみているようである。

第五、第十八師団も、この大逆襲には手が出ないらしい。

「この戦況を打開するには、一刻も早く近衛師団を水源池の東方に進出させ、ブキテマへ逆襲中の英軍の側背を衝くしかない」と辻は判断した。

辻からの連絡で、軍参謀副長の馬奈木少将が、車でマンダイ山北方の西村近衛師団長のところへ飛んでいった。

しかし、西村は承知しなかった。

軍参謀長の温厚な鈴木中将が飛んでいったが、それでも承知しない。

辻はこのことについて、のちにこう述べる。「ふてくされている（山下に『近衛師団は好きなように、勝手にせよ』といわれたことで）。苦労せずに功名を表わしたいのだろう」

だが、前夜、「近衛師団はブキパンジャン付近に進出せば、水源池北側地区をへてセレター軍港付近の残敵を掃蕩し、チャンギー要塞を占領すべし」という軍命令をうけ、それに応ずるように部隊をうごかしていた西村にすれば、そうやたらの命令変更に応じられなかったようである。

自分の思いどおりにならなければ、相手の事情も聞かずに、一方的に非難したり、イヤミをいうのも、辻の悪いクセであろう。

西村は、軍の催促と師団の実情を考えたうえ、午後四時三十分、要旨、つぎのような師団命令を下した。

「師団は主力をもって北水源池東北地区に転進し、まずセレター地区およびプンゴール河（セレター軍港東側）付近の残敵を掃蕩せんとす。

歩兵団（団長小林隆少将、近衛歩兵第五連隊、近衛歩兵第三連隊第三大隊が基幹）はすみやかにセンバワン河（セレター軍港の西側）河谷およびニースン（北水源池の北約二・五キロ）付近の敵を攻撃すべし。

国司支隊（近衛歩兵第四連隊基幹）は北水源池北側をセレターシンパン河（セレター軍港中央セレター河上流）に向かい、明十二日早朝よりプンゴール河付近の残敵を掃蕩し得るよう準備すべし」

国司支隊は、これより二時間三十分ほど前の午後二時ごろ、すでに要衝のマンダイ山と、その西側高地一帯を占領していた。

第十八師団小久連隊の亀本大隊（第三大隊）は、二月十二日の午後七時ごろ、ブキテマ南約一・五キロの要衝二〇〇高地に前進し、英軍と激闘をくり返し、十三日午前二時ごろ、そこを完全に占領した。

同師団那須連隊の林大隊（第二大隊）は、これも激戦の末、二月十二日の午後九時ごろ、二〇〇高地南西の要衝一二七高地を占領することができた。

第五師団河村部隊の渡辺連隊（歩兵第十一連隊）本部は、二月十二日の午後一時ごろ、南水源池の一五五高地西側に、同岡部連隊（歩兵第四十一連隊）本部は午後八時半ごろ、南水源池南西の一一〇高地西側に進出した。

部隊長杉浦英吉少将の第五師団杉浦部隊（歩兵第二十一連隊、歩兵第四十二連隊基幹）本部は、二月十二日の正午ごろ、一一〇高地西の競馬場に進出した。

第五師団の水源池方面への進撃にたいしては、第三飛行集団、戦車旅団、重砲隊の協力があった。

こうして第五、第十八師団は、反撃してきた英軍を撃破して、ふたたび英軍をじりじり追いつめはじめた。

二月十三、十四日、各師団は前面の英軍と死闘をつづけたが、とくに十四日は、日英両軍とも開戦以来もっとも苦しい戦いとなった。

西海岸道を南進した第十八師団の小久連隊は、二月十四日の午後八時ごろ、シンガポール市街へあと三キロほどのアレキサンドラ道（南北に通じる）まで進出した。

南水源池南方を東進した第五師団は、十五日未明、ようやく、その地区の英軍陣地を攻略することができた。

近衛師団は二月十三日の早朝から水源池東方を南進しはじめ、国司支隊は午後三時ごろ、南水源池とチャンギー要塞（島東端）の中間の要衝パヤレバーを占領した。

十四日、国司支隊はパヤレバー南方のカラン飛行場方面の、沢村連隊（近衛歩兵第五連隊、連隊長沢村駿甫大佐）は南水源池東方地区の攻撃にかかった。

第二十五軍は、シンガポールへの給水を断絶するために、ジョホールからの送水管の栓を閉じ、水源池からの送水管、水道管を砲爆撃で破壊した。

この日の夕刻、ジョホール陸橋の修理が完了し、重砲がぞくぞく前線にはこばれ、日本軍は、ようやく全戦力をシンガポールに集中できるようになった。

二月十五日の朝、ブキパンジャン南方約一キロに進出していた第二十五軍戦闘司令所の辻に、第十八師団の作戦主任参謀橋本洋中佐から電話がかかり、辻は、ケッペル（シンガポー

ル の南西の港）に突撃するという第十八師団へ急行した。

このころ第二十五軍の残弾は、せいぜい一基数（野砲・山砲の一基数は一門につき百発、重砲は五十発）しかなかった。

辻は、砲弾がなければ、第五師団正面の英軍は頑強なので、第十八師団正面から戦況の進展をはかろうと考えた。

だが、第一線にゆくと、英軍はコンクリートの建物から機関銃を撃ち、その前方に砲弾幕を張り、この方面でも日本軍の進撃は困難であった。

左翼隊の木庭連隊（佗美部隊歩兵第五十五連隊）、右翼隊（西海岸側）の小久連隊とも、夜襲によって戦況の進展をはかるよう牟田口師団長に進言し、牟田口もそれに同意した。

山下軍司令官は、午前十時半、南水源池西方の第五師団司令部にゆき、高地から戦況を見て、一つ一つ前方の高地を取り、市街に達するほかに方法はないと判断した。

昨日、味方飛行隊がシンガポール市内の英軍砲兵陣地を爆撃したためか、今日の英軍の砲撃はいちじるしく弱かった。

午後二時ごろ、突然、ブキテマ道路に沿いシンガポールへ進撃中の第五師団杉浦部隊（部隊長杉浦英吉少将）の正面に、白旗と英国旗を掲げた英軍軍使があらわれた。

英軍参謀のニュービギン少将、マレー総督府書記官長、インド第三軍団ワイルド少佐の三人で、「戦闘行為の停止、婦女子の保護、山下・パーシバル会見」に関する提案文書を携行していた。

山下の指示によって、午後六時三十分、英軍司令官パーシバル中将、参謀トランス少将、同ニュービギン少将、同ワイルド少佐と通訳が、ブキテマ三叉路北方のフォード自動車工場に到着した。

山下・パーシバル会見は、午後七時に開始された。問答をくり返したあと、山下がたたみかけるようにいい、杉田情報主任参謀が通訳した。

「夜襲の時刻も迫っているが、英軍は降伏するのかどうか。イエスかノーで返事せよ」

「イエス。千人の武装兵は認めてもらいたい」

「それはよろしい」

これで会見は終わり、山下とパーシバルは文書にサインをした。

辻が第十八師団から軍司令部に帰ると、作戦室のテーブルに白布がかけられ、御賜の酒にするめ、勝栗が並べられていた。

山下はじめ幕僚たちは、辻にいった。

「よくやってくれた、御苦労さま。今日から酒を飲んでくれ」

一同とともに乾杯の酒を、辻は百日ぶりに飲むことになった。

挨拶をはじめた山下はいつしか嗚咽の声となり、辻も涙がこみ上げ、杯にこぼれ落ちた。

乾杯の杯を飲み干したが、苦く、のどにつまるようで、うまくなかった。

午後十時、日英両軍は停戦し、シンガポール攻略戦は終わった。

パーシバルは、シンガポールが陥落した後、降伏の原因について、こう語った。

「二月十四日（土曜日）に、空襲と砲撃によって送水管と水道管が破壊され、シンガポール市への給水が困難になった。二月十五日（日曜日）の朝になると、給水情況はいよいよ逼迫し、今後一昼夜の給水しかできないと専門家は判断した。

これが、十五日に降伏を決定した最大の原因であった」

現実に、英軍の捕虜が白人約五万人、インド人約五万人、合計約十万人（英軍委員の報告）にのぼり、日本軍が押収した兵器が野山砲約三百門、高射砲約百門、要塞砲五十四門、速射砲百八門、迫撃砲百八十門、重機関銃二千五百挺以上、対戦車銃六十三梃、自動小銃約八百梃、小銃約六万梃、戦車・装甲車約二百輛、飛行機十機であり、小銃弾が約三千三百万発、弾薬、燃料、糧食もすべて日本軍の数倍あったのである。

マレー作戦では、日本陸海軍が他に類を見ないほど緊密に協同し、日本陸軍の航空兵力が英軍の約二倍あったことが、きわめて有力であった。

そして、日本軍陸上部隊の戦意、作戦用兵、戦技が英軍をはるかに上まわり、戦運にも恵まれたことが、世界陸戦史の一頁を飾る名作戦を生んだといえそうである。

そのなかで、山下の指揮統率力と、辻の情報収集分析・作戦用兵計画立案・作戦指導力が非凡なものとして目立っている。

コタバル上陸が国際条約を破るヤミ討ちでなく、辻の対人態度が不遜な一匹狼のように自己中心的、権謀術数的なものでなかったら、申し分がなかったであろう。

マレー作戦を通じて日本軍の損害は、戦死三千五百七人、戦傷六千百五十人で、勇戦敢闘を物語っている。

山下は、シンガポール市街の治安維持のために、第五、第十八、近衛の各師団は中に入れず、第二野戦憲兵隊だけを進出させた。

武装解除された英軍の白人将兵は、チャンギー兵営に、インド人将兵はニースン兵営（北水源池の北約二・五キロ）に収容されることになった。

二月十七日、大本営（陸海軍部）・政府連絡会議は、シンガポール島を「昭南島」と改名することに決定した。

英国にとってかわり、日本領にしたわけである。

二月二十一日、第二十五軍は、

「シンガポール警備隊が市の警備に当たる。

近衛師団は、市をのぞくシンガポール島の治安に任ずる。

第十八師団は、ジョホール州に移動する。

第五師団は、ジョホール州をのぞくマレー各州に分駐する」ことを決定した。

シンガポール警備隊は、第二野戦憲兵隊に、歩兵第十一、歩兵第四十一両連隊の一部をくわえて編成されたものである。

第五師団の河村参郎少将が警備隊長に任命されたのは、これより三日まえの二月十八日朝であった。

ラッフルズ大学（現在のシンガポール大学）の軍司令部に出頭した河村は、厳然たる態度の山下から、命令された。

「軍は他方面の新たな作戦のため、いそいで多くの兵力を転用しなければならない。しかるに敵性華僑はいたるところに潜伏して、わが作戦を妨害しようと企図している。いま機先を制して根底より除かなければ、南方の基盤たるマレーの治安は期せられない。

警備司令官は、もっともすみやかに市内の掃蕩作戦を実施し、これらの敵性華僑を剔出処断し、軍の作戦に後顧の憂いなきようにせよ。細部は軍参謀長の指示によれ」

ついで河村は、鈴木軍参謀長から、掃蕩日時、敵性華僑の範囲、集合、調査のやり方、処断方法について指示をうけた。

とくに鈴木は、

「敵性と断じたものは、即時厳重に処分せよ」と指示した。厳重処分とは死刑である。

驚いた河村が反問すると、

「種々、意見論議もあっただろうが、軍司令官がこのように決定されたもので、本質は掃蕩作戦である。実行をのぞむ」と、押さえつけた。（河村三郎『十三階段を上る』参照）

山下、鈴木がどこまで考えて、この命令、指示を出したのかはわからない。

しかし、ここから、冷酷無残の大事件が起こったのである。

先頭に立ってそれをひき起こしたのが、これもまた辻であった。

二月十九日、シンガポール市の各所に、「大日本軍司令官」の名で、要旨、つぎのような布告が貼り出された。

「昭南島在住華僑十八歳以上五十歳までの男子は、来たる二十一日正午までに左の地区に集合すべし。これに違反するものは厳重処罰されるべし」

左の地区というのは、市内四ヵ所と市外一ヵ所の広場や交叉点などである。

「敵性華僑」とは、「反抗する者」「兵器を所持する者」「兵器を隠している者」「共産主義者」「国民党員」「食糧を隠している者」などという。

シンガポールには約八十万人の華僑がいて、十八歳以上の男子は約二十万人いる。それを駆り集めて、まちがいなく「敵性華僑」を捕らえるなど、ほとんど不可能である。

しかし、山下の命をうけ、辻らの指導をうけた警備隊は、それを強行した。

左翼隊長横田隆憲兵中佐の案内で、シンガポール河東岸の大西分隊検問所へ行った辻は、分隊長大西覚憲兵中尉から、

「現在までの容疑者検挙は七十名」という報告を聞くと、

「なにをぐずぐずしてるんだ。もっと能率よくやらんか。おれはシンガポールの人口を半分に減らそうと思ってるんだ。そのつもりで、もっとしっかりやれ」とどなり散らした。（大西覚憲兵中尉の証言）

シンガポール駅前広場にあつまっていた何千人かの避難民のところを通りかかった辻は、

その地域の管轄責任者である久松憲兵中尉にいった。

「殺《や》ってしまえ」

右翼隊長の城朝龍少佐は、指示をうけにきた久松に命じた。

「残忍な辻がやりそうなことだ。かれは軍の一幕僚ではないか。君らに命令する権限なんかありゃせん。その住民らは即刻退散させよ」

何千人かの避難民は、これで救われた。

五カ所での検問で、「敵性」とマークされた華僑たちは、トラックで海岸や山林、艀《はしけ》で海上にはこばれ、機関銃で薙《な》ぎ倒された。

軍参謀副長の馬奈木少将は、昭南市長の大達茂雄のところに、住民宣撫の打ち合わせに行ったが、大達は憂鬱な顔で、

「それどころじゃない、わたしはいま死体処理の役目でてんてこ舞いです。海岸に打ち上げられる華僑の死体が毎日十数体、多いときには四、五十体もあって頭が痛いんです。窓から下を見てごらんなさい。百人くらいの華僑が列をなして、家族が帰ってこないという陳情なんです」と訴えた。

はじめて華僑虐殺の事実を知り、愕然とした馬奈木は、嘆いた。

「これでは角を矯《た》めて牛を殺すのと同じで、かえって軍紀や治安を乱してしまう。山下軍司令官は、共産党は検挙しろとはいったが、こんな大量処刑など思いもよらない。これは辻の独断で、現場で憲兵隊長に指示してやったことだろう」

昭和六十年前後のころだが、『参謀辻政信・伝奇』の著者である田々宮英太郎の問いにこたえ、馬奈木元中将は、こう語っている。

「辻が一目おいていたのは山下軍司令官だけで、それも表面的なものだった。鈴木参謀長などには、ときに面罵してはばからなかった。まして高級参謀池谷半二郎大佐などに秘密をうち明ける辻ではない。陸軍でも下剋上の代表が辻で、参謀部内でも勝手気ままに振舞った。それが事件をひき起こす原因にもなったと思う」

現在シンガポール市に、高さ百二十メートルの白い尖塔があり、大理石の礎石に、「日本佔領時期死難人民紀念碑」という横書きの金文字が刻まれている。日本軍占領時に虐殺された華僑の記念碑である。

華僑小学校、中学校の社会科の教科書には、虐殺事件の経緯が書かれているが、中学校の教科書には、犠牲者（虐殺された者）四万人とある。

戦後のシンガポール裁判では、犠牲者六千人とされた。

日本側の昭南警備隊では、同隊管下で処刑した華僑は最大二千人、近衛、第五師団管下の処刑者数を入れても、六千人にはいたらないはず、といっている。しかし、犠牲者数にちがいがあっても、日本軍が大量の華僑を虐殺したことは事実であった。

日本軍はみずからを皇軍、対米、英、蘭戦を大東亜戦争、あるいは聖戦と称したが、同じ東洋人にたいしてもこのような非道をやったために、英国よりさらに悪質な国として、嫌悪される結果になった。

山下は、開戦直前、部隊長らにたいして、「焼くな、奪るな、犯すな」を厳命し、ペナン島の略奪強姦事件関係者を厳正に処罰したが、この華僑虐殺事件によって、いっきょに日本の信用を失墜させてしまった。

このために、マレー作戦は大成功であっても、日本軍は勝利者にはなれなかった。

山下、辻らの人間にたいする考え方、国際関係にたいする見識が、独善的で不当なものであった、ということになろう。

戦後の一九四七年（昭和二十二年）三月十日から四月二日まで、シンガポールで、英軍による軍事裁判がひらかれた。

このとき山下はフィリピンでの戦争犯罪人として、すでに絞首刑にされており、軍参謀長の鈴木は、昭和二十年四月十九日、フィリピン中部のレイテ島に近いスル海で、米軍機の銃撃によって戦死していた。

辻は終戦直後、バンコクから中国大陸に潜入して、煙りのように姿を消していた。

裁判の結果、河村元警備隊長と大石元第二野戦憲兵隊長の二人が、張本人らにかわって、絞首刑に処せられたのである。

悪魔の仕業

シンガポール陥落一ヵ月後の三月（昭和十七年）十六日、辻中佐は参謀本部（大本営陸軍部）作戦課に復帰し、「作戦の神様」などといわれながら、待望の作戦班長に就任した。

作戦課長の服部大佐は、辻とペアで、対米英戦争に勝とうとしたのである。

そのころ、フィリピンでは、バターン半島の要塞に拠る米比（アメリカ・フィリピン）軍七万人に苦戦していた軍司令官本間雅晴《まさはる》中将の第十四軍が、増援兵力を得て、四月の上旬、第二次総攻撃にかかろうとしていた。

バターン半島は、マニラ湾西側の太い半島で、先端の東方海上にコレヒドール島がある。三月下旬、辻は班長補佐の瀬島龍三少佐とともに東京を出発してマニラに着き、第十四軍の総攻撃に協力することになった。

シンガポールは、疾風迅雷の第二十五軍の進撃で、はやばやと片がついた。

軍司令官今村均中将の第十六軍も、三月一日にジャワ島の東部、西部に上陸し、九日にバンドン（ジャカルタの南西約五十キロ）を占領して蘭印軍を降伏させ、十二日には北部スマトラを占領し、ジャワ島の英豪軍約八千人を降伏させた。

軍司令官飯田祥二郎中将の第十五軍も、三月八日にビルマの首都ラングーンを占領した。

マレー、蘭印、ビルマ戦線は、このように一気呵成に作戦が進捗した。

そのなかで、フィリピン戦線だけがもたついていたのである。

火砲を主とする有力な増援兵力を得た第十四軍は、満を持して、四月三日の午前九時、バターン半島の要塞にたてこもる米比軍にたいして、第二次総攻撃を開始した。

野砲六十門、山砲三十三門、十センチ榴弾砲二十四門、十五センチ榴弾砲二十四門、十センチカノン砲十六門、十五センチ臼砲十二門、九八式臼砲十六門、二十四センチ榴弾砲十門、十五センチカノン砲十門、軽迫撃砲三十六門、その他連隊砲、速射砲など、合計三百門にちかい重砲主力の大砲兵力は、従来の十倍以上の威力である。

第二十二飛行集団の約百機の重・軽爆撃機の爆撃効果もすこぶる大であった。

旅団長奈良晃中将のひきいる第六十五旅団、その他の歩兵部隊は、午後三時、砲兵隊、飛行隊の支援をうけながら前進を開始し、敵前渡河に成功、米比軍の第一線陣地に突入して、これを撃破した。

戦況がここから急速に進展しはじめた。

シンガポール方面の視察を終えた参謀総長杉山元大将、作戦課長服部卓四郎大佐の一行がこの日マニラに着き、マニラホテルに入った。

杉山は、日本軍に従順・協力的とは見えないフィリピン人たちに不興をおぼえ、服部、辻らに、

「本間が手ぬるいからだ」と、不満をぶちまけた。

日本軍に従順で協力的なシンガポールの住民たちを見てきたため、ことさらそう思ったらしい。

だが、山下軍の理不尽な華僑虐殺や捕虜虐殺のために、シンガポールの住民たちが内心、日本軍に深い怨念と憎悪をもっているとは気づかなかったようである。

大正七年（一九一八）ごろ、大尉でロンドンに駐在していた本間は、国際的な見識をもつ合理主義者であり、フィリピン人たちにたいしても大恐怖政策をとらず、親和政策をとっていた。不完全なものとしても、根本的には恐怖政策より正しいであろう。

杉山は目前の表面現象にとらわれ、それに気づかなかったようである。

そして、バターン戦線がもたついているのも、本間の作戦指揮が消極的だからだ、という不満までつよくした。

だが、戦況が進展しない根本原因は、本間の指揮にあったのではなくて、杉山がひきいる大本営陸軍部の、つまり参謀本部の非現実的な作戦指導にあった。

開戦にあたって大本営陸軍部の比島（フィリピン）攻略方針は、

「まず比島の敵航空機を撃滅すること。五十日以内にマニラ市を占領すること。大本営の意図は、マニラ市の政略をもって終局目的とする。敵軍がバターン半島に逃げ込むならば、むしろ好都合で、後は封鎖戦で、主作戦はすでに終了したものとする」というものであった。

第十四軍は、日本陸海軍機の圧倒的に強力な支援をうけてルソン島に上陸、進撃し、開戦二十六日めの昭和十七年一月二日、すでに米比軍がいないマニラに入城した。

米比軍司令官のダグラス・マッカーサー大将が七日前の十二月二十六日、マニラを非武装都市と宣言し、全軍をバターン半島へ後退させたためである。

ところが、大本営は、ここでにわかに方針を百八十度変更し、第十四軍にたいして、「バターンの敵を撃滅すべし」という新命令を発した。

要塞堅固のバターン半島を守る米軍一コ師団、比島軍五コ師団の米比軍は、必要な弾薬、糧食の補給がつづきさえすれば、六ヵ月はもちこたえると公言していた。

それを攻略するには、火砲、飛行機、戦車、歩兵、いずれも兵力不足である。

この情況にもかかわらず、大本営が方針を急変させたのは、米軍の、「日本軍は米比軍には勝てないだろう」という宣伝にとらわれ、「日本陸軍の強さを見せてやる」と、赤い布を見た牛のようになったからであった。

さらに米比軍を侮った大本営は、攻撃を開始した第十四軍から、軍主力である師団長土橋勇逸中将の第四十八師団（定員一万二千九百六十三人）をひき抜き、蘭印を攻略する軍司令官今村均中将の第十六軍に転属させたほか、第五飛行集団までひき抜いてタイに転進させた。

かわりに、野砲三コ中隊（旧式山砲四門）しか持たない、大部分が応召兵の警備専門部隊である旅団長奈良晃中将の第六十五旅団（定員六千四百十七人）を投入し、バターン攻撃を続行させた。

これではラチがあくどころか、第六十五旅団が潰滅するのがオチであろう。

大本営から派遣され、一月（昭和十七年）下旬にバターン攻撃中の第六十五旅団司令部に着いた作戦課参謀の高山信武《しのぶ》少佐は、旅団長の話を聞き、戦線の実況を見て、「攻撃続行はとうてい無理」と判断せざるをえなかった。

二月の上旬に帰京した高山は、作戦課長の服部に、要旨、つぎのように報告した。

「米比軍はわれに三倍する兵力をもって、堅固な陣地に拠り、防御しております。これにたいし、わが攻撃兵団は疲労の極にあります。このまま推移すれば、わが方は損害を累加するのみと存じます。大本営としては、このさい大所高所に立ち、南方総軍以外の地域から師団と航空部隊、重砲部隊、できれば戦車部隊などを一時抽出して第十四軍に配属し、攻撃準備を完了したのち、攻撃を再行すべきかと存じます」

「わかった。それが至当であろう。しかし、従来からの経緯もあり、南方総軍などとも十分に連絡協議する必要がある」

第十四軍は二月上旬、バターン攻撃を中止した。だが、すでに第六十五旅団が出した死傷者は二十八パーセントにものぼっていた。

作戦計画は、現地に即して、世にいわれるとおり、敵を知り己れを知って立てねばならないが、杉山らは、日本陸軍の面子のために、現地に即さないバターン攻略計画を立て、第十四軍に押しつけ、このような結果を招いた。

服部は、寺内総司令官の南方総軍と本間軍司令官の第十四軍の間を指導調整し、第四師団を主力として、第五、第十八、第二十師団の一部と、前記の砲兵、飛行隊を、第十四軍に増勢させることにした。

だが、バターン再攻撃準備にかかるにさきだつ二月二十日、バターンの補給路断絶作戦を主張していた同軍参謀長の前田正実中将が、内地の西部防衛軍付に左遷され（まもなく予備役に追放される）、和知鷹二少将が軍参謀長に任命されるという奇妙な人事がおこなわれた。

杉山らは、自分らの失敗を棚に上げ、責任を前田にかぶせ、陸軍部内外にたいして、体裁をつくったようである。

一民間人になってから、前田は毎日新聞政治部記者の岡田益吉に、クビにされた事情については、

「どうでもいいじゃないか」といったが、バターン攻略作戦にたいしては、

「バターン半島の入り口を堅くしめていたら、中の七万の兵は袋の鼠で、やがて餓死するほかなかったろう。海上封鎖も容易だろうし、なにもああなってから、敵を撃滅する必要はなかったし、ただわが軍の犠牲を多くするだけだった」と語ったという。（岡田益吉『日本陸軍英傑伝』参照）

マッカーサーの後の米比軍司令官ウエンライト中将は、戦後になってからだが、手記に、

「バターンでは、兵隊の食糧を六分の一に切りつめ、軍馬さえ食ったくらい困っていた。だが、それほど節約しても、四月十日までしかもたなかったし、弾薬も欠乏していた」と書いている。

バターンの米比軍にたいしては、前田のいうように兵糧攻めが正しかったであろう。

杉山らは、米軍にたいする日本陸軍の強さを世界に示したいために、前田の戦法を嫌い、味方に犠牲を強いても、米比軍を破りたかったようである。

堅固な要塞に拠る米比軍も、四月三日から開始された日本軍の猛砲撃、爆撃、歩兵突撃と自軍の弾薬・糧食不足のために、急速に戦意をうしない、四月九日には、ルソン島の最高指

揮官であるキング少将が日本軍に降伏した。

封鎖作戦の効果も大きかったのである。

この後、三日間の掃蕩作戦によって、バターン攻略作戦は終了した。

だが、第十四軍にとって、はなはだ厄介な問題が二つのこった。

ひとつは、バターン半島先端東方約四キロの海上に浮かぶ、小島コレヒドール島の攻略である。

オタマジャクシ型のこの島は、東西六・五キロで、西の頭の部分が直径二キロの円形をしている。

岩山には縦横に地下壕が掘られ、重砲だけでも五十六門がそなえられている要塞島だが、そこにはマッカーサーのあとをついだ米比軍司令官ウェンライト中将が指揮する、一万余の米比軍が待ちかまえている。

攻略は容易ではない。

すこし横道にそれるが、マッカーサーは、ルーズベルト大統領の命令をうけて、三月十一日の夜、家族、幕僚、比政府要人らと四隻の水雷艇でコレヒドール島を脱出し、フィリピン南部のミンダナオ島に逃れ、ついで飛行機に乗り、オーストラリアのパチュラーフィールドに落ち延びたのであった。

そこで記者団に、「アイ・シャル・リターン」と語ったことが有名になった。

かならずフィリピンに帰り、フィリピン国民を救うというのである。

第十四軍は、四月九日、師団長北野憲造中将の第四師団に、コレヒドール島の攻略準備を命じ、四月二十八日、同師団に、命令を下した。
「五月五日夜、有力な一部をもって、歩兵岬東方海岸に、五月六日の夜、主力をもってモリソン岬、砲台岬付近に上陸す」

この間の四月十八日、日本本土に異変が突発した。米空母ホーネットを発進した指揮官ドーリットル陸軍中佐にひきいられたB25爆撃機十六機が、午後一時ごろから、京浜、名神地区に爆弾を散発的に投下し、中国本土とウラジオストックに飛び去った。被害は軽少といえるものであったが、日本国民の心胆を寒からしめ、陸海軍の威信を傷つけるものであった。

参謀本部は今後の対策を講じたが、その中の一つとして、辻作戦班長が起案した、要旨、
「米軍航空士にして暴虐非道の行為あった者は、軍律に照らしすみやかに処断せよ」という通牒がつくられた。

陸軍省と参謀本部の関係幹部が捺印して、木村兵太郎陸軍次官、田辺盛武参謀次長名で、本土の各部隊長に送られたものである。

早い話が、日本本土を爆撃して撃墜された米軍機の搭乗員で、生き残って捕虜になった者は殺せ、というようなものであった。

辻はかねがね、
「日本軍自体が食うに困っているとき、捕虜のめしを心配していられるか。手前が干上がっ

てしまうじゃないか、戦争は、食うか食われるかだ。しかも日本人が捕虜になれば、それで終わりじゃないか」といっていた（堀江芳孝『辻政信』参照）が、その考えを盛り込んだのであろう。

この通牒は、のちに、日本本土を空襲して撃墜された米軍機の搭乗員で、生き残って捕虜になった者を処刑する根拠にされた。

陸軍省や参謀本部が、このような通牒を配付するのは、この当時の陸軍中央の捕虜に対する考え方を示すものであろうが、その先頭をゆくのが辻だったようである。

つけくわえるが、作戦課長の服部もこの通牒案文に捺印していた。

五月五日の午後十一時十分ごろ、第四師団の左翼隊は死傷約九百人を出しながら、コレヒドール島の尾部（東端側）付近への上陸に成功し、六日午前二時には、そこから南西約五百メートルの要衝高地を占領した。

日米両軍は、午前三時ごろから正午まで、この高地付近で激戦をつづけた。

ところが、米軍の砲兵陣地ににわかに白旗があがった。ここも糧食が不足し、補給ののぞみもないため、戦意を失ったのである。

むしろ早く降伏して、日本軍から糧食を与えてもらうことを願っていたくらいであった。

攻略作戦は容易なものではなく、味方の犠牲も多大になろうと覚悟していた第四師団の将兵は、騙されている気持で、成り行きを見まもった。

日本軍によってマニラに連行されたウエンライト中将が、マニラ放送局から、米比全軍にたいして無条件投降命令を下したのは、五月七日の午後十一時五十分であった。はなはだ厄介な問題と見られていたコレヒドール島の攻略は、このようにかんたんにかたづいたのである。

もうひとつの厄介な問題というのは、バターン半島で投降した米比軍七万の将兵の取り扱いをどうするかであった。

この方がコレヒドール島の攻略より、はるにかんたんのようであったが、現実にはとんでもなく厄介な結果をひき起こすことになった。

第十四軍は、かれらにたいして、四月十日に現地を出発し、日本軍の引率の下に、徒歩でサンフェルナンドまでゆくように命じた。

サンフェルナンドは、バターン半島のほぼ中央から北々東約六十キロ、マニラの北西約六十キロの町である。

徒歩でというのは、その間に鉄道はなく、第十四軍にはそれほどトラックがなかったからであった。

日本軍では、このていどの行程を、完全武装して行軍するのはめずらしくない。しかもこの場合、引率する日本兵が背嚢・小銃など二十キロの完全武装というのに、米比軍将兵は腰に水筒、あとは飯盒と炊事道具ぐらいの軽装なので、第十四軍としては、なんら問題はないと判断したのである。

それに日本軍では、

「米比軍は、弾丸をあるだけ撃ち、糧食もあるだけ食い、なくなると手を上げ、日本軍は自分らを食わせてくれる義務があるという。虫がよすぎる」と思う将兵が少なくなかった。

のちに連合軍から、「バターン死の行進」とよばれ、戦後は捕虜虐待事件として軍事裁判にかけられる、米比軍将兵、フィリピン市民、約九万人の行軍が、こうして四月十日に開始された。

炎暑のなか、少数の日本軍将兵に引率されたこれらの敗残部隊は、一日に十五キロ以内のスロー・ペースで休み休み進んだ。

しかし、倒れる者が続出した。三ヵ月半ほどジャングルにこもっている間に、食糧不足で栄養失調になったり、マラリアにかかったものが多かったためであった。

この点にたいする日本軍の配慮がもうひとつ足りなかったことは否定できない。

だが、部下将兵やフィリピン市民を、衛生がわるく、糧食の補給がつかないバターン半島につれこみ、栄養失調やマラリア病にさせるまで降伏させなかったマッカーサーはじめ米軍指揮官には、それ以上に責任があるであろう。

とくにマッカーサーは、大統領の命令とはいえ、部下将兵・フィリピン市民九万人を死地に置きざりにして、逃げたのである。

マッカーサーには、「死の行進」と日本軍を非難する資格はありえない。

九万の敗残部隊の大行進は、五日後の四月十四日にようやく終わった。

第十四軍司令官の本間中将は、戦後、マニラの軍事裁判にかけられ、「バターン死の行進」その他の責任者として死刑の判決をうけ、昭和二十一年四月三日に銃殺された。前第十四軍参謀長の前田が主張したように、バターンは攻撃せずに、封鎖作戦だけにとどめるべきであったろう。

糧食が尽きて降伏したいと米比軍が軍使を差し向けてくれば、武器を捨ててサンフェルナンドまで自由にこい、といえばいい。

そうすれば、米比軍将兵やフィリピン市民がいかに倒れても、すべて米軍リーダーの責任になったにちがいない。

サンフェルナンドゆきの敗残部隊行進がはじまった四月十日、だれも思いおよばない、悪魔の仕業のような事件が、行進そのものとは別に突発した。

第六十五旅団歩兵第百四十一連隊（福山）長の今井武夫大佐に、この日の午前十時、旅団の高級参謀松永梅一中佐から、きびしい口調の電話がかかった。

「米比軍高級指揮官キング少将は、昨日正午、部隊をあげて降伏を申し出たが、日本軍はまだこれに全面的に承諾をあたえていない。その結果、米比軍の投降者は、まだ正式に捕虜として容認されていないから、各部隊は手元にいる米比軍投降者を一律に射殺すべしという大本営命令を伝達する。貴部隊もこれを実行すべし」

今井は愕然として、「大本営がこんな命令を出すのか」と思い、「こと重大で、ふつうでは考えられない問題だ。したがって、口頭命令では実行しかねるから、正規の筆記命令で伝達せられたい」とこたえ、電話を切った。

それでも危ないと感じ、すぐさま百四十一連隊の捕虜数百人の武装を解除し、マニラ街道を北進するように指示して、全員を釈放した。

「兵団（旅団）はたぶん、こんな非常識な筆記命令を出すことはないだろう。万一、命令が交付されても、手元に一人の捕虜もいなければ問題はない」と判断したのである。

筆記命令はついに出なかった。

戦後になって今井は、松永から、

「あの命令は、辻政信参謀が口頭で伝達して歩いたらしく、ある部隊では従軍中の台湾高砂族を指揮して、米比軍将校多数を殺害した者がいたようです」と、聞いたという。（今井武夫『支那事変の回想』参照）

第六十五旅団歩兵第百四十二連隊（松江）の連隊副官藤田相吉大尉（東大出身）には、旅団の参謀都渡正義少佐から電話がかかった。

「兵団（旅団）命令の要旨を伝えます。吉沢支隊（連隊長吉沢正太郎大佐の第百四十二連隊）は、明早朝、露営地を出発し、レナチン河支流右岸に適宜陣地を占領し、後退しきたる敵捕虜を捕捉殲滅すべし。細部は出発のとき申します。以上です」

あきれ果てた藤田は、ガンとして拒絶し、最後にいった。

「わたくしを軍法会議にかけてください」

一時間後、また都渡から電話があった。

「さきほどの電話命令は取り消し」

軍法会議では贋《にせ》命令がバレるからであった。

生田虎雄大佐が指揮する第十独立守備隊（五コ大隊三千八百余人）には、第十四軍の参謀から、軍命令として同じような電話がかかった。

高級副官の神保信彦中佐は、第十四軍の司令部に出頭していった。

「この軍命令は、本間軍司令官の関知せざるものであることを偵知した」

贋命令だろうというのである。参謀らは沈黙した。

第百四十二連隊と第十独立守備隊にたいする捕虜みな殺しの命令は、やはり辻がしかけたものであった。

四月十一日、フィリピン中部のセブ島を占領した川口支隊（第十八師団第三十五旅団、支隊長川口清健少将）が、ケソン比大統領の蔵相兼農相をつとめ、さいきんまで最高裁判所の長官であったホセ・アバド・サントスを捕らえた。

サントスは、マッカーサーやケソンとともに一ヵ月前にコレヒドール島を脱出、セブ島をふくむビサヤ諸島の統治を委任されていたのである。

川口は、サントスを日本の軍政に参画させようとして、マニラの第十四軍司令部に指示を要請した。

れてきた。

ところが、再度にわたり、「現地において家族とも処刑せよ」という、日本の戦国時代を思わせるような命令が打電さ

川口は本間軍司令官の意志と観念して、五月一日、サントスを処刑した。だが、サントスといっしょにいた二十歳の息子だけは殺さずに保護した。

戦後、マニラの軍事裁判で、他の事件で絞首刑を宣告されたが、無実とわかり無罪釈放となった門松正一大佐（昭和十七年当時は中佐）は、サントス処刑事件について、要旨をつぎのように述べている。

「サントスを逮捕した川口少将は、林軍政部長（第十四軍参謀副長林義秀少将、川口と陸士同期）に、その処理について指示を仰いでいたが、当時、林少将もこれを処刑すべきか、活用すべきか、遅疑逡巡していた。

そこへ偶然とびこんできて、林を叱咤激励し、とうとう処刑の決心を固めさせたのが、辻政信中佐であった。

それに因果なもので、林と辻とは刎頸の友で、林の台湾軍研究部時代に辻はいっしょに勤務し、南洋方面の先鞭者としておたがいに認め合っていた。

辻の自我を通さねばやまないあの気勢で林を煽動したから、性格が温厚なかわりに確固とした信念に欠けていた林は、辻の処刑意見に同意してしまった」（門松正一『絞首刑』参照）

林は、陸士の同期で第十四軍参謀長の和知鷹二少将の反対を押し切って、軍司令官の本間

中将の承認も得ずに、サントスの処刑命令を出したのである。

昭和二十六年（一九五一）、マニラの軍事裁判で、林義秀は無期、川口清健は六年の実刑に処せられた。

林は、ケソン大統領の大蔵大臣で、有能な青年政治家のマニュエル・ロハス（のちの共和国初代大統領）をも、第十独立守備隊に命じて殺害させようとしたようである。

筆記命令をわたされた同守備隊の高級副官神保中佐は、マニラの第十四軍司令部に飛んでゆき、和知軍参謀長に、軍命令の真偽を確かめた。

和知は、自分の知らない第十四軍の筆記命令に驚愕し、参謀副長の林の部屋にゆき、若い参謀らに神保が持ってきた筆記命令を示して問いただした。

かれらは贋命令を書き、第十独立守備隊に渡したことを認めた。

林が、和知にも本間にも無断で、若い参謀に書かせたというほかない。

ロハスは、神保の和知に対する意見具申によって死刑を取り消された。

以上いくつかの奇怪な事件は氷山の一角で、同じような事件がほかにも多数起こった。

そして、これらの悪魔の仕業のような事件の仕掛人が、陸軍のエリート中のエリートである参謀本部（大本営陸軍部）作戦課作戦班長の辻政信中佐だった、というわけである。

辻は、自分では責任をとらず、大本営、つまり天皇、第十四軍、つまり本間軍司令官、第六十五旅団、つまり奈良中将などの名を無断でつかい、各部隊を騙《だま》し、米比軍の捕虜将兵、親米派と見られるフィリピン人を、ことごとく殺害させようとした。

敵側の戦力を減少させ、フィリピン人たちを力で日本軍に服従させようというのが、その狙いである。

しかし、辻のやり方は、日本の戦国時代でもめずらしいウルトラ・マキャベリズムとでもいうものであろう。

十六世紀ならばいざ知らず、二十世紀も半ばになっては、墓穴を掘るようなものである。こんなことをしては、敵国ばかりか、世界中から憎悪され、やがてはふくろだたきにされるほかない。

ところが、力と謀略で占領地を支配しようという考えは、辻政信ひとりだけのものではなかった。

シンガポールでは、第二十五軍司令官の山下奉文が、軍参謀長の鈴木を通して、警備隊長の河村に、

「敵性（華僑）と断じたものは、即時、厳重に処分（死刑）せよ」と命じている。

四月三日にマニラに着いた参謀総長の杉山は、日本軍に従順・協力的とは見えないフィリピン人たちを見て、服部、辻らに、

「本間が手ぬるいからだ」と不満をぶちまけた。

翌四日にはバターン半島のつけ根にあるオラニの第十四軍戦闘司令所で、本間から情況報告を聞いたが、その折り、軍政部長（兼参謀副長）の林に、杉山が、

「日本の軍政をやるのに都合の悪い首魁は殺せ」と指示したという。

陸軍の最高首脳、あるいは、一部の現地最高指揮官も、力と謀略で占領地を支配しようという考えを持っていたのである。

この土壌があったからこそ、その気が人一倍つよい辻が、拡大解釈をして、悪魔のように暗躍したのであろう。

辻だけをワル者にするのは片手落ちらしい。

つけくわえると、杉山、服部、辻、瀬島らは四月四日のうちにマニラを出発し、台北に着いた。辻はここで降り、杉山以下は上海にゆき、四月八日に東京に帰った。

翌九日、バターンの米比軍が降伏するや、杉山は辻に電命、辻はただちにマニラにひき返し、戦後処理にかかった。

「本間は手ぬるいから、おまえがいって、びしびしやらせろ」というような意向をうけたのではなかろうか。

フィリピンの全米比軍が降伏してまもなく、第十四軍司令官の本間雅晴、第六十五旅団の奈良晃、それに第十四軍第十六師団長の森岡皐《きつき》中将が左遷され、すぐ予備役に追放された。バターン半島攻撃が消極的で、もたついたという責任を取らされたのであった。

贋命令を濫発して軍紀を紊乱し、多数の不祥事件をひき起こした辻は、なんら責任を問われることがなかった。

これが当時の参謀本部の体質の一つであったといえそうである。

戦後のマニラ裁判では、本間をはじめ多数の将兵が、捕虜・フィリピン人虐待、虐殺の罪で、死刑あるいは重刑に処せられた。

本間や多くの者は無罪のはずだが、辻や杉山らにかわって、刑に服させられたといえる。

本間の後の新第十四軍司令官には、本間や今村と陸士同期の田中静壱中将が任命された。

まもなく日本は、フィリピンにバルガス政権を成立させ、民政はフィリピン人がおこなうことを認めた。

だが、それは表面だけのものであった。

大本営陸軍部は、五月二十八日、寺内総司令官の南方軍にたいして、訓電した。

「比軍の行政は比島政府をしてこれに当たらせるが、あくまで軍（第十四軍）司令官の命令管理の下におかれ、最高意思決定は軍司令官であり、軍司令官はバルガスに協力ではなく、彼を指導すべきものである」

満州国の溥儀《ふぎ》政権、中国の汪兆銘政権にたいするのと同じく、バルガス政権を日本陸軍の傀儡《かいらい》としてあやつり、力と謀略でフィリピン人民を服従させようというのである。

フィリピン人たちは、中国人、シンガポール人と同じく、日本にたいして怨念と憎悪を持ち、米英など連合軍の救援を待つ気持をつよくした。

この年の八月には、フィリピン中部のビサヤ諸島のネグロス島にゲリラが蜂起し、これが契機となり、フィリピン各地にゲリラが発生した。日本軍は、ルソン島だけはゲリラの活動を封じたが、ビサヤ諸島、ミンダナオ島のゲリラは押さえることができなかった。ゲリラはオーストラリアの米軍から、潜水艦で武器、弾薬の補給をうけ、日本軍と戦いつづけ、マッカーサーが帰るのを待ちつづけた。

日本軍は、ここでも、戦には勝っても、真の勝利者にはなれなかったのである。

第二部

東條と辻と

山中温泉は、石川県の南西端近くにあるが、そこから動橋《いぶり》川の渓流に添い、東へ約八キロ上ってゆくと、今立《いまだち》という山里がある。戦後は百軒ほどあった戸数も、いまは三十軒しかない。たいてい農業と炭焼きをやっている。

まわりは山また山である。

明治三十五年（一九〇二）十月十一日にここで生まれた辻政信の家も、水田三反歩の小農業と炭焼き業であった。そして、寺のないこの集落で、寺の出張所のような、真宗の道場も兼ねていた。

政信の父亀吉が漢書を読み、よい文字を書き、弁も立つので、集落内の葬式や仏事を執りおこなっていたのである。

政信は次男で、兄妹は六人となる。

まわりが山で、道も坂道が多いため、自然に健脚となり、頑丈な身体がつくられた。

陸軍に入り、人一倍、脚と身体に物をいわせ、多くの者をおどろかせたが、幼少のころ鍛えられたためである。

明治四十二年（一九〇九）四月に東谷奥村村立荒谷尋常小学校に入学し、大正四年（一九一五）三月に卒業した。六年生のときの成績は、学業、体操すべて九点で、一番であった。喧嘩はめったにしなかったが、売られてやれば、だれより強かった。

尋常科を卒業した政信は、八キロほど川下の山中町立尋常小学校の高等科に入った。頭はいいが家が豊かでないために中学校にゆけない子供が、ここを卒業して、学費不要の師範学校（小学校の教師になる）へゆく、というコースである。

政信は家から八キロほどの山中小学校に、毎日歩いて通ったが、歩きながらも本を読んでいたという。

天才的なところもあるが、負けず嫌いの努力型という方がちかいようである。

雪の深い冬の間は、山中町の真宗燈明寺に下宿して通学した。

山中温泉は、成金たちが芸者や酌婦と遊ぶ、淫蕩な雰囲気の街であった。

陸軍将校になってから、辻は酒は好んだが、料亭やバーなどで女遊びをすることは極端に忌み嫌い、他の将校が遊びにゆくことまで、禁止したがった。

少年のころ、山中温泉街で見聞きした大人の淫蕩な生態に、ひどく嫌悪感をおぼえ、それが大人になっても焼きついたままになっていたのかもしれない。

高等科二年の大正五年（一九一六）秋、福井県に修学旅行に出かけた政信は、武生《たけふ》の旅館で、担任教師によって、武生連隊の青年将校にひき合わされた。

青年将校は、政信に、学費のいらない陸軍幼年学校に入ることをすすめた。辻が陸軍将校になったのは、これがきっかけであった。人間の運命はいつどう変わるかわからないが、この出会いから、辻は太平洋戦争で、よくも悪くも日本陸軍を代表する作戦参謀になった。

幼年学校は仙台、東京、名古屋、大阪、広島、熊本の六ヵ所で、各校五十人、合計三百人の生徒を募集していた。

応募者は一万人くらいで、現在の最有名私立高校に入るくらい難関であった。

受験者の大部分は中学校（旧制）二年の課程を終了した者で、小学校高等科からの者はきわめて少ない。

政信は名古屋幼年学校を志願し、大正六年（一九一七）の春、金沢の偕行社（陸軍士官集会所）で受験した。

だが、合格できず、補欠に終わった。

やむなく大阪の回船問屋に丁稚奉公に出かけた。

しばらくすると、家から、幼年学校に補欠入学が許された、という電報がとどいた。合格者の一人が、入校直前の身体検査で不合格になったのである。

これも運命であろう。

補欠の辻をふくめて、五十人の合格者は、大正六年九月、名古屋陸軍地方幼年学校に入校した。

上級生は第三学年、第二学年生徒で、いずれも五十人ずつである。

幼年学校の制服に着替えた十三、四歳の少年らは、軍人勅諭にもとづく軍人精神をたたきこまれ、体操・武道・教練で、猛烈に体力、武技を鍛えられた。

学術は（旧制）中学校三年ていどの国語、数学、地歴、図画、音楽などのほか、独、仏、露語のうちの一つである。

辻はロシア語をえらんだ。

三年後の大正九年（一九二〇）に、辻らは名古屋幼年学校を卒業したが、入校時にビリの辻が首席で、皇太子（昭和天皇）から銀時計を授与された。

仲間が遊んでいるときも勉強した。世にいうガリ勉をやった。負けず嫌いで、人に抜きん出ることをつよくのぞむ性格が、そうさせたのであろう。

名古屋地方幼年学校を卒業した辻らは、東京中央幼年学校に入った。

この名称は、やがて陸軍士官学校予科と変わった。

六ヵ所の幼年学校卒業生が集まり、一学年の生徒数は三百人である。

学術は、普通学より軍事学が多い。

辻は級友と遊ぶことがほとんどなく、日曜日も外出せずに勉強することが多かった。

人に抜きん出たいという性格がいっそう強まり、一匹狼の特性が出てきたようである。

予科二年を終了すると、故郷石川県の金沢歩兵第七連隊に士官候補生として配属され、六ヵ月後、また東京にもどり、陸軍士官学校本科に入校した。

辻ら第三十六期は、大正十三年（一九二四）に同校を卒業したが、辻はここでも首席で、恩賜の銀時計を授与された。

見習士官となった辻は、ふたたび歩兵第七連隊にゆき、第一中隊付となり、三ヵ月後に歩兵少尉に任官した。

茶屋遊びをしない辻の道楽は、軍事専門書と刀剣の収集であった。

このような人生は、立派というより、独善的で偏狭な人間をつくることになるであろう。上司や同僚にたいして批判的な辻が、下士官兵にたいしては思いやりがあり、人気があったという逸話がいくつかある。

行軍のとき、将校は背嚢も軽く、銃もかつがず、楽なのだが、辻は自分の背嚢に煉瓦を入れ、二重革で鋲をいっぱい打った重い靴を履き、軽い指揮刀のかわりに重い軍刀を下げ、下士官兵とハンデをおなじにしていた。

そのうえ、疲労して落伍しそうな兵を見ると、その銃をかつぎ、何人もの銃をいっぺんにかつぐこともあった。

休憩時には、背嚢から飴やキャラメルをとり出し、全員にくばった。

ある行軍で下士官兵全員が水筒がカラになり、苦しんでいるのを見て、自分の水筒の水を地面に撒き、部下と苦しみをともにする姿勢を示した。

こうしたことはわるくない。

だが、辻は頑健、健脚で、困苦欠乏に堪える気力も人一倍持っていたから、人よりもやりやすかったろうし、そのやり方は、誠意からのものというより、自分を見せる演技の感がつよい。辻式の部下操縦術のようである。

果たして、下士官兵たちは、辻に心服したであろうか。

辻は昭和二年（一九二七）十月に中尉に進級し、翌三年に陸軍大学校に入った。

陸大は四十三期で、秩父宮雍仁《やすひと》親王歩兵大尉（昭和天皇の次弟）以下、五十一人のクラスである。

昭和四年の九月、大阪の官吏の娘と結婚した。あと一ヵ月で満二十七歳であった。

昭和六年秋、陸軍大学校を卒業したが、このときは志に反し、首席になれず、三番となった。秩父宮は別格で、首席が陸士三十二期の天野正一歩兵大尉、二番が辻と陸士同期（三十六期）の島村矩康《のりやす》歩兵中尉である。しかし、恩賜の軍刀は授与された。

辻は、この年十一月、ふたたび金沢の第七連隊に帰った。

このころ、人から陸大の卒業成績を聞かれ、

「ほんとは自分が一番なんだが、相手は宮さんだからな」とこたえたという。ウソをついたわけである。

ウソも方便ということがあるが、これは方便というものではないであろう。

昭和七年一月、第一次上海事変が勃発し、二月五日、金沢第九師団に動員令が下った。

辻中尉は、第七連隊第二中隊長として、二月二十日から三月三日まで、上海近辺で中国軍と激戦をまじえた。

左膝に敵の一弾をうけ、野戦病院に後送されたが、すぐ脱走して、ふたたび中隊の指揮をとり、文字どおり勇戦敢闘して、中国軍を破った。

軍功いちじるしく、金鵄勲章功五級が、辻にあたえられた。

辻は、昭和七年九月、八年間勤務した第七連隊に別れを告げ、参謀本部付となり、東條英機大佐が課長の総務部第一課（編制、動員）に配属された。

明くる八年の八月、大尉に進級し、十二月には正式に参謀本部部員となり、第一部第三課（要塞）に転属した。

澄宮（昭和十年十二月から三笠宮）崇仁《たかひと》親王（昭和天皇の三番目の弟）が四十八期生として陸軍士官学校本科に入校する直前の昭和九年八月一日、辻はにわかに同校生徒隊中隊長を命じられ、澄宮のいる第一中隊長に就任した。

陸士本科の中隊長は、部隊経験の豊富な少佐がなるのが通例で、陸大恩賜の参謀本部参謀がなるなどまったく異例なので、全陸軍将校がおどろき、怪しんだ。

昭和七年、海軍の青年将校らが犬養毅《つよし》首相を暗殺した五・一五事件が起こったが、その影響をうけて、この当時、陸軍部内にも、重臣、政財界要人らを殺害して、国家主義政府を樹立しようという思想がひろがっていた。

陸士本科の生徒（士官候補生）らも、それに染まりつつあった。

もしこのような思想をいだく将校や生徒らが、澄宮を抱きこんでクーデターをやるようなことになれば、一大事である。

陸軍士官学校幹事（教頭）の東條英機少将は、そうした事態を恐れ、陸士本科の生徒間から、危険思想を一掃するにはどうすべきかを思案した。

浮かび上がってきたのが、かつての部下で、頭が切れて実行力があり、大胆不敵な辻を、澄宮以下の四十八期生徒らの指導官の一人にしたら、という案であった。

参謀本部の参謀が、陸士の中隊長になるのは、出世コースからはずれることで、ふつうの者なら、辞退するであろう。

ところが、東條に声をかけられた辻は、むしろのぞむところと、応じた。

陸士本科の生徒たちは、辻の陸士、陸大での猛勉と最優秀の成績、第七連隊での猛訓練や模範的なかずかずの逸話、上海事変での勇戦敢闘などを伝え聞いていて、辻を神様のように崇拝していた。

東條と辻は、それを利用して、陸士本科の大掃除をやろうというのであった。

だが、東條は、辻が陸士本科の中隊長に任命された八月一日、辻と入れかわりに、久留米の歩兵第二十四旅団長にとばされた。

統制派大幹部の東條は、反対派の皇道派頭領で教育総監の真崎《まさき》甚三郎大将に忌避され、皇道派の金城湯池である士官学校から追われたのである。

辻は、猛然と皇道派に立ちむかうことにした。

第一中隊の佐藤勝郎候補生が、重要なことを辻にうち明けた。

第二中隊の武藤与一候補生が、村中孝次大尉、磯部浅一一等主計らの指導で、他の候補生数人とともに国家改造理論の研究グループをつくっているが、佐藤も参加を誘われている、というのである。

村中、磯部は、前陸相の荒木貞夫大将、教育総監の真崎の二人を頭領とする皇道派（天皇を軸とする国体至上主義を唱え、武力による国家改造を意図している）の中堅将校である。

辻は佐藤に、研究グループに入り、かれらの動きを探るように命じた。

佐藤は武藤に、村中、磯部らの家に案内させ、熱烈な革新派をよそおい、重臣、政府要人らを殺し、軍政府を樹立するクーデター計画を示すように、迫った。

村中らはもてあましたが、候補生らをひきつけておくために、バカげたことだが、「十一月二十八日の臨時議会前後に岡田啓介首相（海軍大将）、斎藤実《まこと》前首相（海軍大将）、西園寺公望《きんもち》元老などを殺し、荒木貞夫、真崎甚三郎、林銑十郎（陸軍大将、当時の陸相）を主体とする軍政府を樹立する」という、ありもしないクーデター計画を話してしまった。

佐藤から報告を聞いた辻は、東條と同じ意見の参謀本部参謀片倉衷《ただし》少佐と、憲兵司令部の塚本誠大尉に通報し、厳重処分を主張した。

片倉は第二部第四班（宣伝謀略）部員で、班長はこれも東條と同じ意見の武藤章少佐である。塚本は第二課特高副主任であった。

辻、片倉、塚本は、十一月二十日の真夜中の午前三時、陸軍次官の橋本虎之助中将の官舎に押しかけ、橋本に強訴した。

「このさい急進将校の取り調べをおこない、不穏言動の根を断ち切るきっかけにしなければならない」

「すみやかに弾圧しなければ、いかなる事態を生ずるかも知れない」

押し切られた橋本は、軍務局長の永田鉄山少将に処置を命じ、永田はすぐさま憲兵司令部に指示した。

永田は、皇道派と反対の統制派の頭領であり、永田の下に、東條、武藤、片倉、服部卓四郎、辻らがいたのである。

統制派は、陸軍大臣を中心にして、一糸乱れぬ統制のもとに、軍が議会にたいして圧力を加えながら、軍主導の国家総動員体制をつくろうというものである。

そのために武力は行使しない。

だが、陸軍にしたがう国家主義政府か軍政府を樹立しようというのだから、目的は皇道派とあまりかわらない。

国家主義は、「国家を第一義的に考え、その権威と意思とに絶対の優位を認める立場。全体主義的な傾向をもち、偏狭な民族主義・国粋主義と結びつき易い」（広辞苑）というものである。

東條、辻は、陸士本科から皇道派をしめ出し、皇道派の中堅将校らを陸軍から追放して、陸軍部内における皇道派の勢力を減少ないし一掃しようと図った、というのがほんとうのようである。

村中、磯部、それに、陸士予科区隊長の片岡太郎中尉が、はやくも東京憲兵隊によって、二十日の払暁に検挙された。

この三人と、佐藤、武藤ら五人の候補生は、第一師団の軍法会議にかけられた。

翌昭和十年三月二十九日、村中、磯部、片岡の三人は不起訴となったが、四月三日に停職処分とされた。六ヵ月は復職できず、一年以内に復職しないときは予備役になる。

辻の手先になった佐藤をふくめ、五人の候補生は、士官学校を退校となり、満州国軍の軍政部特別研究員にまわされた。

辻は、生徒指導に誤りがあったということで、重謹慎三十日ののち、水戸の歩兵第二連隊に左遷された。

この事件は十一月二十日事件といわれるが、辻が、生徒（候補生）をスパイにつかい、事件をデッチ上げさせ、反対派の皇道派を崩壊させようとしたことは、事実のようである。

すでに、目的のためには、教え子をも犠牲にする非情なマキャベリストになっていたといえる。

もっとも、辻は、佐藤にはつよく責任を感じたらしく、その後、戦後になっても、かれの面倒をよくみたため、佐藤は人に辻を語るとき、涙を流さんばかりにしていたという話もつたえられている。

十一月二十日事件をきっかけにして、陸軍部内外で皇道派への批判がつよまり、昭和十年七月十六日、参謀総長の閑院宮載仁《かんいんのみやことひと》親王元帥と林陸相（中間派）によって、真崎が教育総監を罷免されると、八月一日には、村中孝次大尉と磯部浅一一等主計も予備役に追放された。福山歩兵第四十一連隊付から台湾歩兵第一連隊付に発令された皇道派将校の相沢三郎中佐は、これらの人事を永田軍務局長の陰謀と推定し、八月十二日の朝、陸軍省軍務局にのり込み、永田を斬殺した。

村中、磯部らは、この六ヵ月後の昭和十一年二月二十六日、皇道派現役将校らと共謀して独断で兵を動かし、重臣、政界要人、反皇道派将官らを殺傷し、陸軍省、警視庁などを占領する大事件をひき起こした。

腐敗した政財界を刷新し、貧窮農民を救うために、真崎甚三郎大将を首班とする維新政府を樹立する、と主張していたが、こんな無法をやる者たちの手で世の中がよくなるわけがなく、さらに悪い軍部独裁の世にしてしまうのがオチであったろう。独善的で視野が狭く、思い上がった空想的力主義の暴挙であった。

村中、磯部らが二・二六事件を起こしたのは、統制派系の辻がデッチ上げ事件で両人を罪におとし入れ、現役から追放させたからだ、という説がある。

そういうことがなかったとはいえない。しかし、根本的な原因は、村中、磯部らの思想にあった。

政治、経済を知らない軍人が、「世論に惑わず、政治に拘らず、只々一途に己が本分の忠節を守り」という訓戒を破ったのがまちがいであった。

ただこの点は統制派にしても、「天皇は神聖不可侵の現人神《あらひとがみ》」といいながら、天皇の名を利用し、陸軍を幕府にして、思いどおりの政治をやろうとしていたのだから、こっちもまちがっていた。

天皇の決断によって、青年将校らが率いる反乱軍はまもなく鎮定され、ついで三月十日には真崎が予備役に追放され、その他の皇道派将校たちも、つぎつぎに要職からはずされた。かわって、東條らの統制派の羽振りがよくなった。

皇道派が二・二六事件を起こして自滅したため、統制派が漁夫の利を得た恰好であった。

功名に走る男

水戸の第二連隊で、のぞみが消えたように暮らしていた辻大尉のもとに、朗報が舞いこんできた。二・二六事件から一ヵ月余の昭和十一年四月、桜が咲くころであった。

満州（現在の中国東北地区）に駐屯する陸軍最大の外戦部隊である関東軍の参謀部付に発令され、政治担当の第三課に勤務せよという。

二・二六事件のお蔭もあったろうが、関東軍第三課の政治主任参謀花谷中佐から、参謀本部の片倉衷《ただし》少佐に、辻をよこしてもらいたいという要請があり、実現されたものであった。

片倉は、候補生時代から関東軍に勤務し、満州事変（昭和六年九月十八日勃発）から満州国建国（昭和七年三月一日宣言）にかけても、同軍参謀として高級参謀の板垣征四郎大佐や作戦主任参謀の石原莞爾《かんじ》中佐を補佐して働き、満州のことはなんでも知っているほどになり、のちには「満州王」とよばれる男である。

かれは辻に、知っているかぎりの満州情報をおしえた。

新京（現在の吉林省、長春）の関東軍司令部に着任した辻は、上司の花谷から満州事変を研究するように指示され、一ヵ月にわたって記録を調べ、その全貌をつかんだ。

この事変は、板垣、石原の密命をうけた日本軍が、奉天（現在の瀋陽）北郊柳條湖付近の満鉄線路を爆破し、それを中国軍の仕業と偽り、ついで北大営の中国軍を攻撃したことから起こった。

武力で満州を制覇しようとした板垣、石原が、直属上司の関東軍司令官本庄繁中将にも無断で強行したデッチ上げ事件である。

さらに、統帥権（軍隊指揮権）を無視して軍隊をうごかし、武力を行使した板垣、石原（参謀にはその権限がない）が、一切の咎めをうけなかったばかりか、かえって参謀本部と陸軍省に喜ばれ、立身出世をするという奇怪な一件であった。

辻が満州事変から学びとったいちばんのものは、参謀も統帥権なども極力無視して、やりたいことをやるべきだ、という「下剋上」の思想だったであろう。

満州国には、満州帝国協和会という政府お抱えの政治団体がある。理念は「五族（日本、満州、中国、蒙古、朝鮮）協和」「王道楽土」である。しかし、「五族協和」を具体的にどうやるか、意見がまとまっていなかった。

「日本民族を指導民族として、他の民族がこれに同調する」

「各民族が平等の立場で同志的に結合する」

という二つの意見が対立していたのである。

これをまとめなければならない立場の辻は、満州国建国のレールを敷き、いまは参謀本部作戦課長になっている石原莞爾大佐の意見を聞くために、東京へ行った。

石原は辻にたいして、陸軍士官の集会所である偕行社や自宅で、満州国経営の理念を、懇切に話した。要点はつぎのようなことである。

「◇満州国をつくろうとした動機――

日中両民族は、旧怨を洗って提携し、西洋（主としてソ連、英、米）の侵略に備える必要がある。

そのために日満人は同志的に結合して独立国をつくり、協和して国家を経営し、それを日中融和のもとにする。

長城（万里の長城）線以南には、指を触れてはならない。

満州国は日本のカイライ国としてはならない。
◇日本は特権を放棄すべし――

日本官吏はいばるべからず。

日系官吏の俸給が満系官吏より高いのを改めなくてはならない。

治外法権や付属行政権は満州に返せ。
◇協和会は政府の母体――
国家の根本方針は協和会中央委員会で同志的討議によって決定する。

行政面の方針は政府が決定し、経済面の方針は民間人と政府で決定する。

民意上達は、協和会全国連合協議会を通じておこなう。

機構、方針などが完成したら、関東軍は軍事以外の権限を協和会へ譲渡する。
◇満州国軍――
満州国軍は独力で国内の治安維持ができなければならない。

その後は、日本軍とともに外敵に当たれるようにする」

石原は、柳條湖事件をデッチ上げて満州事変を起こした男だが、これらは本気で考えていたようである。

辻は、大哲人にでも会ったようにたまげた。

戦後の昭和二十五年十二月に出版した『亜細亜《あじあ》の共感』のなかで、こう書いている。

「石原参謀といえば戦争の神様であり、鬼でも取って食う人かと考えていたのに、これはまたどうしたことであろう。心から満州人を愛し、かけねなく民族協和の精神を実践し、信奉しておられる。

眦（まなじり）を決して、満州を取らねば英霊に相すまぬとばかり考え、地図を日本と同色で塗りつぶした過去の考えはいかに幼稚なものであっただろう。穴があったら入りたいようであり、顔から火が出るように感じた。

いままでに多くの上官や先輩に接したが、階級や職務を越えてこんなことははじめてであり、また終わりでもあった。この石原さんに会うと、自然に襟を正すような気持になった。眼を細くして、ニヤニヤ笑われると、心の底が見透かされているように感じた。

先覚の導師によって物の見方が、中国、満州、東亜に対する考え方が、権益思想から道義思想へと、百八十度の大転換をするにいたった。見識の相違は、こんなにも恐ろしい力を持っているものであろうか」

石原は辻とちがって、着想卓抜な天才型のようである。

細く切れ長い一重の眼が、なんでも見透かすように光り、ふくらんだ下唇が、ひねくれ者のようにやや突き出ている。

苦味走ったいい顔で、中肉中背の身体も均整がとれている。

だが、服装、態度は人を食ったように横着である。

口も悪い。相手がだれでも遠慮会釈なく反駁し、批判し、度胆をぬく芝居がかった放言、毒舌を発する。

士官学校のとき、剣道で教官と組み討ちとなり、教官のキンタマを握り締めて気絶させたこともある。

士官学校を卒業するときの学業成績は三番であったが、このような服装、態度、言行であったために、六番となった。

恩賜の銀時計を授けられるのは五番までだから、石原はもらいそこねた。

陸軍大学校卒業の学業成績は一番であったが、「性粗野にして無頓着」という性格評のために、二番になったという。

しかし、恩賜の軍刀はもらった。

こういう男なので、辻とおなじく一匹狼のようになり、敵も多かった。

だが、料亭、バーなどでの女遊びを忌避した辻とちがい、金のあるかぎり遊んだ。

生まれは山形県の鶴岡市だが、長州の高杉晋作風の気性らしい。

石原は皇道派でも統制派でもなく、板垣とともに満州派である。満州国を五族協和の理想国家に仕上げ、日・満・中が連盟して、東洋文化の再建と東亜永遠の平和を確保しようという思想である。

ただ、この思想ははなはだ理想主義的で、名利を追う多くの俗人たちに、これを実現させようとしても容易にできるものではなく、絵に描いた餅になりやすい。

辻が石原の思想に、舌を巻く思いをしたことは事実であろう。といっても、石原に心服したように述べたことは、本音ではなさそうである。

辻は石原の思想のよさとともに、絵に描いた餅ということも見抜き、石原のように本気でその実現をはかろうとは考えず、「五族協和」「東亜連盟」の思想を、対満州、対中国政策の一つの道具と考えた感がある。

「満州を取らねば英霊に相すまぬ」というセリフは、英霊の名を利用して自分らの欲望を遂げようとする連中の常套文句である。

「先覚の導師によって……権益思想から道義思想へと……」ということばは、教祖のような人物をかつぎ、多くの人間が喜びそうな道義的なことをいう方が、力づくで利益をむしり取ろうとするより、上策だということであろう。

もっとも、石原にしても、辻の謀略的な本性を見抜いていたから、辻も、「眼を細くして、ニヤニヤ笑われると、心の底が見透かされているように感じた」と述べたのであろう。

辻は石原に会うまえに、片倉が書いた「関東軍機密作戦日誌」とともに、「関東軍機密政略日誌」を読んでいたが、政略日誌には、要点つぎのようなことがあった。

「満州は外形的には独立国だが、実質的には軍事、外交、経済の上に日本人が満州国の中核分子として干与し、日本の利益と一致するように運営している。

満州皇帝は日本の天皇の心をもって心とする。天皇の意志以外に皇帝の意志はない。

満州国の国防は日本が担当する。日本軍が満州国軍を指揮する。

経済は日本と一体のものにして計画的に推進する。

関東軍司令官は皇帝の師傅《しふ》（教導役）であり、日系官吏（日本人の満州国政府官吏）は関東軍司令官の分身である。

民族協和の中核は日本人でなければならない」

関東軍は、天皇の意志でもない陸軍の意志を天皇の意志といいふらし、満州国皇帝溥儀を関東軍のカイライとして、満州を自分らの思いどおりに支配しようという、闇の幕府になっていたのである。

統帥権を無視して、詐欺事件をひき起こし、そこから強盗同然に満州を奪えば、こんな結果になるわけだが、それを見通せなかったのは、石原が理想にとりつかれ、足下を見る眼を失っていたからであろう。

石原が日・満・中のためを思って満州事変を起こしたといっても、手段が悪く、けっきょくは日本軍が満州を侵略し、やがては中国本土まで侵略してゆく覇道をひらいてしまったといえる。

辻が石原に会ったすこしあとのことだが、こんなことが起こった。

関東軍参謀の田中隆吉中佐らが、中国北東部の綏遠《すいえん》省東部地域を奪取しようという内蒙古の徳王の尻押しをしていると聞いた石原（昭和十一年六月から参謀本部戦争指導課長）は、その工作をやめさせようと、新京へ飛んだ。

関東軍司令官は植田謙吉大将、参謀長は板垣征四郎中将（昭和十一年四月進級）、参謀副長は今村均少将である。

夕刻、板垣の参謀長官舎に、板垣、今村ほか数名の関係参謀と石原が会合した。

石原は自信をもって発言した。

「諸君の内蒙古工作は、中央（陸軍省、参謀本部）の意志に反している。たびたび訓電を発しても聞き入れず、勝手に工作をすすめているようだが、もってのほかである。陸軍大臣（寺内寿一大将）も参謀総長（閑院宮載仁親王元帥）もきわめて不満で、僕に中央の意図をよく説明してこいといわれた。……」

石原の説明が終わると、参謀部第二課（情報・宣伝謀略）長の武藤章大佐が、腑に落ちないというように反問した。

「あなたは本心からそういわれるのですか」

「上からの命令もあるが、僕の本心だ。支那（中国）と事をかまえるようなことはいかん」

「わたしらは、あなたが満州事変のときやられたことを手本にしてやっているのです。褒められるのが当然で、お叱りをうけるとはおどろきました」

武藤はとぼけた顔で皮肉をいった。

参謀らはわが意を得たというように笑い出し、石原はいうべきことばを失った。

翌日、植田、板垣、今村は、石原の説明を検討したが、うけ入れないことに決定した。

石原は敗れて東京に帰った。

かつて統制を破って功名・手柄を立て、立身出世をした者が、みずから統制者になって統制しようとしても、だれもいうことを聞かなかったのである。

田中らは、予定どおり、中央の制止を無視し、徳王を煽動して、綏遠省の傅作義軍と戦わせた。

だが、国民政府主席の蔣介石が派遣した中央軍など二十数万人の応援を得た傅作義軍に完敗し、要衝の百霊廟を占領された。

関東軍は、徳王を救援するために出兵しようとしたが、参謀本部は、総長命令でこれを押さえた。

折りから十二月（昭和十一年）十二日、蔣介石が張学良のために監禁される西安（黄河上流渭水のほとり）事件が突発したため、徳王は傅作義に停戦を申し入れた。傅作義もそれをうけ入れ、日中戦争の危機は回避された。

徳王軍を破った中国側は、関東軍を破ったように宣伝しはじめ、中国国民の抗日気勢がいっせいに盛り上がった。

石原が撒《ま》いた種のひとつの結果である。

新京に帰った辻は、日本軍の軍政に対する満州帝国協和会員たちの忌憚ない意見を聞き、今後の方針の参考にしようと考えた。

同協和会監査部長の和田勁は、辻の求めに応じ、全満州の協和会機構から、「日本軍の不法行為と憲兵の対民衆圧迫の物的証拠」をあつめはじめた。

ところが、それを知った関東軍憲兵隊司令官兼関東局警務部長の東條英機少将は、ハゲ頭から湯気が出るくらいに怒り、辻をよびつけてどなった。

「協和会に軍のアラをさがさせるとはなにごとか」

「軍政の参考にしようと思い、やらせたことで、一切はわたしの責任です」

「即刻やめさせろ」

「わかりました」

辻は不本意であったが、東條には勝てそうもなく、「日本軍の不法行為と憲兵の対民衆圧迫の物的証拠」集めを中止することにした。

東條は永田亡きあとの統制派の頭領格であるが、天皇の権威、国家権力、陸軍の軍事力によって満州を支配し、日本の権益を最優先で増加させようと考えていた。

東條にとっては、石原の「五族協和」「王道楽土」「東亜連盟」の思想などは、共産主義とおなじく、毒虫であった。

できれば、満州帝国協和会をつぶしたかった。

かれは、満州国政府の日本人官吏を目付として政府内を監視させ、憲兵を使って各地の反軍活動を弾圧し、東條の方針にジャマな協和会を骨抜きにしようとしていたのである。

東條のやり方では、満州の経済も発展しないし、対ソ・英・米のための日・満・中の連帯も成り立たないであろう。だが、東條は、日本が東亜の盟主、つまりは支配者になるべきだと信じて疑わなかった。

石原と正反対の思想といえる。

陸軍士官学校では石原より四期上の十七期、年齢でも四歳上で、昭和十年十二月に満五十一歳になっている。

ハゲ頭で、キューピーをやや細長くしたような顔形をしている。黒い丸枠のロイド眼鏡の中の細い眼が、鋭利な刃物のように光っている。鼻の下に黒いふさふさしたヒゲがあって、ちょっと離れて見れば、ユーモラスなハゲ親爺である。

しかし、小柄だが、がっちりした体軀で、すっくと背筋をのばし、姿勢がよすぎるくらいいいので、やはり陸軍将校らしい。

左手を背中にまわし、右手でテーブルの上の草稿をおさえ、カン高い声で、尻上がりの抑揚をつけ、名調子の演説をする。

東京に生まれ、東京地方幼年学校に入ったが、卒業時の成績は、ビリから二、三番めであった。

中央幼年学校、陸軍士官学校では猛勉をして、良好な成績を上げた。

この体験から東條は、人生においては努力がもっとも尊いという信条を持った。

のちに首相になってからも、「努力即権威」という色紙を書くほどであった。

ただ東條の勉強は、職務上必要な範囲にかぎられ、そのために一般的な教養が足りなかったようである。

歴史、哲学、科学、宗教など、東條にくらべればはるかに広汎な知識を得ていた石原は、このような東條を、のちに「東條上等兵」とよぶようになる。

昭和十年の九月に関東軍憲兵隊司令官になった東條は、十一年二月、二・二六事件が起こると、全満州の皇道派系浪人、政客千数百人を一網打尽に逮捕して、要職から追放した。

東條が憲兵を使い、自分に反対する者を片っぱしから弾圧するようになるのは、これに味をしめたからである。

東條のいいところは、私腹を肥やすことがなかったことだが、権威・権力・武力主義が強すぎたために、よさがカスんでしまった。


植田関東軍司令官は、満州事変五周年記念日の昭和十一年九月十八日、「満州帝国協和会の根本精神」という指示を発表した。

「満州帝国政治の特質」「協和会設立の意義」「満州国政府と協和会との関係」の三つから成り、辻が起草したものである。

協和会にたいする関東軍の方針の要点は、

「日本人を満州国民の骨幹とするため、百万戸、五百万人を満ソ国境地帯に移民させる。

朝鮮人は東部地域に居住させる。

蒙古人は熱河（満州南西部）、興安四省（満州西部）に住居させる。

満州人、中国人は中部および南部に住居させる。各民族を協和、偕行させる」というものであった。

関東軍の協和会にたいする従来の方針は、日本人優先主義だが、それがやや緩和された形になったとはいえ、根本的には変わりなく、石原の理想からは遠く離れたものである。

日本人に差別された満州、中国、蒙古、朝鮮の各人種の反日感情は殆ど減らなかった。

石原の示唆をうけ、板垣関東軍参謀長に指示された辻は、「建国大学」設立の立案にかかった。修業年限六年で、民族協和の指導者を養成するというものである。

この大学は昭和十二年九月に開校されたが、学生は、日本人七十五人、満州人五十人、朝鮮、蒙古、白系ロシア人二十五人の、計百五十人で、やはり差別的であった。

昭和十二年五月上旬のことである。奉天協和会が主催する張作霖の盛大な葬儀が、奉天郊外の酒林寺でおこなわれた。

張作霖は西安事件を起こした張学良の父親で、満州軍閥の巨頭であったが、昭和三年の六月四日、関東軍高級参謀河本大作大佐に謀殺され、遺骸が酒林寺に置かれたまま、弔う人もいない状態であった。

それに目をつけた辻が、奉天協和会を指導して、葬儀を執行させたのである。

満州国高官の韓雲楷は、辻にいった。

「辻さん、あなたはわずか十万円で、一億円以上の仕事をしました。なかなか狡《ずる》いですよ。全満の三千万民衆が九・一八事変（満州事変）以来、はじめて明るい顔をしています。数億の金を積んで宣伝宣撫しても、今日一日の十万円の葬儀ほどの効果はとうていありますまい」

「とんでもない、ただ仏様が気の毒で」とこたえた辻は、

「予想以上にうまくいった」とよろこんだ。

片倉衷少佐が関東軍参謀部にもどり、第三課で辻の上司として、対満政策の仕事にかかったのは、昭和十二年の三月であった。

花谷が協和会を行政の補助・宣伝機関にしようと圧力をかけたのにたいして、総務庁長の大達茂雄（のちにシンガポール改め昭南市の市長）が猛反対し、辞任するという事態が起こったため、関東軍、政府、協和会の間を調停する役目に、片倉がふたたび招かれたのである。片倉は建国当時の満州をよく知っているし、協和会の各国人に人望のある石原に、いくらかでもちかいからであった。

だが、同時に、石原ともっとも親しい参謀長の板垣が第五師団（広島）長に転出し、かわりに石原とはげしく対立する東條英機中将（昭和十一年十二月進級）が、参謀長に就任した。

これで関東軍は、石原がいう「関東軍は軍事以外の権限を協和会へ譲渡する」からいっそう遠のき、満州国の闇の支配者として、ますます強権をふるうことになった。

参謀本部戦争指導課長であった石原大佐が、少将に進級するとともに、同本部第一部（作戦）長になったのもこの三月であったが、石原は、「産業五ヵ年計画（軽工業から重工業に切りかえる）」「三十六コ師団（当時は十七コ師団）」の実現に奔走していた。

そして五年後の昭和十六年度に対ソ戦備を概成することを目標にして、それに必要な国防産業（自動車、飛行機、鉄、石炭を中心とする）の確立（広義の国防）と、軍備の充実（狭義の国防）とをすすめようというのである。

それには、日本・満州・北支（北中国）で重要資源を自給できるようにしなければならないので、中国ともめごとを起こすようなことは、ぜったいに回避しなければならない、と石原は考えていた。

しかし、この「産業五ヵ年計画」「三十六コ師団計画」も、「五族協和」「東亜連盟」と似て堅実ではなく、穴が多い大ブロシキの計画のようである。

それに、軍事が政治に優先する大軍国主義で、賢明な政策とはいえそうもない。

北京郊外の蘆溝橋で、日中両軍（中国軍は国民政府軍）が衝突し、北支事変（のちに支那事変、ついで日中戦争とよばれる）が起こったのは昭和十二年七月七日である。

石原第一部長は、

「いまは満州国建設に専念し、対ソ軍備を完成し、これによって国防は安固となる。支那（中国）に手を出して支離滅裂にさせてはならない」と判断して、参謀本部作戦部は不拡大方針を決定した。

閑院宮参謀総長は、八日の午後六時四十二分、支那駐屯軍司令官の田代皖一郎中将に、指示を発した。

「事件ノ拡大ヲ防止スルタメ進ンデ兵力ヲ行使スルコトヲ避クベシ」

だが、陸相の杉山元大将は、八日の夜半、七月十日に除隊になる歩兵四万人の除隊延期を命じた。

関東軍司令官は、八日の午後八時十分に、
「暴戻なる支那第二十九軍の挑戦に起因して、今や華北に事端を生じた。関東軍は多大の関心と重大なる決意とを保持しつつ厳に本事件の成り行きを注視する」という声明を発した。関東軍司令官が植田大将、参謀長が東條中将、参謀副長が今村少将である。関東軍の管轄外の問題だというのに、独断でこのような声明を出すのは、かれらが対中国強硬派で、下剋上も意に介さない連中だからであった。

朝鮮軍司令官の小磯国昭中将も、要旨、
「この事態を契機として、支那経略（国家を経営統治する）の雄図を遂行すべし」という、要するに中国侵略の意見を、中央部（陸軍省と参謀本部）に送った。

石原が中心にいる参謀本部では、石原の不拡大方針に賛成する者と、反対する者の二派に分裂した。

課長河辺虎四郎大佐以下の第二課（戦争指導課）は不拡大派であった。

もっとも強硬な一撃論者が第三（作戦）課長の武藤章大佐で、それに同調するのが支那課長の永津佐比重大佐であった。

武藤はこの年三月、関東軍参謀部から転任してきたのだが、北支事変を契機に武力を行使して、北支・蒙古を日本の勢力範囲に入れ、対ソ・対支作戦の条件を有利にしよう、というのである。

陸軍省では、軍務局長の後宮淳《うしろくじゅん》中将と軍務課長の柴山兼四郎大佐が不拡大派で、軍事課長の田中新一大佐（太平洋戦争開戦時の参謀本部第一部長）が陸士同期の武藤とむすぶ一撃派の急先鋒であった。

七月十日、中国駐在武官から、国民政府の中央軍が北上しつつあるという電報が入り、兵力約四千人の支那駐屯軍では、平津地区（北平〈京〉、天津）の邦人約一万二千人を救えそうもないという情勢になった。

石原はここにいたり、武藤が主張する朝鮮軍、関東軍の一部と、内地の三コ師団の兵力増派を内定することに同意した。

不拡大論を捨て、一撃論に転向したといえる。

翌七月十一日、陸軍の、内地師団の派兵は情勢を見て、という但し書きつきの北支派兵案が、近衛文麿内閣の閣議で決定された。

この日、病で重態の田代中将にかわり、香月清司中将が支那駐屯軍司令官に任命された。

七月二十五日夜、天津と北京の中間にある郎坊で、日本軍歩兵一コ中隊が中国軍に攻撃され、多数の死傷者を出した。

石原は、二十六日の午前一時、陸軍省の田中軍事課長に電話した。

「もう内地師団を動員するほかない。遷延は一切の破滅だ。至急処置してくれ」

これで石原は、武藤、田中ら対中国一撃論者に屈服したことになった。

その二十六日の夕刻、北京の広安門で、中国軍が日本軍を挟撃する形の行動をとった。

支那駐屯軍は、ついに平津地区の中国軍を一掃する方針を決定した。

不拡大論に敗れた石原は、この後も日中和平工作にいろいろ努力したが、すべてうまくいかず、戦火は拡大する一方となった。

それとともに、「産業五ヵ年計画」「三十六コ師団計画」も、煙りのように消えていった。

軍事力が陸軍本位の欲望にしか使われなくなったのが一番の原因だが、東條を「東條上等兵」という石原自身の内外にたいする見識も、的確なものではなかったせいもあろう。

ただ、「五族協和」「東亜連盟」の理念だけでも長くのこるようになったのが、石原にとっての救いといえそうである。

蘆溝橋事件が突発して二週間ほどのちの七月（昭和十二年）二十日ごろのことであった。関東軍参謀部の辻政信大尉が、突然、天津の支那駐屯軍司令部に姿をあらわし、同軍作戦主任参謀の池田純久中佐に、強硬な態度でいった。

「明日、関東軍は山海関（遼東湾西岸、万里の長城の始点）にある爆撃機をもって、蘆溝橋付近の支那軍を爆撃します。わたしは戦闘機に乗っていきます」

「本気か」

「本気ですとも」

「せっかく不拡大主義でまとまりかけているのに、爆撃したら、万事ぶちこわしだ。どうしてそんな乱暴をやるのだ」

「北支軍（支那駐屯軍）の仕事がやりやすいようにするためです」

「いらぬお世話だ、角を矯《た》めんとして牛を殺すようなものだ。関東軍が支那を爆撃することは、中央部（参謀本部）では承認しているのか。そうじゃあるまい。やめてくれ」

「中央部がぐずぐずしているから独断でやるのです」

「そんな独断なら、まっぴらご免だ。どうしてもやめないのか」

「どうしてもやります」

「それじゃあしかたがない。やりたまえ。そのかわり、われわれ北支軍の戦闘機で、関東軍の爆撃機を叩き落としてやる。その覚悟でやりたまえ。あとで泣き言いっても知らんぞ」

「友軍相撃ちですか」

「そうだ、その責任はすべてわたしがとる」

「そんなにまで主任参謀がいうならやめましょう」

関東軍が軍司令官、参謀長以下全員が強硬な一撃論に固まっていたから、辻もこういう行動に出たのであろう。

だが、それもあろうが、辻が、「五族協和」「東亜連盟」に傾倒したようなことをいっても、ネコが小判より魚にとびつくように、道義より功名に走る男だったから、こんな行動に出たという方が、当たっているようである。

七月末、辻は上司の片倉に斡旋してもらい、支那駐屯軍の作戦参謀となり、ついで北支那方面軍司令部第一課参謀、さらに師団長板垣征四郎中将の第五師団参謀となり、二ヵ月ちかく北支の戦場を駆けまわった。

よほど戦《いくさ》が好きな男であった。

奇怪なる事実

北支事変不拡大論に敗れた石原莞爾少将は、昭和十二年九月、参謀本部を追われ、関東軍参謀副長に転ぜられた。

上司の参謀長は、石原とは思想が水と油の東條英機中将である。

この人事は、東條の日本優先主義・権力主義を緩和させ、日本と満州国との間の協和を促進する狙いもあったかもしれないが、しょせん何の効果もなかった。

満州国政府と協和会にたいする指導は、相変わらず東條流ですすめられるだけであった。

かつて石原が、「君は満州王だなあ」といった片倉が、いまは中佐の第四課長になっていて、その実務を担当している。

石原は片倉に勧告した。

「統制を緩和し、民衆の自治にまかせるようにしたらどうか」

しかし、片倉は石原のいうとおりにはならなかった。

昭和十三年五月、東條は板垣征四郎陸相の次官として転出し、磯谷廉介中将が翌六月、新参謀長となった。

磯谷は東條と親しく、満州にたいする考え方も東條と同じようなものである。

この当時の石原について、戦後のことだが片倉は、要旨、つぎのように述べている。

「石原参謀副長は治外法権撤廃準備ごろから、満州国内に日系官吏の人員が増加し、法制整備が日本人本位に偏し、民族協和の理想を失うことをおそれ、しばしばわたしを招き、私見と苦情を述べられた。

軍の指導も極力制限し、満州国協和会を強化し、中央本部に山口重次（満鉄社員、満州青年連盟会員、民族平等・民衆自治主義）氏などを抜擢起用して、軍の内面指導権をこれに移譲する案なども示された。

わたしは、満州色豊かな政治をさせることはその趣旨において異存なく、ちかく政府に提出する要望書案を見ていただきたい、と副長に返事をした。

しかし、関東軍の指導権移譲は時期尚早で、また山口氏は、わたし個人としては建国の同志としてなんら異存はないが、いまの協和会にはうけ入れられず（日本優先主義者らが会の主導権をにぎっているため）、また山口氏の起用は、かえって政府と協和会との摩擦を増加するにすぎない（特権階級の日本人官吏と合わない）と思うので、賛意を表しがたいと答えた」

軍の指導権は協和会にわたさないし、日本人優先主義・官僚主義の政治も改革しないということである。

石原は新参謀長の磯谷に、「関東軍司令官の満州国内面指導権撤回に就て」という意見を提出した。協和会の育成、日系官吏の整理、関東軍第四課の廃止などから成る。

磯谷はこたえた。

「僕は不賛成だ。理想としてはけっこうだが、ただちに実行すれば大混乱を生じよう（権力や特権を失う陸軍と日本人たちが猛反対する）。支那事変の解決の見とおしがつかない今日、実効が上がらない（日本が思うように利益を吸い上げられない）ことをやって動揺を起こすことは好ましくない」

「支那が抗日を叫ぶのは、満州の実状を見て、日本に不信を抱いている（日本優先主義・権力主義にたいして）からです。満州国を五族平等・協和の理想的な状態にして、中国人の信頼を得れば、日支問題の不和は春の日をうけた氷のように解け去るでしょう」

「そんな詩のようなことをいってもしようがない。国家間の問題は力だよ。遠い将来の目標は、君のいうとおりだとしても、今日ただいまの問題を解決するのが急務だ」

磯谷は石原の思想は詩、国家間の問題は力として、要するに陸軍の軍事力によって、陸軍の思いどおりに満州を支配し、利益を吸い上げていこうというのであった。

その独善的な考え方、やり方が、満州、中国、朝鮮の各民族を反日・抗日運動に走らせ、やがては太平洋戦争で日本を孤立無援にさせて惨敗させるのだが、そういうことには気づいていないようである。

石原は、「もはや処置なし」と思い、辞職を決意した。

八月（昭和十三年）十五日に山口重次、和田勁ら親しい同志と別れの宴をひらき、十七日に植田軍司令官に退職願いを提出し、和服に着替えて日本へ去った。

植田は、辞表は板垣陸相に取りつぐ、病気療養という理由で休暇をとれ、といって辞職を認めたという。

アラビアのローレンスを連想させる満州の風雲児石原の活動も、これで空《むな》しく終わった。昭和十三年十二月、石原は舞鶴要塞司令官の閑職につき、十四年の八月、中将に進級して京都の第十六師団司令部付となり、まもなく師団長に就任した。

八月の末に陸相から支那派遣軍総参謀長に転出した板垣の人事である。

あるとき京都大学の公開講演会に招かれた石原は、学生たちに激烈に語った。

「敵は中国人ではない。日本人である。自己の野心と功名心に駆り立てられて、武器を取って立った東條、梅津（美治郎、陸士十五期、支那事変勃発のとき中将で陸軍次官、太平洋戦争終戦のとき大将で参謀総長）の輩こそ、日本の敵である。同時に、かれらは世界の敵でもある。かれらこそ銃殺されるべき人物である」

嵐のような拍手が起こった。仰天した京都府知事があわてて演壇に上がり、

「ただいまのお話は、この場かぎりのお話としてうかがっておきたいと思いますので、諸君もご承知おきください」と注意をした。

すると石原は、

「いや遠慮はいりません。わたしの意見は、天下に公表して、批判の対象にしてもらいたいと思います」と追い討ちをかけるように断言した。

一般人がこんなことをいえば、憲兵か警官にふんづかまり、拷問されてブタ箱にぶちこまれる時代だったのである。

石原が陸相の東條英機中将によって予備役に追放されたのは、太平洋戦争がはじまる九ヵ月まえの、昭和十六年三月であった。

昭和十二年の七月末から北支の戦場を駆けまわっていた辻政信大尉が、作戦参謀として関東軍司令部に舞いもどったのは、この年十一月十日であった。

「作戦・治安粛正・対ソ訓練」がその任務である。

辻は張り切った。

「願ってもない死に場所だ。重任をみごと遂行できたら、あとにつづく者に自信をあたえるであろう。沿海州の一隅に黒焦げになって捨てられていい」

東條と石原の不和・対立はしばしば見聞きしたが、どちらにもくみしなかった。

昭和十三年の三月、辻は少佐に進級した。

七月、国境線が明確でない張鼓峰をめぐり、日ソ両軍が衝突した。

張鼓峰は、満州南東端にちかい標高百四十九メートルの山で、すぐ西に豆満江が北から南に流れ、日本海に注いでいる。

ソ連軍が進出していた張鼓峰を、日本軍は夜襲によって七月三十一日に奪回した。

だが、強力な砲兵、飛行機、戦車をくり出してのソ連軍の猛反撃がはじまり、日本軍は甚大な死傷者を出し、八月九日ごろには、全滅か退却かの瀬戸ぎわに立たされた。

折りよく八月十日にモスクワで、停戦協定が成立し、日本軍は、総退却の不名誉をまぬがれた。

この事件は、参謀本部作戦課長の稲田正純大佐が、「戦略的にも戦術的にもソ連軍が不利だから、戦っても紛争が拡大する公算はすくない。機敏に一撃をくわえて、今後、ソ連軍の挑戦意志を封殺するのが有利である」と判断し、作戦班長の有末次《やどる》中佐を現地に派遣し、第十九師団に張鼓峰奪回の準備をさせたために起こったものであった。

ひらたくいえば、「ソ連は内外の情勢上、ぜったいに本格的対日戦に出ることはないと思うが、その確証を得るために、一撃をくわえてみる」ことにしたという、欲に釣られてのかるがるしい火遊びであった。

それも閑院宮参謀総長、板垣陸相の許可さえ得ていなかったのである。

かつて内蒙古工作に暗躍した田中隆吉は、大佐の山砲兵第二十五連隊長として戦ったが、この事件については、要旨、つぎのように述べている。

「わたしは、野砲・山砲・重砲合計三十六門を指揮して、百数十門のソ連の砲兵と対戦し、深刻な弾丸の不足に悩み、結論として、豊富な物量にたいしては、いかに旺盛な精神力をもってしても、いかんともなしがたいことを身をもって体験した。

しかもわたしは、日露戦争以後、近代装備を有する砲兵を敵として戦った最初の砲兵連隊長であった。

張鼓峰戦後、わたしは、日本の生産力をもってしては、とうてい近代戦を遂行することはできない、と上司に意見具申したが、一顧だにされなかった。

張鼓峰の戦いは、当時の宣伝にもかかわらず、実際は決して日本側の勝利ではなかった。ただ、ときの外相宇垣一成大将の処置がよく、停戦協定が成立したため、かろうじて醜態を暴露せずに休戦に入ったのである。

それは、当時の第十九師団長尾高亀蔵《すえたか》中将が、宇垣外相に、『お蔭をもって兵団は潰滅をまぬがれた』と満腔の謝意を表したので明らかである」(田中隆吉『太平洋戦争の敗因を衝く』参照)

「禁じられた遊びをやってはならない。精神主義・白兵主義では、優秀な装備と豊富な兵器・弾薬をもつ敵には勝てない」

これが張鼓峰事件の教訓であった。

八月十日に成立したモスクワでの停戦協定ののち、張鼓峰、その北方の沙草峰など国境付近の要地は、ソ連軍に占領され、堅固な陣地をつくられた。

辻はこの結果を、つぎのように語っている。

「敵を撃攘して国境線を回復確保せよとの大命は、現実に無視されたのである。たしかにわが方が負けた。犯されたまま幕を閉じたのだ。もしあのときに徹底的に膺懲し、実力をもって主張を貫徹していたら、おそらくはノモンハンの惨闘を惹き起こさなかったろう」

だが、当時、国境線は満州とソ連間で確定されていず、ソ連側は一八八六年の琿春界約による国境線を考え、日本側は一九一五年の東三省陸軍測量発行地図による国境線を考えていたので、辻の主張は当を得たものとはいえない。

この場合の国境線は、武力によらず、外交でとり決めるべきであった。「徹底的に膺懲し、実力をもって」というのは、果たしてできたかどうか、はなはだ疑問だし、「ノモンハンの惨闘を惹き起こさなかったろう」にいたっては、ノモンハン惨敗の責任を他に転嫁しようというもので、とうてい納得できるものではない。

辻のこの主張は、辻がケモノのような武力・謀略主義者だということを示すもの、と見るだけにとどめるべきである。

辻は、著書『ノモンハン』で、

「関東軍が九・一八（柳條湖事件）以後、中央の統制に反し、断乎として満州での作戦を敢行した気風は、その後、永年にわたる伝統をなし、中央を恐れず、ソ連をも恐れない傾向を持っていた」と、好戦と下剋上の気風を称賛すべき美風のように書いている。

自分の考えや性格にぴったり合い、やりたいことがやれて、あんないいところはなかったといっているようである。

植田関東軍司令官は昭和十四年四月二十五日、「満ソ国境処理要綱」を発令した。

そのなかに、平易に書きなおすが、つぎの項がある。

「国境線が明確ではない地域については、防衛司令官（第一線の師団長）が自主的に国境線を定め、これを第一線部隊に明示し、無用の紛糾をひき起こさないようにするとともに、第一線部隊が任務を達成しやすいようにする。

右の地域内では必要以外の行動はしないようにするとともに、行動の必要がある場合は、厳重な警戒と周到な部署（各部隊の役目）を実施し、万一、衝突すれば、兵力の多寡や国境の如何（正誤）にかかわりなく、必勝を期す」

この「処理要綱」は辻が起案し、植田が同意して決裁した。

国境線は両国政府間の交渉にもとづき、最終的に天皇が認可することになっているが、防衛司令官が自主的に定めても、いっこうに差しつかえないと思っているわけである。

無知なのか、思い上がっているのか、とんだ関東軍というほかなさそうである。

ところが、この「処理要綱」を送られた側の参謀本部も、それを明確にあらためさせようともせず、だまっていた。

これでは、関東軍の意志で戦争が起こるであろう。

このころの関東軍司令官は植田謙吉大将、参謀長が磯谷廉介中将、参謀副長が矢野音三郎少将、高級参謀が寺田雅雄大佐で、辻の上司には第一課の作戦班長として服部卓四郎中佐がいた。

服部はこの年三月、参謀本部編制動員課から転任してきた。片倉衷中佐は、第四課（対満政策）長のままであった。

じつは、「満ソ国境処理要綱」がこの時期に、このような内容で発令されたのには、関東軍の意図があった。

満州北西部の満蒙国境で、一月以来、日満軍と外蒙（モンゴル人民共和国）軍が、何回かの紛争を起こしていたが、つぎの紛争が起こったばあいは、有力な部隊を出動させて外蒙軍を痛撃し、従来から関東軍が考えていた国境線を実力で確保しようとしたのである。

この地域での満州と外蒙古の国境線は、張鼓峰付近と同じように、両国の主張がくいちがっていた。

外蒙古側が、ハルハ河（後述）東方約十八キロのノモンハン（後述）付近を通る北西——南東の線を主張するのにたいして、満州国（つまり日本）側は、ハルハ河を国境線と主張していた。

外蒙古側の主張の根拠は、一七三四年から一九〇八年（明治四十一）にかけて数回にわたり、清政府と公式に国境線を確定してきた、というものである。

満州国側の主張の根拠は、大正七年（一九一八）のシベリア出兵で入手したロシア軍の八万四千分の一の地図に、ハルハ河が国境になっているというものである。

もうひとつは、昭和十三年十月、矢野光二陸軍少佐と蒙古人二人が、ハルハ河右岸（東岸）に二日間露営したが、ハルハ河左岸（西岸）の外蒙古監視兵はそれを妨害しなかったし、河を渡ってもこなかったから、ハルハ河が国境線と認められる、というのである。

どちらの主張に理があるか、明らかといっていいであろう。

さらにこういうことがあった。

満州国政府は、昭和十二年六月から九月にかけ、四人の日本人外交部員、五人の日本人治安部員などによる満蒙国境の合同現地調査を実施した。

かれらは、外蒙古と清政府間の協定で設置されたオボ（石を積んだ境界の指導標）を発見した。

新京に帰り、外交部員の北川四郎は、道光二十九年（一八四九）の境界が正しい国境であると解説した報告書を書き、治安部員の川瀬志郎は、発見したオボを屈折点にして、道光二十九年の境界線を入れた測図を書き、満州国政府に提出したほか、日本外務省、関東軍、陸軍省、参謀本部へ送った。

ところが、まえからハルハ河を国境線とひとり決めしていた日本陸軍は、それを認めず、明くる昭和十三年の矢野少佐の報告をとり上げ、ハルハ河を国境線にすることに再決定したのである。

昭和十四年五月十三日にノモンハン事件が起こり、その二十日ほどのちの六月三日のことだが、陸軍省の町尻量基《まちじりかずもと》軍務局長（少将）は、関東軍の磯谷参謀長にあてて、「従前満州里《マンチエリ》会議ナドノ経緯モアリ、国境線トシテ、ハルハ河ノ線ヲ主張セザルヲ得ザルニ付、コノ点ゴ諒解アリタイ」という電報を打っている。

満州里会議は、満州国政府代表と外蒙古代表が、三回にわたり国境問題を話し合ったが、主張が平行線に終わったものである。

昭和六十二年現在、ソ連軍はあいかわらず日本古来の領土である国後《くなしり》、択捉《えとろふ》、歯舞《はぼまい》、色丹《しこたん》に、強大な軍事力を背景にしていすわりつづけている。

ソ連側に歴史的・法的根拠はない。

この当時の日本陸軍は、現代のソ連と同じような国境観を持っていたといえる。軍事力で相手に勝てれば、他国の領土を強奪してもいいということである。

満州の北西部、ソ連との国境ちかくに満州里の街がある。その南方にホロン湖（ダライ湖）があり、その南方にボイル湖がある。

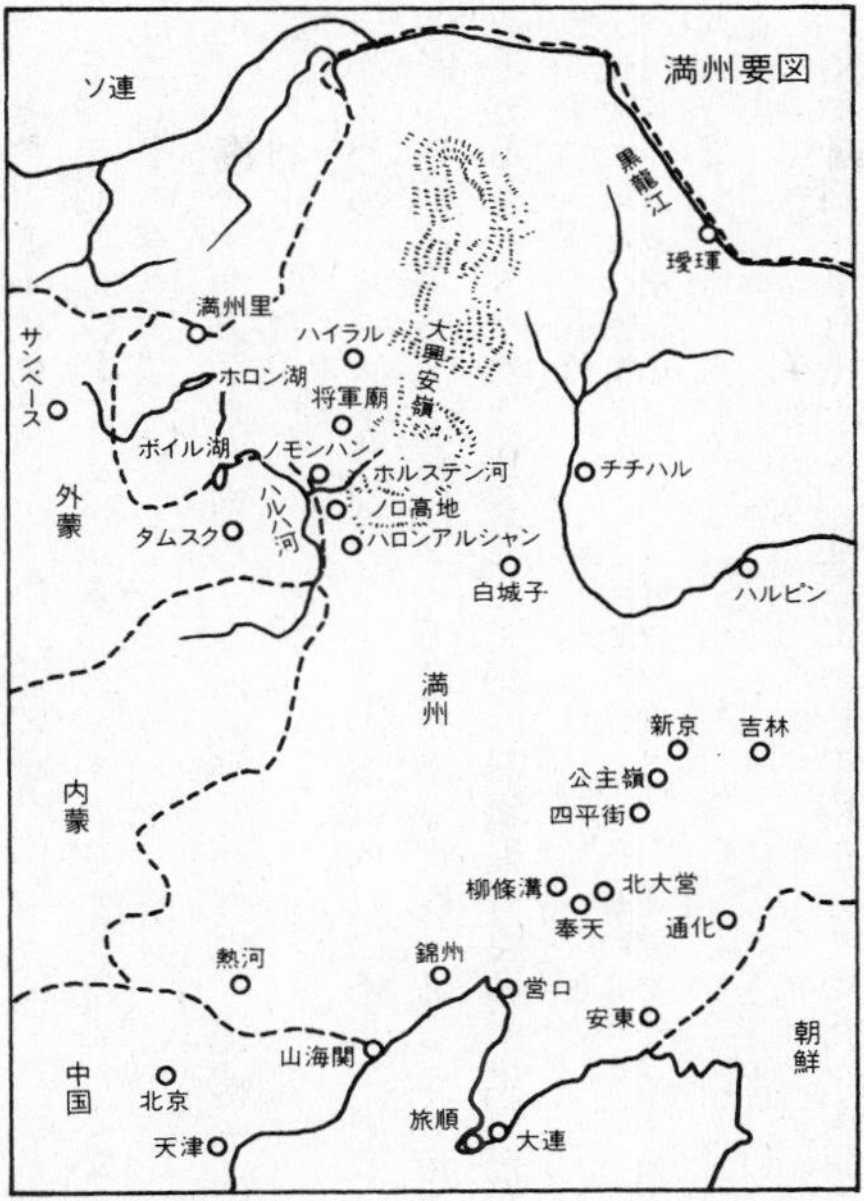

この地域は大草原と砂漠になっていて、ホロン・バイルとよばれている。
ボイル湖には大興安嶺山脈（満州北部から西部につらなる）南麓のハロンアルシャン付近から北西に流れてくるハルハ河が、その北端にそそいでいる。信濃川と同じほどの長さ（三百数十キロ）で、水は澄み、水量は豊富である。
ノモンハンは、ボイル湖北端から東南東へ直線で八十キロほどのところにある。

その南側に、幅約二十メートルの、やはり水が澄んだホルステン河が南西に流れ、ハルハ河にそそいでいる。

ノモンハン西方から西南西ふきんのハルハ河は、流速二メートル、水深二・五メートル、幅三十ないし四十メートルである。

ハルハ河、ホルステン河とも、その水は飲料に適している。

しかし、ハルハ河は戦略上、遊牧上の価値がある程度はあるといえる。

しかし、ハルハ河が国境線だという日満側の主張には、前記したとおり、正当な根拠はなかった。

日本陸軍が歴史的根拠をにぎりつぶして、独善的にハルハ河を国境線だと主張していたものである。

昭和十四年五月十一日、外蒙軍の数十騎がノモンハン南西十五キロ付近にあらわれ、満州国警備隊が出動して、これをハルハ河左岸に追っぱらった。

外蒙軍があらわれた場所は、外蒙古が前から自国領と主張していたところで、満州軍がかれらに武力を行使する権利がある地域とはいえないところである。

翌十二日、外蒙軍の約七百人が、同じ地域にふたたびあらわれた。

この地域に対する防衛司令官は、ハイラル(満州里の東南東約二百キロ、ノモンハンの北々東約百六十キロ）に駐屯する第二十三師団長（西北防衛司令官）の小松原道太郎中将であった。

明くる五月十三日、小松原が同司令部で各部隊長に、「国境紛争処理要綱」を徹底させるための団隊長会同をひらいていると、外蒙軍がふたたび進出したとの報がとびこんできた。

折りから大本営陸軍部（参謀本部）作戦課長の稲田正純大佐が、荒尾興功《おきかつ》、櫛田正夫、井本熊男の各少佐参謀とともに、この会同に出席していた。現地視察の途中、この司令部に立ち寄ったものである。

小松原は、捜索隊長の東八百蔵《あずまやおぞう》中佐を指揮官とする乗車部隊と満州軍の一部を現地に急派し、外蒙軍を撃破することにして、植田関東軍司令官にそれを報告するとともに、トラック百輌の増派、ハイラル駐屯の飛行第二十四戦隊を小松原の指揮下に入れること、偵察飛行一中隊の急派などを要請した。

同日午後三時ごろ、その電報をうけとった植田は、小松原の決心処置を認めて、閑院宮参謀総長に報告した。

中島鉄蔵参謀次長（中将）から植田軍司令官あての、「軍ノ適切ナル処置ニ期待セラレアリ」という返電がとどいたのは、翌五月十四日の午後三時ごろであった。

力づくでハルハ河の国境線をまもれということは、このように、防衛司令官、関東軍司令官、参謀総長とも、同一見解だったのである。

東中佐は、五月十五日の正午ごろから、満州軍を合わせ指揮して、ノロ高地（ホルステン河下流南方の標高七百四十二メートルの高地）付近に進出していた外蒙軍に、攻撃を開始した。

外蒙軍は、いち早くハルハ河左岸に退却した。報告では七百人であったが、じっさいには六十人ほどの小部隊である。

師団命令によって、東支隊は、満州軍をノモンハン付近に警戒のためにのこし、十六日の夜、ハイラルにひきあげた。

事件はこれ以上、拡大することはあるまいと判断された。

ところが、東支隊がひきあげるあとを追うようにして、ソ連・外蒙連合軍が、ふたたびハルハ河右岸に進出してきた。こんどはホルステン河の両岸である。

三年前の昭和十一年三月、「ソ蒙相互援助条約」が締結されたとき、ソ連のスターリン書記長は、

「ソ連邦は外蒙領域を自国同様に考え、したがって必要な場合にはつねに武力をもって防衛する」と宣言していたが、外蒙古がおこなう領土確保の戦いを支援することは、政略的・戦略的にソ連の利益にかなうものとして、対日満戦にのり出してきたのである。

それは中途半端なものではなかった。

一方、日本軍は、ソ連が全面戦争をも覚悟して出てきたとは思わず、すこし有力な部隊によって一撃をくわえれば、ソ蒙軍はハルハ河の左岸にひっこみ、二度と出てこないだろう、ぐらいに考えていた。

小松原師団長のソ蒙軍撃滅の命令をうけた歩兵第六十四連隊長山県武光大佐の歩兵・砲兵

部隊と、隊長東八百蔵中佐の捜索隊（乗車一コ中隊、重装甲車一コ中隊）は、五月二十八日の夜明けに、ソ蒙軍にたいして攻撃を開始することにした。

山県支隊主力は、ホルステン河北方のソ蒙軍を北側から攻め、東支隊は、その西方をハルハ河に沿って南進し、ソ蒙軍の退路を断つ、という作戦計画である。

小松原、山県、東とも、これで敵を撃破できると考えた。

五月二十八日の午前五時半ごろ、東支隊は川又（ハルハ川とホルステン川の合流点）の東二キロたらずの砂丘に達した。

午前八時ごろ、ソ蒙軍が、東支隊にたいして、猛烈な砲撃と、戦車をともなう大兵力の攻撃をくわえてきた。

東支隊はソ蒙軍の重囲に落ち、孤軍奮闘したが、五月二十九日の午後六時すぎ、東以下二十数人は突撃して全滅した。

山県支隊主力は、ソ蒙軍の猛砲撃に阻止され、前進困難のままになっていた。

辻参謀は、三十日の午後五時ごろ、ノモンハンへいった。南のホルステン河ちかくの凹地のテントに、四人の重軽傷者がいた。東支隊の生きのこりの軍医一人と兵三人で、東中佐以下が全滅した、と悲痛な顔で訴えた。

「全滅とはなにごとか、君たち四人が生きているじゃないか」

辻はどなった。活を入れるためというより、負け嫌いのためらしい。

弾薬を受け取りにきた山県支隊のトラックに乗った辻は、砂丘の蔭にある同支隊本部へいった。

二人の師団参謀をよび出し、今夜中に山県支隊主力で、東支隊長以下の死体を収容するように催促した。

五月三十一日の午前三時ごろ、山県支隊は、星空下の静かな砂丘上に点在する東中佐以下百余人の死体を発見した。全員、黒焦げであった。

命令権などない辻がさけんだ。

「三人で一人の死体をかつげ。手ぶらの者は帰ってはならぬ。一つの死体をのこしても、皇軍の恥だぞ」

この場合も、山県支隊の指揮官に号令をかけさせるべきであったろう。

山県支隊の将兵たちは、約二百人の死体をはこび、午前五時ごろ、原地点へ帰った。

楽観していた戦いが、予想をくつがえし、無残な敗北に終わったのである。

のちに辻は、こう述べる。

「わずかに数日の緒戦であったが、それを通じて見られることは、第二十三師団の左右の団結が薄弱であること、対戦車戦闘の未熟な点であろう。（中略）外蒙騎兵が、こんなに多くの戦車を持っていようとは、だれしも考えおよばなかった」

要するに敵情判断が甘く、惨敗するほかない作戦計画だったのである。

この戦いに投入されたソ蒙軍の兵力は、つぎのとおりであった。

外蒙騎兵第六師団（騎兵二コ連隊〈各連隊騎兵四コ中隊〉に、機関銃十二梃、対戦車砲三門、

大砲六～八門、速射砲一門、独立騎兵一コ中隊）と、戦車第十一旅団ベイコフ狙撃機関銃大隊（捜索一コ中隊、狙撃三コ中隊、対戦車砲十四門、高射機関銃三梃）のほか、装甲車、牽引車、工兵各一コ中隊で、人員も日本軍よりはるかに優勢だが、火力と機動力が日本軍の数倍であった。

これにたいして日本軍の兵力は、つぎのとおりであった。

歩兵第六十四連隊千五十八人をはじめ、東捜索隊二百二十人、師団自動車隊三百四十人など合計二千八十二人である。

日本軍は、田中隆吉がいうように、いかに旺盛な精神力をもってしても、「蟷螂の斧を怒らして隆車に向かうごとし」というようなものであった。

六月（昭和十四年）十九日の早朝、ソ連機約三十機がカンジュル廟（ボイル湖の北東約五十キロ）と、その南東約三十キロのアムグロを爆撃し、満州軍の燃料と人馬の糧食を大量に炎上させ、ついでボイル湖付近の日本軍監視部隊を銃撃した。

このころハルハ河両岸のソ蒙軍の兵器・機械は、砲二十数門、戦車三十数輛、高射砲十数門、自動車五百輛に増強されていた。

小松原師団長は、植田司令官に、この情況を報告し、ハルハ河右岸に進出しているソ蒙軍を膺懲したいと意見具申をした。

課長の寺田高級参謀をはじめ関東軍第一課（作戦）は、ただちに研究にかかった。

寺田はいった。

「中央部は、天津の英租界の封鎖問題で紛糾している日英会談の処理に没頭中だから、それをさまたげないようにしばらく静観するのがいいと思う」

辻が猛然と反駁した。

「傍若無人なソ蒙側の行動（公平な解釈とはいえない）にたいしては、初動の時期に痛撃をくわえる以外良策はない。

かくすることが関東軍の伝統たる不言実行の決意を如実に示すもので、これはソ蒙軍の野望（これも公平な解釈とはいえない）を封殺するとともに、日英会談を打開することにも通ずる（ソ蒙軍を破れば、英国も恐れて譲歩するということらしい）。

事件不拡大はもとより望むところだが、不拡大を欲せば、侵犯の初動において徹底的に殲滅することが必要であり（初動で敗れるかもしれないし、もし徹底的に殲滅しても、ソ蒙軍はさらに大兵力で反撃してくるかもしれない）、相手はわが譲歩で満足するような良心的な敵ではない（この国境問題に関しては、外蒙古が歴史的根拠によって主張する線で納得するはず）。

万一このまま手を引けば、かならずや第二、第三のノモンハン事件が各正面で続発するであろう（続発しない可能性の方が大きいようである）」

第一課次席参謀の三好康之中佐と、作戦班長の服部少佐が、辻に賛成した。

寺田はこの年二月に着任して、関東軍の内情をよく知らなかったせいもあるのか、論議の成り行きから、自説を撤回した。

作戦課の意見が統一されて、辻が作戦計画案を立てた。

「軍ハ越境セル（事実はそうではないようである）ソ蒙軍ヲ急襲殲滅シ其ノ野望ヲ徹底的ニ破摧ス」という方針で、チチハル（ハルピンとハイラルの中間の要衝）駐屯の精鋭師団として有名な第七師団（北海道）を主力とし、第二十三師団の一部をそれに協力させ、ハルハ河両岸のソ蒙軍をいっきょに殲滅するというものである。

寺田と服部が、磯谷参謀長に作戦課の計画案を説明すると、磯谷は注文をつけた。

「師団をうごかすほどの規模ならば、中央と思想の統一を図り、一体となって処理する必要があるから、大本営の了解を得ておくべきであろう」

寺田と服部は、中央は拒否するから、すみやかに実行すべきであると押しかえし、ついに磯谷も作戦課案に同意した。

植田はいった。

「ノモンハンは、小松原師団長の担当正面である。その防衛地区に発生した事件を、他の師団長に解決させることは、小松原を信用しないことになる。自分が小松原だったら腹を切るよ」

これで第七師団の使用は取り消され、小松原の第二十三師団と、団長安岡正臣中将の第一戦車団を主力とする作戦に改められた。

関東軍の飛行集団主力と約一コ師団半内外の地上兵力で、ソ蒙軍を痛撃しようという作戦計画が、こうして決定された。

兵力はつぎのとおりとなった。

歩兵は十三コ大隊、対戦車火器百十二門（速射砲二十八、山砲二十四、野砲三十六、九〇野砲二十四）、飛行機百八十機、自動車四百輛、戦車七十輛。

関東軍が推定するソ蒙軍の兵力は、歩兵九コ大隊、戦車百五十輛、火砲二十門、飛行機百五十機、自動車千輛。

ただし実戦では、これよりはるかに大きなものとなる。

この経過にたいして、のちに寺田は、

「当初わたしがのべた慎重論は、職を賭しても主張し抜くべきであった。関東軍着任後、日の浅かったことなどもあって、けっきょく初案を撤回し、その結果起こった作戦のために多くの将兵を死傷させ、植田、磯谷両将軍ならびに大本営の関係者にまで累をおよぼす結果を招いてしまった（予備役に追いやる結果となった）」と、自責の念を述べる。

ところが辻は、

「あのばあい、はじめ寺田高級参謀の述べた意見にしたがってしばらく武力行使を差しひかえていたならば、欧州情勢ともからみ合って（ドイツのポーランド侵入、第二次世界大戦勃発、ソ連のポーランド進駐がこの昭和十四年九月に起こった）、立ち消えとなったかもしれない」と、国際情勢に雲がくれして、自分の言動がまちがっていたとはいわない。

さすがに服部は、

「磯谷中将の冷静な判断を尊重すべきであった」と、反省する。

だが、この連中と、それに植田、磯谷らの安易な武力行使決定によって、前線の将兵たちは、惨憺たる戦いを強いられ、一万八千余人がむなしく犠牲になるのである。

一万八千余人とは、陸軍が公表した戦死傷病者数だが、これについては、戦没者だけで一万八千余人で、陸軍は戦没者数を一万人ごまかしたという説もある。

関東軍の武力行使にたいして、参謀本部作戦課でまともな意見を述べたのは、荒尾少佐であった。外交問題にうつすべきである、と主張したのである。

しかし、稲田作戦課長、橋本第一部長（群少将）、中島参謀次長らは、ある限度以内の武力行使は認むべきだ、というのであった。

陸軍省では軍事課長の岩畔《いわくろ》豪雄《ひでお》大佐と、同高級課員の西浦進中佐が、前年の張鼓峰事件のときより猛烈に反対した。

二人は、六月二十一日の省部（陸軍省と参謀部）首脳会同の席上、つぎのような反対論を述べた。

「事態が拡大したさい、収拾の確固たる成算も実力もないのに、たいして意味のない紛争（外蒙古の方に理があるようだし、遊牧ぐらいしかできない草原と砂漠では、取ってもそれほどの価値はない、ということであろう）に大兵力を投じ、貴重な犠牲を生ぜしめるような用兵には賛成しがたい。ことにいまや膨大な軍備拡充を要求している統帥部（参謀本部＝大本営）が、このような無意味な消耗を認めるのは不可解である」

だが、作戦課長の稲田はいった。

「敵はカンジュル廟やハロンアルシャン（ハルハ河上流）のような戦略要点まで爆撃している。調子に乗って何かやるつもりなら、その出バナをくじくのも一案であろう。万やむをえなければ、興安嶺以西の放棄を覚悟すれば足るであろう。第二十三師団一つフイにすることも覚悟しなければならないかもしれない。せめて一コ師団、それまでぐらいは、関東軍の自由裁量にまかせようではないか」

けっきょく、陸相の板垣が、

「一コ師団ぐらい、そういちいちやかましくいわないで、現地にまかせたらいいではないか」といい、それで決定にされてしまった。

板垣はかつて石原と組み、満州事変をデッチ上げた前科がある。それに軍司令官の植田は板垣より六期先輩で、参謀長の磯谷は同期の陸士十六期である。

板垣はこうした事情から、関東軍がやろうとする理もなく、益もなく、やってはならない武力行使を認めたのである。

辻を急先鋒とする関東軍が武力行使をやりたがるのは、張鼓峰とノモンハンの第一次戦で負けたソ連軍に勝ち、ソ連軍より強い日本軍という実績を示したいからであった。

関東軍の対ソ蒙戦の作戦計画は、このようにウサン臭い経緯であったが、参謀本部と陸軍省に承認されたのである。

だが、関東軍は、中央が絶対に反対するであろう作戦計画だけは、中央に知らせず、隠密にすすめた。

地上作戦開始にさきだち、六月末ごろ、ハルハ河西方の外蒙内部の空軍基地タムスク、マタット、サンベースを爆撃しようというのである。

この作戦命令は六月の二十三日、ハイラルを基地とする第二飛行集団の集団長儀峨《ぎが》徹二中将と、各飛行団長、参謀らだけに下達された。

ところが、業務連絡のために上京した第四課長の片倉が、軍事課長の岩畔にこれをうち明け、岩畔から参謀本部につたえられた。

愕然とした次長の中島は、六月二十四日、磯谷関東軍参謀長あてに、外蒙内部爆撃中止を勧告する電報を打ち、作戦課の有末次《やどる》参謀を新京に派遣することにした。

辻らは、外蒙内部の爆撃を、有末が新京に到着する前の六月二十七日早朝にくり上げた。第二飛行集団の戦爆（戦闘機と爆撃機）連合百七機はタムスク基地を急襲し、戦闘機隊が、飛び上がってきたソ連機約百機を撃墜して、爆撃隊が地上のソ連機二十機以上を撃破する戦果を上げた。辻はこれに同行した。

寺田参謀が関東軍から東京の参謀本部に電話をかけて、陸士同期の稲田作戦課長に、意気揚々と戦果を伝えると、稲田は猛然とどなった。

「バカッ、戦果が何だ」

寺田は顔色を変え、手をふるわせた。

「死を賭して敢行した大戦果にたいし、しかも明らかにわれわれは報復行為に出たのにたいして、第一線の心理を無視し、感情を蹂躙してなんの参謀本部であろう。

中央部に事前に連絡せず、むしろ故意に秘匿した点は、たしかに幕僚勤務として妥当でないことは、内心、ひそかに申しわけないと感じていたのである。

もしもこのさい、『やあ、おめでとう。しかし、このつぎからは連絡に注意してくれよ』とでもいわれたら、お詫びの電報も出したろうに」と、辻は稲田を憎悪した。

稲田は、参謀次長の中島が、参内して天皇に外蒙爆撃の事情を説明したところ、

「外蒙内部を勝手に爆撃するとはなにごとか、この責任はだれが取るのか」ときびしく叱責され、

「ただいまは作戦進行中でございますので、それが一段落した上で、はっきり責任をとらせます」とこたえて、帰ってきたあとだったため、寺田をどなりつけたという。

この六月二十七日の午後、中島は関東軍の磯谷参謀長あてに、要旨、つぎのような電報を打った。

「外蒙爆撃の件は本日はじめて知ったが、事前に連絡がなかったことは、はなはだ遺憾である。本問題は影響するところがきわめて大であり、貴軍だけで決定されるべき性質のものではない。当部は従来の主義(外蒙内部の爆撃はやらない)を貴軍に厳守してもらう方針なので、外蒙内部爆撃の企図は中止するよう考慮してもらいたい。右、命により」

明くる二十八日、磯谷から中島参謀次長あてに、要旨、つぎのような返事があった。

「当軍の国境事件処理の根本方針は、敵の蠢動《しゅんどう》を未然に封殺し、その不法行為を初動において痛撃し、敵を慴伏《しょうふく》させ、北面の備えを強化しながら、支那事変の根本的解決に貢献しよう

とするところにある。

現状の認識と手段においては貴部といささか見解を異にするようだが、北辺の些事は当軍に依頼して安心されたい。右、命により」

中島から磯谷あての電報の「命により」は閑院宮参謀総長の命によりであり、磯谷から中島あての「命により」は植田関東軍司令官の命によりである。

「支那事変の根本的解決に貢献しよう……」というのは、関東軍がソ連を破って慴伏させれば、中国も日本軍を恐れて慴伏する、ということであろう。

武力でソ連に勝てるかどうかわからないし、もし一時勝っても、ソ連や中国が日本を恐れていうことを聞くようになるとは、とうてい考えられない。

武力主義軍人の妄想であろう。

磯谷からの電報をうけとった中島は、読んでおどろきあきれた。

参謀総長の指示を、カエルに小便か馬の耳に念仏のような態度でうけ、

「タダ現状ノ認識ト手段トニオイテハ貴部トイササカソノ見解ヲ異ニシアルガ如キモ北辺ノ些事ハ当軍ニ依頼シテ安心セラレタシ」と、参謀本部の統制に服しない独立軍団であるかのようにうそぶいている。

しかし、中島は、参謀本部の統制に服しない軍律違反の関東軍の責任を、厳重に追及しようとはしなかった。

前日の六月二十七日午後、新京に到着した参謀本部の有末中佐は、辻らにダシヌケを食わ

され、外蒙内部の爆撃については後の祭りになってしまったが、植田以下関東軍首脳らに参謀本部の方針を説明し、今後は独断ではやらないという了解を得た。

中島は有末の報告を聞き、六月二十九日、参謀総長と天皇の承認を得て、つぎの大陸命（大本営陸軍部命令）を発した。

「満州国中その所属に関し、隣国と主張を異にする地区、および兵力の使用に不便なる地区の、兵力をもってする防衛は、情況によっておこなわざることを得」

「……おこなわざることを得」は、陸軍の慣例からすれば、「おこなうべからず」の意味がつよい。

だが、このときの関東軍は、やはりカエルの面に小便で、自分のつごうのいいように、「おこなうべし」と解釈し、参謀本部の意図など歯牙にもかけないありさまであった。

ところで、ここに、世界のどこの国の軍隊、官公庁や民間企業にもありえない、奇想天外というか、大胆不敵というか、おどろくべき奇怪な事実がかくされていた。

植田軍司令官と磯谷参謀長は、六月二十七日にきた中島参謀次長からの電報も、二十八日に中島参謀次長あてに打った電報も、知らなかったらしいのである。

辻が中島からの電報をにぎりつぶし、辻が独断で中島あての電文を書き、発信したようなのである。

元陸軍将校たち（防衛庁防衛研修所戦史部員）が書いた『戦史叢書関東軍〈1〉』には、「右の関参一電三三九号（六月二十八日発信の中島参謀次長あて電報）について、『関東軍機密作戦日誌』に残されている同電起案紙『寫』を見ると、果たして起案者として『辻』参謀の名が残されているだけで、決裁者及び連帯者としては、他にだれの名も誌されておらず、かつ捺印もない。

内容並びにこの『寫』による限り、また植田軍司令官、磯谷軍参謀長および矢野副長の平素の人がらからしても、軍首脳があのような電報の発信に同意することはあり得ないとするのが一般の見方である」と書かれている。

参謀本部の少佐参謀であった井本熊男は、戦後、電報の決裁書を見たところ、課長（寺田）、参謀長（磯谷）、軍司令官（植田）の欄に辻の印が押され、「代理」と書かれてあった。軍司令官や参謀長には、「代理」という規定がないから、これは辻の独断によるものというほかない。

辻は関東軍司令官、参謀長、作戦（第一）課長になりすまし、大本営（参謀本部）に反旗をひるがえしたのである。

井本は、これにたいして、「統帥本来のたてまえからいえば、関東軍司令官の電文は統帥の正道に反し、上級最高司令部たる大本営の意図にタテついたことになる。司令官はただちに罷免されてしかるべきものである。ソ連軍だったら、ただちに死刑だろう。ヒトラーの独軍でも同様である。

そのあとで、辻参謀が勝手に発信した電報であることが判ったならば、辻参謀も即時罷免され、ふたたび軍の御用に招致されることのないのが至当であった。

この電報のような例は、統帥系統を乱した点において、日本陸軍の存立間、空前絶後の唯一の例であったと思う」と、作家の田々宮英太郎に語っている。

関東軍の参謀が、独断で大事件をしでかしたはじめは、昭和三年六月、河本大作大佐による張作霖爆殺であり、つぎが、昭和六年九月、板垣征四郎大佐と石原莞爾中佐によるデッチ上げの柳條湖事件であった。

しかし、陸軍省と参謀本部は、かれらを厳正に断罪することなく、板垣、石原は、むしろその功を褒《ほ》められ、立身出世をさせてもらった。

辻のような参謀は、こういう陸軍の土壌から、出るべくして出たといえるであろう。

しかもこのときもまた、陸軍省も参謀本部も、参謀本部に反旗をひるがえすような電報の真相を確かめ、責任者を厳正に断罪しようとはしなかった。

このような甘い処置のため、さらに大きな悪い結果が発生してくるのである。

杜撰なる敵情判断

飛行隊がタムスクを爆撃した昭和十四年六月二十七日、小松原は第二十三師団司令部を将軍廟に進めた。ノモンハン北東約十七キロの集落である。

第一戦車団長の安岡正臣中将がひきいる戦車第三、第四連隊、歩兵第六十四連隊（山県連隊）などの安岡支隊は、二日まえの六月二十五日、将軍廟の南東約九十キロにあるハロンアルシャン付近に集結し、小松原の指揮下に入った。

小松原と安岡は陸士同期である。

六月二十九日、矢野参謀副長、服部作戦班長、辻作戦参謀は、将軍廟の第二十三師団司令部へ行った。

植田が第七師団使用の作戦計画案にたいして、

「自分が小松原だったら腹を切るよ」といったことは前に触れた。

辻がそれを話すと、小松原は、涙を流して感激したという。

「この感涙が、新編そうそうの第二十三師団をして、第二次ノモンハン事件（六月十九日以後）において、きわめて優勢な敵の強襲を、三ヵ月にわたり独力で阻止撃破し、ほとんど師団の大部を失いながら、一言の不平もなく、弱音を吐かず、奮戦した原因であろう」と、辻は称賛している。

太平洋戦争敗戦の後、元特攻隊の高級指揮官や参謀で、戦死した特攻隊員たちを称賛し美化することによって、自分の罪をまぬがれようとする人物をときどき見かけたが、辻のこのことばも、それと似ている。

辻らの杜撰な作戦計画・指導のために、第二十三師団も甚大な死傷者を出したのだが、辻はそれには触れず、第二十三師団の勇戦を称賛して人の眼をそらし、自分の罪を逃れようとしたのではないか。

矢野、服部、辻は小松原の説明を聞き、ソ蒙軍の主力が、ハルハ河左岸（西岸）のコマツ台（川又西方）を中心に、ハラ台（コマツ台の北方約二十キロ）を左翼の拠点として、堅固な陣地をかまえているらしいことを知った。

ソ蒙軍の補給情況はよくわからないが、毎日、千輌ほどのトラックが、軍隊と軍需資材を輸送しているようである。

辻はさっそく二人乗りの軽偵察機のモス機に乗り、ハルハ河両岸のソ蒙軍上空を低空飛行し、綿密に偵察した。その結果、つぎの結論を得た。

「白銀査干（川又の北方約十三キロで、ハラ台の北側）付近にはソ蒙軍はいない。縦深陣地と見られたのは、戦車壕である。

コマツ台とハラ台一帯には、一連の歩兵陣地は見られない。

現在のところ、ソ蒙軍の主陣地は右岸にあり、白銀査干付近は、第二十三師団主力の渡河と、その後の攻撃のためもっとも適当である」

小松原師団長は、六月三十日の夕刻、攻撃準備の師団命令を下した。

「師団主力は、フイ高地（白銀査干北方ハルハ河東岸の標高七百二十一メートルの高地、白銀査干から直線で約七十キロ）方面から南進してハルハ河を渡り、左岸のソ蒙軍を撃破し、川又（ハルハ河とホルステン河の合流点）西方のコマツ台付近に進出して、右岸のソ蒙軍陣地を背後から攻撃し、捕捉撃滅する」という方針である。

「第二十三歩兵団長小林恒一少将が指揮する師団主力の歩兵第七十二連隊（右第一線）と同七十一連隊（左第一線）は、七月二日夜、ハルハ河左岸に進出する。三日の夜明けからコマツ台のソ蒙軍を撃破し、つづいて安岡支隊と協同して右岸のソ蒙軍を攻撃する。

野砲兵第十三連隊主力は、左岸を攻撃する師団主力を支援する。

工兵第二十三連隊主力は、渡河作業を担任する。

乗車攻撃隊の歩兵第二十六連隊（第七師団所属）は、七月三日朝、小林部隊につづいてハルハ河左岸にわたり、戦果を拡張する。

安岡中将が指揮する戦車第三、第四連隊、歩兵第六十四連隊主力、独立野砲第一連隊、工兵第二十四連隊は、七月二日、ハルハ河に沿うように南進して、右岸のソ蒙軍を攻撃する。

師団長は、おおむね小林部隊の後方を前進し、師団主力の戦闘を指揮する」というのが行動要領であった。

ソ蒙軍を戦場から逃がさないために、味方の企図をかくし、飛行偵察もせずに、大部隊の奇襲によって一気にソ蒙軍を殲滅しようという関東軍作戦課、それも主に辻の構想にもとづいて、つくられた計画である。

だれも、これならニワトリを割くに牛刀を用いるというほどのもので、ソ蒙軍の殲滅はまちがいないと判断した。

だが、辻をはじめ日本軍の作戦指導部のソ連軍にたいする考え方は、甘すぎた。

モス機でソ蒙軍の上空を飛んだ辻は、左岸のソ蒙軍の兵力も陣地も弱小なので、そこを衝くべきだと見たのだが、ソ蒙軍は偽装、分散、隠蔽が巧妙で、思いもおよばない兵力を準備していたのである。

六月三十日ごろは、すでに車載狙撃一コ連隊、狙撃機関銃一コ大隊、戦車、装甲車各一コ旅団を基幹とする部隊、および外蒙騎兵二コ師団をもってハルハ河右岸をかため、べつに戦車、装甲車あわせて三コ旅団と車載狙撃一コ連隊を戦場に投入できるようにしていた。

そのほか、有力な航空部隊を参加させる手はずをととのえ、日本軍の出方によっては、さらに優勢な地上兵力も投入できるように用意していた。

むしろ、火砲、戦車、装甲車の大兵力をそなえた大部隊のソ蒙軍が牛刀で、火砲がすくなく、戦車が一輛もない小松原師団主力や、装甲・火力・速度などすべてソ連戦車より劣り、堅固な敵陣地突破もできない中、軽戦車しかない安岡支隊の方が、ニワトリであった。

辻だけではなく、日本軍の作戦指導者らは、日本軍や中国軍の兵力・装備を物指しにしていたので、ソ蒙軍の兵力・装備、とくに装備を過小視していた。

兵力・装備よりも攻撃精神と戦術、とくに奇襲（夜襲をふくむ）を重視するのが日本陸軍であった。

ソ連軍は、第一次世界大戦で、兵力・装備の強大なドイツ軍に苦戦した経験があり、それを物指しにしていたので、日本軍の兵力・装備にたいしても、過小視するようなことはなかった。

それに、相手の兵力・装備にたいして、二・五倍か三倍も優勢でなければ攻勢をとらないのがソ連軍であった。

攻撃精神や奇襲戦法よりも、強大な兵力・装備による正攻法を重視していたのである。

ソ連軍の方が合理的であろう。

このようなことから、ソ連軍の戦力は、日本軍よりはるかに強大になっていた。

七月三日（昭和十四年）未明、白銀査干北方のハルハ河を、工兵隊が用意した折畳舟で左岸に渡った第二十三師団主力の小林部隊は、午前七時ごろからソ蒙軍と戦った。

だが、ソ連の戦車部隊が予想をはるかに上まわる兵力で、予定どおりの南進ができなくなった。

関東軍司令官から作戦指導の権限をあたえられた矢野参謀副長にしたがい、辻は、小林部隊の後方をゆく小松原師団長と行動をともにしていた。モス機に乗った服部作戦班長も、正午ごろ戦場に到着した。

午後から、ソ連戦車の大群のために、小林部隊は圧迫されはじめた。それにくわえ、南方のコマツ台とハルハ河右岸から、ソ連重砲隊の猛撃をうけるようになり、前進も後退も困難になった。

午前中、多数のソ連戦車を撃破した野砲兵第三大隊の残弾がとぼしくなったのが大きな原因だが、後方からの補給もない。

ソ連の戦車部隊は、大損害にも屈せず、あとからあとから突進してきた。

小林部隊も、歩兵第二十六連隊長の須見新一郎大佐が指揮する乗車部隊も、防戦一方となった。

炎熱の太陽で大地が灼けて、将兵は渇ききっているが、水の補給もなく、乾パンはのどを通らない。

矢野、服部、辻は、今後の戦闘について協議し、ついに撤退に意見が一致した。

「日本軍の補給は、舟橋（工兵部隊が三日の午前六時四十分ごろ、鉄舟を並べて橋をつくった）一本に頼っているが、明朝以後、敵の戦車、飛行機に破壊される恐れが大きい。破壊されても、新しく架橋する材料はもちろん、補修する材料もない。

今日は敵戦車と装甲車の半数ぐらいを撃破したが、火砲（連隊砲十二門、速射砲十八門、野砲八門、十二センチ榴弾砲四門）の残弾が僅少となり、明日の戦果が期待できない」

橋が破壊されれば、ハルハ河左岸の日本軍が全滅することはまちがいないであろう。

矢野は小松原に、今後の攻勢を断念し、夜、左岸から撤退するよう指示した。

小林部隊が戦線を整理して、撤退を開始したのは、七月四日の午前零時であった。

四日夕刻、須見部隊は、まだ戦場に残っていた。大隊長安達千賀雄少佐の第一大隊が前方に突出したまま、連絡がとれないでいるのである。

辻がそこへいった。その後のことを、辻は、『ノモンハン』で、こう書いている。

「……まだ陽が高いのに、連隊長は夕食の最中であった。不思議にもビールを飲んでいる。この激戦場でどうしたことだろう、ビールがあるとは。飲まず食わずに戦っている兵の手前もはばからないで……。不快の念は、やがて憤怒の念に変わった。

『安達大隊はどうなっていますかッ』

『ウン……安達の奴、勝手に暴進して、こんなことになったよ。仕方がないねえ……今夜、斥候を出して連絡させようと思っとる』

部下の勇敢な大隊長が、敵中に孤立して重囲の中に危急を伝えているとき、連隊長が涼しい顔をして、ビールを飲んでいるとは。これが陸大を出た秀才であろうか。ついに階級を忘れ、立場を忘れて、

『安達大隊を、なぜ軍旗を奉じて全力で救わないのですかッ、将校団長として見殺しできますかッ』

傍らにいた第二、第三大隊長も連隊副官も、小声で連隊長にたいする不満を述べている。軍旗（天皇下賜の連隊旗）はすでに将軍廟に後退させていたのである。連隊と生死をともにせよとて、三千の将兵の魂として授けられた軍旗を、場合もあろうに、数里後方の将軍廟に、後退してあるとは何事か。

食事を終わった連隊長は、さすがに心に咎めたらしく、重火器だけをその陣地に残して、歩兵の全力で夜襲し、ついに安達大隊を重囲から救出した。安達少佐以下約百名の死傷者を担いで、夜半すぎ渡河を開始した」

だが、これにはあきらかな誤りがあり、そのことは辻を知るうえに重要なことなので、指摘しておかねばならない。

まず、須見はビールを飲んでいなかった。ビール瓶に入っていたハルハ河の水を飲んでいたのである。

連隊付書記の中野軍曹の命で、当番兵の外崎善太郎がハルハ河へ水を汲みにゆき、途中ソ連戦車に投げつける火炎瓶用のビールの空瓶をひろい、河の水を汲んできたものであった。

「不思議にもビールを飲んでいる」と思いながら、事実を確かめず、憤怒の情を抱き、戦後の著書にも書くというのは、辻が自分の判断を、たとえそれがまちがいでも何でも、押し通そうという男であることを示すものであろう。

昭和三十五年三月、辻は、外崎から、著書にあるビールの記事は事実無根という手紙をうけとり、

「ビールでなかったことは、あなたの手紙でわかりました」と認めた。しかし、当時、生存していた須見に謝罪しようとはしなかったのである。

「軍旗はすでに将軍廟に後退させていた」というのは事実無根であった。

須見連隊の第二機関銃中隊長であった寺嶋義雄は、昭和五十九年十一月、文書によって、つぎのように証言している。

「第一大隊（安達大隊）救出のため、須見部隊長第三大隊（菊地大隊）を指揮し、出発にさいし、戦況上、万一をおもんぱかり、軍旗は国分中隊の護衛を付し、渡河点（工兵架橋）、ハルハ河右岸の地点に移された。

左岸攻撃部隊（小林兵団）のハルハ河右岸転進にあたり、須見部隊は最後尾になったが、爾後、軍旗は部隊とともに行動。

軍旗を将軍廟に移したの説は誤り、当時、私は師団直轄として将軍廟にいたので、その事実はまったくない。

当初から軍旗は将軍廟においていたとの説も誤り。私は将軍廟で、部隊主力の出発を見送った者であり、そのようなことは事実無根である」

第二十六連隊の「戦闘詳報」には、「安達大隊収容のための夜襲にあたり、第十中隊は軍旗中隊として現陣地に残した」と、須見が書いている。第十中隊は前記の国分中隊である。

「安達大隊を、なぜ軍旗を奉じ全力で救わないのですか」と辻はいったが、部下の大隊を救出しにゆくのに、天皇の象徴で、全滅しても焼いて敵にわたすなという軍旗は、持っていかない方が道理にかなっている。

天皇や軍旗のような神聖不可侵の存在を盾にして、相手を押さえつけ、非合理・無残なことをやらせようという陸海軍将校がかなりいたが、辻もそういう一人であったようである。

須見の第二十六連隊は第二十三師団でなく、第七師団に所属している。第七師団長は園部和一郎中将である。

すこしのちの七月十日、園部は部下の幕僚に親書をもたせ、フイ高地ちかくにいる須見にわたさせた。

「三日、四日の会戦前に、杉野尾参謀を遣わしたるは、妙に感ぜられたこととは存じ候いしも、じつは杉野尾参謀帰来しての言に、須見部隊は亜爾山（ハロンアルシャン）方面より前進した梶川大隊をあわせ安岡支隊となり、ハルハ河上流を渡河して、敵を脅威するというような企図あるらしく聞きおよび候間、これは一大事。もしそんな任務でも受けたら、渡河部隊の運命は全滅あるのみ。しかし、任務であれば行かねばならず、この場合といえども一歩一歩と踏みしめて、後方と連絡を断つべからず。また、軍旗は要すれば渡河せしめられざるを希望する旨、大兄に申し伝えしめんとするほか、何ら他意ありしにあらず。真に子を思う親心のみなり、御諒察願入り候。

小生がハルハ河渡河を非常に無謀と思ったのは、

第一、上司のこの作戦は行きあたりばったり、寸毫も計画的らしきところなきの感を深くしたこと

第二、敵は基地に近く我は遠く、敵は準備完全、我はでたらめなるように思われ

第三　敵は装備優良、我はまったく裸体なり

第四、作戦地の関係上ノモンハンの敵は大敵なり

要するに、敵を知らず已れを知らず、決して軽侮すべからざる大敵を軽侮しているように思われ、もしこの必敗の条件をもって渡河敵地に乗り込むかこれこそ一大事なりと愚考致したる次第なり……」ということが書かれている。「安岡支隊となり」はじっさいでは、小松原師団の支隊となった。

この親書のなかにある、「渡河部隊の運命は全滅あるのみ。……一歩一歩と踏みしめて、後方と連絡を絶つべからず」という、渡河作戦にたいする完全な見とおしは、感嘆すべきも

のである。

無謀な負け戦《いくさ》は、軍旗の権威を失墜したり、軍旗のために自由に戦えなくなる恐れがあるから、安全な場所にのこしておけということは、卑怯ではなく、合理的な卓見というべきであろう。

関東軍参謀長の磯谷は園部と陸士の同期だが、磯谷と園部が交代していたらと、思わされるほどである。

「安達少佐以下約百名の死傷者を担いで……」というのも、誤りといえる。

安達大隊を救出するために夜襲をやったのだが、それ以前の戦死傷者を合わせると、第一大隊長安達千加雄少佐、第三大隊長菊地哲夫少佐、連隊副官丸山弘一少佐以下戦死が百四十三人、戦傷が二百七十人にのぼっていた。

このように多数の犠牲を出した根本原因は、辻らの作戦計画・指導が杜撰だったことにある。だが、辻は、それを棚に上げて、須見を、ビールと軍旗と安達大隊救出について、大罪人のように非難した。そのいずれも、事実ではない理由からである。

当時の軍人や警察官で、自分らの反対派や気に入らない人間に無実の罪を着せて失脚させたり、刑罰におとしいれる者があった。辻もその一人のようである。

辻は、士官学校の中隊長のときは教え子をスパイに使って皇道派将校らを罪人に仕立て、のちには、シンガポールの華僑虐殺と、バターンの捕虜とフィリピン要人の虐殺とを指導するようになった。

辻がこのような男になったのは、生来の負けず嫌いの性格が、河本の張作霖爆殺や板垣・石原の柳條湖事件の陰謀、東條の権威と権力による弾圧などの悪風に汚染され、怪物化したためであろう。

左岸に渡っていた日本軍は須見部隊を最後として、七月五日午前五時ごろ、左岸からの撤退を終わった。辻も最後に帰った。

工兵第二十三連隊長の斉藤勇中佐は、須見と陸士の同期で親交があったが、須見部隊の渡橋が終わったあとも、しばらく遅参将兵を待った。

だが、優勢なソ連戦車群の近接を見て、ついに舟橋を爆破した。

牛刀でニワトリを割くように、一挙にソ蒙軍を撃滅するはずであったハルハ河渡河作戦は、反対に惨めな敗北に終わった。

ソ連軍の兵力・装備を過小視したことと、味方の弾薬・兵器・水などの補給ができなかったことが敗因であった。

ひと言でいえば、ソ蒙軍をナメてかかって敗れたのである。

関東軍司令部の責任というほかない。

第二飛行集団は七月三日から、ソ蒙軍の砲兵群、戦車、装甲車、車輌部隊を爆撃し、かなりの戦果をあげたが、地上戦を有利にみちびくほどのことはできなかった。

日本飛行部隊の六月二十七日のタムスク爆撃後、しばらく姿を見せなかったソ連機が、七月三日には日本軍の渡河点を爆撃し、地上部隊に機銃掃射を加えた。七月四日には、日本軍の第二飛行集団より優勢な航空兵力を持つほどになった。


ハルハ河右岸の安岡支隊がソ蒙軍に攻撃を開始したのは、七月二日の夕刻からであった。

この日午後三時すぎ、安岡支隊はマンズテ湖（ノモンハン北西約十三キロ、左岸渡河部隊の舟橋北東約九キロ）付近に集結し、山県部隊（歩兵第六十四連隊）を指揮下に入れた。

安岡支隊の兵力はつぎのとおりである。

戦車第三連隊（連隊長吉丸清武大佐）の八九式中戦車二十五輌、九四式軽装甲車七輌、戦車第四連隊（連隊長玉田美郎大佐）の八九式中戦車七輌、九五式軽戦車三十五輌、九四式軽装甲車十輌、山県歩兵部隊、独立野砲兵第一連隊、工兵第二十四連隊など。

「山県歩兵部隊は、ハルハ河右岸沿いを南進し、川又（ハルハ河とホルステン河の合流点）に進出し、右岸のソ蒙軍の退路を断つ。

吉丸戦車部隊は、山県部隊に協力して、敵を捕捉する。

玉田戦車部隊は、吉丸部隊の左後方を、吉丸部隊に協力して前進する。

砲兵は敵砲兵を主敵とするが、歩・戦・砲の協力をはかる」という行動要領である。

しかし、この七月二日から三日の未明にかけての攻撃は、ソ連軍の速射砲、戦車砲、装甲車砲、大砲の砲撃に阻まれて、川又への突進は失敗した。

日本軍の八九式戦車の十七ミリ装甲板は、ソ連軍の四十五ミリ対戦車砲、戦車と装甲車の大初速四十五ミリ速射砲によって、かんたんに破壊される。

日本軍の八九式中戦車の小初速五十七ミリ短身砲では、ソ連戦車の装甲を破壊できない。すべてソ連戦車の敵ではないのである。

吉丸部隊の七月三日の任務は、前夜と同じくソ蒙軍を川又方面に追いつめ、捕捉することであった。

正午すぎ、吉丸大佐を先頭に、戦車部隊は前進したが、ピアノ線鉄条網で十輌を失い、七三三高地（標高七百三十三メートルのバルシャガル西高地、川又北東約四キロ）付近で、ソ連軍火砲の猛撃をうけて兵力半減となり、吉丸大佐も戦死した。

吉丸部隊のあとから前進していた山県部隊も、ソ連軍の猛砲火を浴びて前進を阻まれた。そのうえ水の補給が絶え、将兵たちは渇と疲労に困憊した。

川又に向かって進んでいた玉田戦車部隊の左翼に、正午ごろ、南方から七～八輌のソ連戦車と一コ小隊ほどの歩兵が、火砲に支援されて攻撃をしかけてきた。

玉田部隊はこれを撃退したが、七五五高地（七三三高地の東北東約四キロ）の北東一キロ半ほどのところからは、ソ連軍の激しい砲火のために、前進できなくなった。

このような右岸での攻撃の失敗も、ソ蒙軍の兵力・装備を過小視したことと、味方の弾薬・兵器・水などの補給ができなかったことが原因であった。

日本軍は自信満々でハルハ河両岸のソ蒙軍殲滅作戦にとりかかったが、どちらもアテが大はずれになって完敗した。

辻はそれについて、こう述べている。

「その原因は、敵情の判断を誤ったことである。我とほぼ同等と判断した敵の兵力は、我に倍するものであり、とくに量を誇る戦車と、威力の大きい重砲とは、遺憾ながら意外とするところであった」

ソ連の重砲とは、長距離砲の十五センチ榴弾砲、十五センチカノン砲などである。

「我とほぼ同等と判断した敵の兵力……」と述べているが、確実な資料によって判断したわけではなく、山カンで推測したというのが真相であろう。

「遺憾ながら意外とする」と、作戦計画の立案者が、まるで他人事のようにいうのにたいしては、まったく遺憾ながら意外とするというほかなくなる。

辻の作戦計画の特徴は、合理的・正攻法的なものではなく、直感的・奇襲戦法的なもののようである。

しかし、こういう作戦計画は、うまく敵のウラをかければ成功するが、イチかバチかの性格がつよく、失敗することが多い。

日露戦争の日本海海戦の作戦計画を立案した連合艦隊先任参謀の秋山真之《さねゆき》海軍中佐は、正奇両方の戦法を使ったが、本質的には合理主義者で、

「手は上手なりとも力足らぬ時は敗る。戦術巧妙なりとも兵力少なければ勝つ能わず」と断言し、作戦計画立案のときにも、これを厳守した。

「つらつら古今の戦史をかえりみると、一国の戦勝は宣戦後に得られたものではない。平時における上下軍人の精励な素養と、惨憺たる経営によって、宣戦までに敵国に対して有形無形の諸作戦要素が優位を占め、戦うまえからすでに勝算がないものはないのである。社会の進歩にともなう兵資戦具の進歩もとどまるところがなく、昨日の利器は今日の廃物となる当世においては、つねに兵資の進歩発達に注意するとともに、これを利用して作戦するの方術も改良革新の必要がある。

将来の発達に留意して、技術を研究するのでなくては、海軍の諸戦術は、いつも兵資の進歩にともなうことができない」ともいっている。

秋山の考えの方がいいであろうし、事前の敵情判断が正確でなければならない、ということであろう。

賭け勝負の思想

小松原師団長は、ハルハ河左岸（西岸）から撤退させた諸隊を、安岡支隊に増勢し、右岸のソ蒙軍を撃滅しようと決意した。

バルシャガル西高地（七三三高地）周辺の陣地と、ホルステン河南側のノロ高地（七四二高地）周辺の陣地に拠るソ蒙軍を、西方の川又方面に圧迫して殲滅するというのである。

関東軍は、こんどこそ七月十日ごろまでに右岸のソ蒙軍を撃滅できようと期待した。だが、ハルハ河左岸台上のソ連砲兵部隊と、増強されたソ連航空部隊の支援をうけた右岸のソ蒙軍は、強靱そのもので、日本軍の損害が続出し、またしても予想はくつがえされた。ソ蒙軍を圧倒するだけの砲兵力、とくに大威力の重砲兵力と、優勢な航空兵力、戦車・装甲車兵力がない日本軍は、歩兵の夜襲戦法でソ蒙軍を攻撃するしかない。

諸隊は毎夜のように夜襲をくりかえし、そのたびにソ蒙軍の拠点の一角を奪った。だが、ソ蒙軍は、陣地を第一線、第二線、第三線と縦深に構え、拠点の一つ一つを重火器（重機関銃など）、火砲でかため、重要拠点には鉄条網、地雷を設置し、さらに照明弾や照明灯までそなえていたので、夜襲も十分な成功に達することができなかった。

そして夜が明けると、四周と左岸台上から無数の重火器と火砲の銃砲弾が浴びせられ、前夜の行動開始地点に後退しなければならなかったのである。

再三にわたりソ蒙軍に上手《うわて》をいかれたこの失態は、関東軍、小松原師団の相も変わらぬ敵情判断の甘さと頑迷固陋な固定観念（白兵奇襲主義）によるもの、というほかないであろう。

第二十三師団の砲兵力が弱小であることに不安を抱いた植田関東軍司令官は、七月（昭和十四年）六日、関東軍砲兵司令官の内山英太郎少将を兵団長とする砲兵団を編成し、これをノモンハン方面の戦場に派遣することにした。

野戦重砲部隊、在満砲兵部隊、砲兵情報第一連隊などから成るものである。

砲兵団を指揮下に入れた小松原師団長に、七月十二日午後三時、命令が下った。

「砲兵全力の展開を待ち、X日（予定日）攻撃を開始し、いっきょに川又付近のソ蒙軍と左岸台上のソ軍砲兵を撃滅する」

砲兵、歩兵連動の日本軍の総攻撃が、X日の七月二十三日に開始された。

砲兵団は二群で編成されている。

第一砲兵群が野砲兵第十三連隊第一大隊、野戦重砲兵第三旅団司令部、野戦重砲兵第一連隊、野戦重砲兵第三旅団輜重隊、独立野戦重砲兵第七連隊、穆稜《ムーリン》重砲兵連隊で、第二砲兵群が野砲兵第十三連隊（第一大隊欠）、独立野砲兵第一連隊である。

砲数はつぎのとおりであった。

野砲兵第十三連隊＝三八式野砲二十四門、三八式十二センチ榴弾砲十二門
独立野砲兵第一連隊＝九〇式野砲八門
　以上、軽砲合計四十四門
野戦重砲兵第三旅団＝九六式十五センチ榴弾砲十六門
独立野戦重砲兵第七連隊＝九二式十センチカノン砲十六門
穆稜重砲兵連隊＝八九式十五センチカノン砲六門
　以上、重砲合計三十八門
軽・重砲総合計八十二門

用意された弾薬数は、各砲五基数、すなわち、三八式野砲一万二千発（一基数百発）、三八式十二センチ榴弾砲三千六百発（一基数六十発）、九〇式野砲四千発（一基数百発）、十センチカノン砲四千八百発（一基数六十発）、十五センチ榴弾砲四千発（一基数五十発）、十五センチカノン砲九百発（一基数三十発）、である。

関東軍は、この砲兵団によって、ハルハ河左岸台上のソ連砲兵部隊が撲滅され、歩兵部隊によって、右岸のソ蒙軍が撃滅されることはまちがいない、と判断した。

夜明けとともに砲兵団がソ連砲兵部隊を猛射し、つづいて第二十三師団の各歩兵部隊が前進攻撃するというのが、戦法である。

バルシャガル西高地からノロ高地にかける北南線の東方に布陣した砲兵団は、七月二十三日の午前六時三十分から予定どおり砲撃をはじめ、午前十一時ちかくまでに、一万二、三千メートルほど西方にあるハルハ河左岸台上のソ連砲兵陣地に、二基数ほどの砲弾をぶちこんだ。

ソ連砲兵二～三コ中隊を撃滅し、五～六コ中隊を一時、戦闘不能におちいらせたかのようであった。

だが、砲兵団の前方で待機していた各歩兵部隊が午前十一時に西進を開始すると、沈黙していたハルハ河両岸のソ連砲兵と重火器（重機関銃など）がいっせいに火を噴き、歩兵部隊は前進をはばまれ、損害も続出して、ソ蒙軍の第一線陣地の一角さえも奪守できなかった。

この一週間ばかりのあいだに、ソ蒙軍の砲兵、歩兵力、防御施設のすべてが、いつのまにか増強されていたのである。

それにくわえ、この日、日本軍は、エス・ベー中型機のソ連航空部隊に、数次にわたって爆撃され、かなりの損害を出した。

日本軍の軽爆隊、重爆隊も、ソ蒙軍の砲兵、戦車、車輛、潜伏飛行場の小型機などを爆撃し、戦闘隊は、ソ連駆逐機の約四十機に損害をあたえはした。

だが、地上の歩兵部隊の攻撃を可能にするほどの戦果はあげられなかった。

このころのソ連軍の航空兵力は、タムスク、マタット、サンベースを合わせ、大型機十五機、中型機十一機、小型機約百五十機である。

日本軍の方は、司令部偵察機が七機、戦闘機八十一機、軽爆撃機二十九機、重爆撃機九機であった。

偵察によって確認されたハルハ河左岸台上のソ連軍の砲兵力は、七十五ミリ砲十二門、十二センチ榴弾砲十六門、十センチカノン砲二十四門、十五センチ榴弾砲十二門、十五センチカノン砲十二門、合計七十六門で、ほかに未知の火砲もかなりあるようである。

右岸のソ連軍の砲兵力は、二十ないし三十門とみこまれる。

日本軍の砲兵団の砲撃が、期待したような成果をあげられなかったのは、

「砲数が不足していた。

弾薬量がとくに不足であった。

日本軍の火砲の射程（射距離）がソ連軍よりみじかかった。

ハルハ河左岸台上は右岸より高く、ソ連軍からは右岸の日本軍が眼下に見えるが、日本軍から左岸台上のソ連軍は見えず、日本軍は目標がつかみにくく、弾着の観測も思うようにできなかった。

左岸台上のソ連砲兵の多くが、日本歩兵部隊の射程外にいたのかもしれない」という理由からであった。

砲・歩兵連動の総攻撃は、七月二十五日午前まで、三日間くりかえされた。

しかし、ついに失敗に終わった。

またまた、ソ蒙軍に上手《うわて》をいかれてしまったのである。

大本営（参謀本部）は八月四日、第二十三師団、第八国境守備隊、ハイラル第一・第二病院から成る第六軍を新設した。

軍司令官が中国派遣の第十三師団長からの荻洲立兵《おぎすりゅうへい》中将、軍参謀長が平壌飛行団長からの藤本鉄熊少将、高級参謀が関東軍研究部員からの浜田寿栄雄大佐である。

大本営が第六軍の新設をいそいだのは、第六軍に戦場をまかせ、関東軍を戦場の作戦から手を引かせ、すみやかに事件終結にもちこませるためだったという。

ソ連航空部隊は、八月（昭和十四年）十九日の夜から日本軍にたいし爆撃を開始し、二十日の朝からは爆撃のほかに猛烈な砲撃も開始して、やがて戦車・装甲車部隊と狙撃兵が前進をはじめた。

北の左翼から南の右翼まで南北七十四キロにもおよぶ大兵力で、東側の日本軍陣地三十余キロを両翼から包囲しようというのである。

その兵力は、ソ連側から見て、日本軍にたいして、歩兵が一・五倍、砲兵が二倍、戦車が日本軍のゼロにたいして四百九十輛、飛行機が日本の四百五十機にたいして五百八十一機であった。

日本軍飛行機の実数は百十三機である。

ソ蒙軍と日本軍の火器は、重（軽）ソ蒙軍の機関銃二千二百五十五梃にたいして日本軍は千二百八十三梃、七十五ミリ以上の火砲は二百十六門対百三十五門、対戦車砲・大隊砲は二百八十六門対百四十二門であった。

日本軍が山カンで兵力を用意したのにたいして、ソ連軍は天候不順の二週間のあいだも丹念に空中偵察をつづけ、日本軍にぜったい勝てる二倍以上の兵力をととのえたのである。

関東軍は情報を軽視し、情報から作戦計画を立てるのではなく、作戦計画を立て、それに合った情報はうけ入れるが、合わない情報は無視するという態度をとって負けてきたが、このときは情報収集さえ手を抜いてしまっていた。

作戦計画に合わない情報を無視することでは、こんなことがあった。

駐ソ大使館付武官の土居明夫大佐は、六月（昭和十四年）上旬、シベリア鉄道でモスクワを出発し、中旬に新京に着き、関東軍司令部に立ち寄った。

植田軍司令官以下に会い、

「車窓から目撃したが、ソ連軍はすくなくとも狙撃二コ師団と重砲など八十門を東送していた。ソ連軍は重大な決意の下に優良装備の師団をもって一気に雌雄を決せんとしている。単なる国境紛争とは異なる。関東軍は主力をもって対処し、場合によっては日本より増兵が必要であろう。そのみこみがなければ兵を引いて妥協するにしかずと思う」と意見を述べた。

だが、作戦課の参謀らは、

「いま関東軍では、一挙にソ蒙軍を捕捉撃滅すべき意気にあふれている。このような時に、その意欲にすこしでも水を差すような消極論は禁物である」と、うるさそうにつっぱねた。

そのあと辻は、別室に土居をよび、

「今日のような弱音を吐くようでは、土居さんの命は危ない。青年将校はいきり立って殺すとまでいっている。われわれはソ連の戦車を新京にもってきて、戦勝祝賀観兵式をやろうと計画しているのだ」とおどした。（土居明夫遺稿『一軍人の憂国の生涯』参照）

タムスク爆撃、ハルハ河両岸作戦の直前のことである。

これでは負けるのが当然というほかあるまい。

ソ連軍が大兵力を揃えて攻勢に出てきたのは、外蒙古を支援するソ連政府の基本方針のほかに、すでに独ソ不可侵条約の締結が決定的になり、西の不安がなくなったためであった。

独ソ不可侵条約が調印されたのは、三日後の八月二十三日である。

ソ連は政府、軍が一体となり、総力をあげ、計画的に対日戦にかかったのである。

小松原第二十三師団長、ついで荻洲第六軍司令官は、八月二十一日の早朝、植田関東軍司令官に、ソ蒙軍が日本軍の両翼包囲を狙って攻勢に出てきた、と電報した。

その戦法ならば、ソ蒙軍の総兵力はすくなくても狙撃三、四コ師団と戦車・装甲車四、五コ旅団以上で、予想をはるかに越えるものであった。

それでも作戦課は、まだソ蒙軍を軽く見ていた。作戦班長の服部中佐は、のちに「関東軍機密作戦日誌」を書いたが、そこには、

「其際作戦参謀ノ受ケタル感覚ハ、我トシテ、最モ好イ時期ニ敵カ攻撃ニ転シタルモノニシテ、此ノ機会ニ於テ敵ヲ捕捉シ得ヘキモノト信シタリ」とある。

「カモがネギを背負ってきた」というようなものである。

日本軍の陣地がいちじるしく強化され、第六軍の指揮統率も軌道にのり、すでに戦場ちかく進出している第七師団の歩兵二コ大隊、砲兵一コ大隊も作戦に使用できるから、という理由であった。

じっさいには、第七師団の一部使用以外は、おどろいたことに希望的観測か独断にすぎなかったし、たとえ全部そのとおりであったとしても、このようなことで、「此ノ機会ニ於テ敵ヲ捕捉シ得ヘキモノト信シタリ」といえるものではなかった。

関東軍作戦課は、前に二度あったように、こんどもソ蒙軍の攻撃は、補給がつづかず二、三日後には下火になるとみこんでいた。

ハルハ河まで、補給駅のボルチア（スウォローフスキー、満州里の北西約百二十キロ）からは

六百五十キロもあり、日本軍の常識では、弾薬・糧食・兵力の輸送を不足なくおこなうことなど、とうてい思いもよらないからであった。

ところが、前と異なり、日がたつにつれてソ蒙軍の攻撃は激化した。ソ連軍は、それまでに兵力、軍需物資を、無数といえるほどのトラックで運びつづけ、その後も補給に支障をきたさないように輸送しつづけたのである。

このころソ蒙軍の現地最高指揮官であったジューコフ中将（のちに元帥）は、『回想録』で、要旨、こう述べている。

「軍事会議の要請で、作戦遂行のために第一軍団には（中略）歩兵二コ師団、戦車旅団、砲兵二コ連隊その他の部隊が補充、輸送されてきた。また爆撃機及び戦闘機空軍も強化された。わが軍はつぎのきわめて困難な作戦を遂行するために、（中略）急造道路で、つぎのような資材を輸送しなければならなかった。

空軍の弾薬六千五百トン、各種燃料・潤滑資材一万五千トン、各種食糧四千トン、燃料七千五百トン、その他資材四千トン。

作戦開始（八月攻勢）までに貨物を輸送するためには、トラック三千五百台、油槽トラック千四百台が必要であったが、軍団はトラック千七百二十四台、油槽トラック九百十二台を持っているにすぎなかった。

八月十四日以後、ソ連国内から、さらにトラック千二百五十台、油槽トラック三百七十五台が補充されたが、まだ五百二十六台のトラック、百十三台の油槽トラックが不足した」

日本軍のトラックは、故障車までふくめて約七百五十台にすぎなかった。

これだけでも、日ソ両軍でどちらが勝つか明らかといえるであろう。


辻は八月二十三日の午後、将軍廟南方の第六軍司令部へ行った。

司令部ちかくまで行くと、上半身血だらけで、眼はくぼみ、白毛まじりの無精ヒゲを生やし、砂塵にまみれた顔の、四十歳ちかい上等兵が横たわっていて、呼吸をぜいぜいさせながら、かぼそい声で訴えた。

「参謀どの、戦車に負けないような戦《いくさ》をさせてください」

そのあとのことを辻は、著書で、

「胸しめつけられる。ああすまなかった。この姿を家族が見たら、どんな気持がするだろう」と、神妙そうに書き、

「七月上旬の戦いでは、ガソリン瓶をもって敵戦車を焼いたが、こんどは何を投げても焼けないらしい」とつづけている。

「胸しめつけられる……」は、辻の性格からして、どこまで本気で、どこまで演技かわからないが、なんべん失敗しても、辻らの作戦計画にはほとんど進歩がなく、再三、ソ連軍の後手ばかり踏んでいたことは事実である。

前線の将兵は、ソ蒙軍に殺されるのではなく、ズサンな作戦計画に殺されるのであった。

ソ蒙軍現地最高指揮官のジューコフ中将の作戦計画は、ソ蒙軍を中央・南・北の三集団にわけ、東側の日本軍を包囲殲滅しようというものであった。

八月二十三日、その中央集団はバルシャガル西高地周辺の日本軍を圧迫し、北集団は日本軍右翼部隊が守るフイ高地を締めつけ、南集団はホルステン河南側の日本軍左翼部隊を包囲しようとしていた。

小松原師団長は、この日の午後二時、師団の攻撃計画を示達した。

「ソ軍を深くわが左翼に誘致するとともに、攻勢部隊はあらかじめ十分準備をととのえ、歩砲の火力を発揮しつつ一挙に敵の側背にむかって攻撃前進し捕捉殲滅する」という方針である。

指導要領の要点はこうであった。

「フイ、バルシャガル、ノロ各高地は、従来の配置部隊をもって確保し、その他の攻勢部隊は、八月二十三日夜、モホレヒ湖（ノモンハンの東南東約七キロ）南方の予定地点に展開し、二十四日の払暁後、攻撃前進（南進）にうつり、まず七八〇高地（モホレヒ湖の南約十一キロ）東西の線に進出し、ついで西南西にむかい、七五七高地（七八〇高地の西南西約六キロ）方面から七四四高地（七五七高地南西約四キロ、ノロ高地南東約八キロ）付近に進出する。

左側支隊は主力の外（東）側から七六〇高地（七八〇高地の南々東約六キロ）、七四六高地（七六〇高地の南西約十一キロ、七四四高地の東南東約九キロ）方面に向かい、ソ蒙軍の退路を遮断するとともに、ハルハ河渡河点（七四四高地南約二キロの東渡と、南西約六キロの西渡）の確保につとめる。

辻は八月二十四日の早朝、モホレヒ湖南方を乗馬でゆく小松原師団長の一行に同行していた。乳白色の濃霧の中から、一人の中尉があらわれ、小松原によびかけた。

「師団長閣下、報告、フイ高地全滅」

「ばか、なにが全滅だ。お前が生きとるじゃないか」

負け嫌いの辻は制し、中尉の袖をつかまえ、草むらに連れてゆき、報告の軽率を戒めた。

中尉は昨二十三日の夕刻、フイ高地から車で後方にゆき、弾薬をうけとり、夜半、フイ高地にひき返したが、味方陣地の周囲をソ連戦車がとり囲んでいた。ちかくにいた負傷兵が、連隊長(捜索隊長)井置栄一中佐以下全員がやられたというので、師団長に報告しようとやってきたというのであった。

師団は、八月二十日には、二十四日ごろ南翼から攻勢に転ずることを決定したが、二十二日、三日になっても、フイ高地の井置捜索隊を主力方面にひきあげなかった。

指揮官、参謀らは全員、攻勢方面の南部地区にあつまり、最北端のフイ高地を忘れてしまっていたのである。

井置捜索隊は、二十日以来、ソ蒙軍の重囲に陥り、二十二日の夜には弾薬補給の自動車連絡も困難になり、師団司令部との電話線も切断された。

二十三日の午後四時ごろになると、無線機も破壊され、ついに孤立した。

午後八時、全速射砲が破壊され、八百の将兵も半数以下に減った。糧食はとぼしく、水もなく、弾薬は欠乏し、火砲もつかえなくなった。

八月二十四日の夜明け、ソ連軍の一部が井置捜索隊本部幕舎付近に進入し、いよいよ全滅必至となった。

捜索隊の両中隊長以下将兵の大半は死傷し、第二中隊では兵四〜五人が生きのこっているにすぎない。

井置は各隊長の意見を聞き、午後四時、

「現況を打破し、師団主力の戦闘を有利にさせるために、夜十時を期し、当面のソ蒙軍を攻撃して血路をひらき、マンズテ湖（フイ高地の南東約八キロ）方向に前進する」という要旨の命令を下した。

部隊は、八月二十五日の午前二時すぎ、月が落ちたあと、ソ蒙軍の間隙を縫うようにして北方へ脱出し、翌二十六日、将軍廟に到着した。

その夜、第六軍命令により、オボネー山（将軍廟の西北西約五キロ）の守備についた。

攻勢部隊の右翼隊長小林恒一少将（第二十三師団第二十三歩兵旅団長）の命をうけた歩兵第七十二連隊長酒井美喜雄大佐の酒井部隊は、八月二十四日の午前九時三十分、攻撃南進を開始した。

しかし、その西側を前進する予定の歩兵第七十一連隊長森田徹大佐の森田部隊主力は、まだ現場に到着していない。

左翼隊長森田範正少将（第七師団歩兵第十四旅団長）の命をうけた歩兵第二十八連隊長蘆塚長蔵大佐の蘆塚部隊は、同じ日の午前十時すこしまえ、攻撃南進を開始した。

左翼隊でも、独立守備第六大隊長四ツ谷巌大佐の左側支隊の前進が一歩遅れ、蘆塚・四ツ谷両部隊の中間を進むべき歩兵第二十六連隊長須見新一郎大佐の須見部隊主力は、まだ現場に到着していない。

辻は、午前九時四十五分に、磯谷関東軍参謀長あてに、

「……師団の目下の態勢は、敵右側背（東南側）を急襲しうる公算大なり」という電報を打った。

なにを根拠にこのような電報を打ったかは、皆目わからない。希望的観測か、必勝の信念か、そういう非合理的なものを根拠にしているらしい。

砲兵団長畑勇三郎少将（七月二十九日に内山英太郎少将と交代）は、砲兵諸隊につぎのような命令を下した。

「九〇式野砲部隊（八門）と十五榴（十五センチ榴弾砲）大隊（八門）は、左右翼隊を直接支援する。とくに九〇式野砲は左翼隊支援に重点をおく。

十加（十センチカノン砲）大隊（八門）は、対砲兵戦に当たる。

十五加（十五センチカノン砲）中隊（二門）は、戦況が進展するにともない、前方に布陣で

きるように待機する」

日本の砲兵部隊が、南方のソ蒙軍陣地に初弾をぶちこんだのは、歩兵部隊の前進よりかなり遅れ、午前十時三十分ごろであった。

そのうえソ蒙軍の分散、遮蔽がきわめて巧妙で、戦場にその姿が見えないため、有効弾を浴びせることが困難であった。

反対にソ蒙軍は、日本軍を眼下に見る有利な地点に布陣し、ひっきりなしに日本軍に有効な銃砲弾を浴びせた。

さらに、歩兵・戦車・砲兵・航空のチームワークがよかった。

国境線にたいする論拠、兵力（日本軍には戦車が一台もない）、装備、補給などにおいて日本軍に勝っているばかりか、地の利、人の和（チームワーク）でも日本軍に勝っていたのである。

日没ごろ、右翼隊の小林兵団本部から後方（北方）の小松原師団司令部に電話がかかった。

「右翼隊は、正午ごろに敵陣地に突入したが、敵戦車の逆襲をうけ、小林兵団長は行方不明（後刻、重傷とわかる）、酒井連隊長は重傷、大・中隊長はほとんど死傷した」

ついで森田範正左翼隊長からは、

「水がなく、敵の火力が激しく、突撃ができず、敵前五百メートルに停止して、戦機をうかがっている」という連絡があった。

小松原は、頼みの綱の小林と酒井が重傷を負ったため、両腕を失ったように暗澹たる気持に陥った。第六軍参謀長の藤本少将も途方に暮れた。

日没後、四、五十人の将兵が雪崩《なだれ》を打って後退してきた。

壕からとび出した辻は、その群れへいそいだ。

「参謀殿、右第一線は全滅しました」

「なにっ、お前たちが生きてるじゃないか。なにが全滅か。兵団長や連隊長や軍旗をほったらかして、それでも日本の軍人か」

辻はものすごい声でどなった。

「はい、悪うございました」

「よし、いまからおれが、兵団長や連隊長を救いにゆく。背嚢をおろせ。手榴弾をポケットに入れてついてこい」

小松原はこのことを、

「小林部隊長、酒井部隊長及び両大隊長負傷、軍旗を護送するや、部隊の士気沮喪し、健全者も続々後退、随意退却の状況を呈す。

軍の辻参謀大喝一声、酒井部隊長をそのままにして帰るとは何事ぞや、速かに兵団長、部隊長を収容し来れ、と命令す。退却兵この一声にて正気に返り、部隊の秩序を整うるに至れり」と、辻のおかげで師団の面目が保たれたというように、日記に書いた。

四、五十人の将兵をひきいた辻は、午後八時ごろ、浅い壕のなかに、三角巾で右手を吊って腰をおろしている酒井を発見した。

「正午ごろ、旅団長（小林）閣下といっしょに突撃したが、敵戦車隊に攻撃され、閣下は重傷、多分、退かれたでしょう……」と、酒井は落ちついて語った。

部隊の死傷者数はおびただしく、水はなく、弾薬もとぼしくなっている。

さすがの辻も、これでは師団命令どおり明朝攻撃を続行することなど、思いもよらない、と判断せざるをえなかった。

「いまから師団命令をおつたえします。
一、師団は明二十五日の払暁、森田部隊（森田少将の左翼隊）方面から攻撃を続行す。
二、小林部隊（小林少将の右第一線）は師団予備隊とす。
本夜まず全部の死傷者を一名のこらず後送した後、兵力をまとめて明払暁までに、師団司令部の位置に集結すべし」

独断で辻は、師団命令と正反対の命令をいい渡したのである。

「師団参謀でない者が、あえてこういう命令を下さねばならないことは、現実の必要からである。これ以外に手はない。全責任を一身に引き受けよう、と覚悟した」と、のちに辻は著書に書いている。

小松原なら、こうやっても、おれを咎めることはないと見越していたのであろうが、この場合は適切な処置であったといえそうである。

師団司令部にもどった辻は、小松原に、独断で師団命令を変更し、戦線を整理することにした始末を報告した。小松原は辻の手を固く握り、

「ありがとう、君、よくやってくれた」とこたえた。

この日、酒井部隊は、千二百九十五人のうち戦死三百二十四人、戦傷三百七十七人、計七百一人もの犠牲者を出していた。

これもまた、関東軍と小松原師団のズサンな作戦計画・指導の結果であった。

辻は明くる八月二十五日の午前一時四十分、磯谷関東軍参謀長あてに要旨、つぎのような電報を打った。

「第二十三師団は、本二十四日夕にいたるも七八〇高地を奪取するにいたらず。

戦場における敵の抵抗は、従前に似ざる執拗頑強さを示しあり、戦車も性能優秀なるもの多数出現しあるの情況に鑑み、すみやかに第二師団、第四師団の速射砲を戦場に急派せしむるの要あるものと判断す」

二十四日の午前九時四十五分には、

「師団目下の態勢は、敵右側背を急襲し得る公算大なり」と打電していたのだが、とんだ見こみちがいになったわけである。

植田関東軍司令官は、とりあえず第七師団主力（第三、第四軍から抜いた速射砲八コ中隊がつく）を荻洲第六軍司令官の指揮下に入れるように命じた。

同軍の寺田高級参謀は、従来の戦闘経過から第二、第四師団もノモンハンに急派すべきことをつよく主張した。しかし、服部作戦班長と島貫武治参謀（少佐、辻とおなじく陸士三十六

期）は、

「第二、第四師団をノモンハンに派遣すれば、全満の作戦構想を根本的に変更することになる。ノモンハンについては、情況がもうすこしくわしく判明するまで、師団の増派は待った方がよい」と反対した。

植田は、服部、島貫の意見を採用した。

森田少将が指揮する左翼隊右（西側）第一線の蘆塚部隊と左第一線の須見部隊は、この八月二十五日の午後一時すぎ、南方の七八〇の高地以東の要地を攻略する目的で、前進をはじめた。

だが、ソ蒙軍は、前日の酒井部隊にたいしたのと同じように、火砲、重火器を猛射し、日本軍に多数の死傷者を出させ、その前進を阻んだ。

夕刻、夜襲の準備がととのわず、左翼隊は攻撃を延期した。

夜、藤本第六軍参謀長から、磯谷関東軍参謀長あてに電報が打たれた。

「至急兵力を増強されたい」

関東軍はここで、まず第二師団と野砲兵一コ連隊、速射砲部隊、自動車部隊の急派を決定し、つづいて第四師団などの増派も決定した。

服部作戦班長は、八月二十五日の戦況を、こう書いた。

「二十五日、森田部隊方面より攻撃を再興したが、指揮官に積極的戦意がなく、かつ、戦力もまた不足してついに奏効するにいたらなかった」

辻あたりの報告を聞いて、「指揮官に積極的戦意がなく」と書いたのであろう。だが、戦意があれば勝てたと、本気で思っていたとしたら、作戦班長は落第というほかなくなる。

森田部隊(左翼隊)は、あのまま前進をつづけていれば、ソ蒙軍の火力、戦車によって、全滅したにちがいない。

自分らの作戦計画の杜撰さを棚に上げ、責任を森田以下の指揮官に転嫁しようというものである。

左翼隊は、八月二十六日夜も、準備がととのわず、夜襲を中止した。

辻参謀は、八月二十六日の夕刻、新京の関東軍司令部に帰り、植田司令官以下幕僚らに、戦場でソ連将校の死体から入手した地図を示し、ソ蒙軍の兵力を説明した。

「第一線の兵力が、狙撃三コ師団、戦車五コ旅団、軍団砲兵数コで、第二線の兵力が、狙撃二コ師団、戦車一ないし二コ旅団と判断される。

戦車は日本兵が投げる火炎瓶では炎上しなくなり、戦車砲の威力も強大になっている。

総合すると、ソ蒙軍の兵力は日本軍の三倍以上である。これは関東軍参謀部が推定していた兵力の二倍になる」

ソ蒙軍の兵力は日本軍の一・五倍ぐらいで、それなら勝てようと見ていた関東軍も、これでは無理と、認めざるをえなかった。

関東軍の不明が敗因のすべてで、そのために敗れたというのが真相といえる。

だが、両軍の火力、戦車、飛行機、縦深陣地、総合戦術を比較したばあい、日本軍はソ蒙軍の六十六パーセントの兵力でも、ソ蒙軍に勝てなかったにちがいない。

八月二十六日の夜、二大要地の一つであるノロ高地（ホルステン河の下流南側）を守る第八国境守備隊第二地区隊長長谷部理叡大佐の長谷部支隊は、弾丸を撃ちつくし、水も糧食も絶え、全滅寸前となり、陣地を撤して後退した。

攻撃してきたソ蒙軍は狙撃約一コ師団、戦車約一コ旅団で、日本軍は長谷部支隊の歩兵二コ大隊と一コ中隊、工兵一コ小隊、それに梶川大隊（歩兵第二十八連隊の第二大隊）だけである。鉄砲数では日本軍はソ蒙軍の十分の一ほどしかなく、戦車はゼロであった。

小松原師団長は、八月二十七日の夜、二大要地のあとの一つ、バルシャガル西高地を守る歩兵第六十四連隊長山県武光大佐の山県部隊ほかを救援するために、師団の残兵約千四百四十人をひきいて出発した。

荻洲第六軍司令官は、この自殺的な出発を中止させる命令を出さなかった。

バルシャガル西高地周辺の諸隊を撤退させる命令を面子にかかわるとしてはばかったために、小松原残兵部隊の出発も止めることができなかったのと、小松原が戦死すれば、敗北と甚大な死傷者にたいして申しわけが立つと思ったらしい。

大本営の首脳者や、戦場の高級指揮官、参謀らで、自分の面子をつぶしたり、責任を問われないために、第一線の将兵たちを殺す者がときどきいた。

そして、戦死者たちにたいしては、「忠烈無比、勇戦敢闘、帝国軍人の亀鑑、靖国の軍神」などと美辞麗句を唱え、自分の責任をうやむやにしたのである。

昭和六十二年現在、靖国神社には、幕末の志士、戊辰戦争、佐賀の乱、西南戦争などの殉難者、軍人、軍属、従軍看護婦、文官、民間人など、およそ二百五十万柱の祭神が合祀されている。

だが、そのなかには、やるべきではない戦いを強要されて死んだり、作戦指導者の杜撰な計画・指導によって殺された人たちも少なくない。

靖国の英霊は、美辞麗句を唱えられるより、なぜ死なねばならなかったか、その事実を明らかにしてもらうことを願っているにちがいない。

八月（昭和十四年）二十九日、荻洲第六軍司令官は、「ノモンハン付近に兵力を集結し、爾後の攻撃を準備する」ことを、ようやく決意した。

森田（範正少将）部隊を後退させ、モホレヒ湖南側地区を守らせる。

第二十三師団にたいしては、無線で、「すみやかに敵線を突破してノモンハンにむかい前進すべし。われらの責任は最後の企図遂行にあり、このさい自重し、現状の如何にかかわらず本命令の実行を厳命す」と命令するのである。

こうして日本軍は、ついに係争地区から撤退することになった。

辻は八月三十日の夕刻、将軍廟の第六軍司令部へ行った。

荻洲は、心の憂さをまぎらわすためか、ウイスキーでかなり酔っていた。

「辻君、僕は小松原が死んでくれることを希望しているが、どうかねえ君」

唖然とし、憤然として、怒り心頭に発した辻は、どなった。

「軍の統帥は、師団長を見殺しにすることですか。小松原閣下としては、数千の部下を失った罪を死をもって償おうとしている心は当然であり、ご胸中は十分わかります。それだけに軍司令官としてはなんとでもして、この師団長を救い出すべきではないですか。これが閣下の部下にたいする道ではありませんか」

これはそのとおりである。

しかし、辻が自分のまずい作戦計画に触れもせずに啖呵《たんか》を切るのも、どうであろう。

バルシャガル西高地付近にいて、「ノモンハンに向かい前進すべし」の第六軍命令をうけとった小松原師団長は、諸隊に命じ、八月三十一日の午前零時、撤退を開始した。

第二十三師団は、これでハルハ河東岸の陣地をすべて失うことになった。

午後二時すぎ、小松原を中心とする約四百人は、多数の負傷者を助けながら、将軍廟にたどり着いた。

九月（昭和十四年）一日、ドイツ軍がポーランドに侵入を開始し、九月三日、ドイツのヨーロッパ大陸征服を阻止しようと、イギリス、フランスがドイツに宣戦を布告し、第二次世界大戦がはじまった。

参謀本部次長の中島中将は、九月四日、新京の関東軍司令部で、植田謙吉軍司令官に大陸命（大本営陸軍部命令）第三百四十九号を伝達した。その要旨はつぎのとおりである。

「一、情勢にかんがみ、大本営は爾今ノモンハン方面国境事件の自主的終結を企画す。

二、関東軍司令官はノモンハン方面における攻勢作戦を中止すべし。これがため戦闘の発生を防止しうるよう、まず兵力をハルハ河右岸係争地域（ハンダガヤ ヘノモンハン南東約六十五キロ〉付近以東をのぞく）外に、適宜、離隔位置せしむべし」

植田は要求を述べた。

「攻勢作戦は中止するが、戦死者収容のため、軍司令官みずから陣頭に立っておこなう短切な限定戦闘の実施だけは、ぜひ認可してもらいたい」

しかし、中島は、

「大命の趣旨上、実行は認めがたい」と、大本営の決意を明らかにした。

九月六日、閑院宮参謀総長から植田関東軍司令官あてに、

「……意見具申（戦場の死体を撤収したいという）ノ企図ハ大命ノ趣旨ニ鑑ミ之ヲ採用セス然レトモ貴官ノ心情ハ九月六日、謹ンテ上聞ニ達スヘシ」という電報がとどいた。大本営は、もはや関東軍を信用しなくなっていたのである。

これで万事が決した。

大本営の処置にたいして、のちに服部は『関東軍機密作戦日誌』に、辻は『ノモンハン』で、冷酷な統帥として、猛烈に非難している。

　しかし、戦場の死体を収容したければ、ソ蒙と停戦協定をむすび、収容すればいい。服部にしても辻にしても、死体収容を口実にもう一戦やり、こんどこそ勝ってやろうと思っていたのであろう。

　しかし、やればまたおびただしい死傷者を出して、ふたたび敗れたにちがいない。

「兵は国の大事なり。死生の地、存亡の道、察せざるべからず」というが、服部や辻にとっての「兵」は、かれらの賭け勝負だったようである。

　そしてこの考えかたは、満州事変、支那事変、張鼓峰事件などから生まれ育った悪性のもの、といえそうである。

　それにしても、これほど相手を知らずに戦いをすすめ、同じ失敗を五回も六回もくり返すという作戦は、世界の戦史上でも珍しいであろう。

責任転嫁

　ハロンアルシャン付近に集結していた片山支隊の第十六連隊は、昭和十四年九月八日から九日にかけ、ハロンアルシャン南西地区で、百五十輛もの重戦車をくり出すソ蒙軍を奇蹟的に破り、目標の九〇四高地を占領した。

この支隊は、歩兵第十五旅団長片山省太郎少将が指揮する歩兵第十六、同第三十連隊と野砲兵第三大隊である。

殊勲の歩兵第十六連隊長が、戦上手《いくさ》といわれ、のちのビルマ戦線で不敗をつづける宮崎繁三郎大佐であった。

ノモンハン方面の対戦車部隊戦で勝ったのは、この宮崎連隊だけで、決め手は速射砲、連隊砲、野砲の猛射であった。

ノモンハン事件の責任を明らかにする人事異動が、九月七日からはじまった。

参謀本部では、中島参謀次長、橋本第一（作戦）部長が予備役に編入され、稲田作戦課長が習志野校付から阿城重砲兵連隊長に転出となった。

関東軍では植田軍司令官、磯谷参謀長が予備役に編入され、矢野参謀副長、寺田高級参謀が参謀本部付とされた。

辻参謀は第十一軍（在漢口）司令部付に発令された。

明くる九月八日、服部作戦班長が陸軍歩兵学校研究部主事兼教官に発令された。

服部と辻は、のちに参謀本部の要職に就任するが、この二人の人事は甘い、と見るのがふつうであろう。

このころの陸相が、八月の末に板垣の後を継いだ畑俊六大将、陸軍次官が山脇正隆中将、参謀総長が閑院宮元帥、新参謀次長が沢田茂中将、新第一部長が冨永恭次少将であったが、服部、辻の処遇を甘くした理由がよくわからない。統制を破っても、積極的な中佐、少佐あたりの参謀に甘くするのが陸軍の不文律か、と思わされるほどである。

辻についで、磯谷はのちに、こういっている。

「ノモンハン事件にたいして、辻参謀の言動が大きな影響をおよぼしたことは事実である。しかし、作戦指導の大綱は、副長以上が決裁したものであって、責任は一少佐にすぎない辻参謀にあったのではなく、とくに、軍参謀長と軍司令官とが負わなければならないものであった」

辻と陸士同期で、同じ関東軍作戦課参謀であった島貫少佐は、

「ノモンハン事件の作戦が、あたかも辻参謀の独演によったもののように解する向きが多いが、真相は作戦課全員の一致した構想であり、また考案はいずれも高級参謀以上の承認を得たものなのであった。ただ辻参謀は、当時、満州と関東軍内の事情に通じていたため、本事件に関する起案主任となり、かつ持ちまえの積極的性格から、つねに他に先んじて自分の意志を発表し、またそれが多くのばあい共感を得たことは事実であった」と語っている。

植田は、幕僚の独断専行という批判にたいして、

「すべて軍司令官の意図から出たものか、または軍司令官が是認の上で実行させたもので、幕僚にはなんの責任もない」と断言した。

二人とも相手の傷に触れないようにしている感がするが、たてまえからはこのとおりであ

ろう。

だが、いつも強硬論を主張し、それがいつもまちがっていた服部や辻に、一切責任がないというのも、おかしなものである。

とくに辻は、土居明夫中佐をおどしたり、タムスク爆撃を強行し、参謀本部への返信を独断で打ったり、第一線へ行って権限もないのに部隊を指揮したりしている。それらを糾明せずにすませていいはずがない。

荻洲第六軍司令官は、陸軍省人事局補任課長の額田坦大佐に談じこんだ。

「軍紀を紊る幕僚がいる。はなはだしいのは辻政信参謀だ。勝手に第一線にいって部隊を指揮するのは何事か。よろしく馘首《かくしゅ》せよ」

荻洲はウイスキーを飲んで酔っぱらい、

「小松原が死んでくれることを希望している」と口走り、辻に一発やられ、その腹癒《はらいせ》にやったのかもしれないが、いっていることは偽りではない。

小松原は、新参謀次長の沢田にグチをこぼした。

「師団司令部にきていた辻政信参謀がしきりに越境攻撃を求め、師団長が独断でやれんようなら、辻が関東軍司令官の名をもって軍命令を出すというので、ついおれもむかっとなって独断で越境攻撃をやった」

小松原も不見識だが、辻の越権的言動も否定できない。

沢田は戦後に出した『参謀次長沢田茂回想録』のなかで、ノモンハン事件後の人事について、こう述べている。

「隊長と幕僚との責任の分界に関し、植田軍司令官は予に書を送り、全責任は軍司令官に存す、幕僚にして責任を負わんか、指揮官はいかにして幕僚を統制するを得ん。将来、軍紀上の重大問題なり。幕僚は責任なし。全責任は軍司令官たる植田に存すと陳述せられたり。真に立派なる態度にしてその言また真なり。しかれども、本件が軍司令官の発意に出で、軍司令官の積極的指導にもとづくものならば、あるいはこの理論にて承服し得んも、事実はさらに複雑にして、幕僚の責任を全然不問に付するを許さざるものあり。よって下級幕僚は左遷的転職を行ない、軍司令官および軍参謀長のみ重大なる責任を負うこととしかるべしとの結論に達す」

植田が責任を一人で背負い、服部、辻らをかばったので、このていどの左遷にとどめた、ということになるようである。

植田の態度は、沢田がいうように、個人的には立派かもしれない。しかし、全陸軍や国家にたいしては、立派とはいえそうもない。部下のまちがいは、正確に指摘するのが、真に立派であろう。

そうしなければ、まちがいをやった部下は反省せずに、さらに大きなまちがいをしでかす恐れが大きいのである。

のちに参謀本部に返り咲いた辻は、「ノモンハンなど朝飯前」とうそぶく。

これでは、八千ないし一万八千の戦没者は浮かばれない。

辻にたいする甘い人事に、どれほどの影響をあたえたか不明だが、辻を利用価値がある男と買っていた二人の大物がいる。

一人は、この八月の末まで陸相で、九月十二日に支那派遣軍総参謀長になった板垣征四郎中将で、あと一人は、昭和十三年の六月まで陸軍次官、昭和十四年九月現在は陸軍航空総監兼航空本部長の東條英機中将である。

この二人の野心家は、辻が人の嫌がる荒仕事や汚れ役を積極的にやるので、使える男とみこんでいたようである。

荻洲第六軍司令官はノモンハン事件後、参謀本部付とされ、四ヵ月後の昭和十五年一月、予備役に編入された。

小松原第二十三師団長は、関東軍司令部付から参謀本部付とされ、おなじく昭和十五年の一月、予備役に編入された。

当然の処置であろう。

これらの、当たり前か、あるいは情実としか思えない人事にくらべ、不当きわまる処置をうけ、非業の死を遂げさせられたのが、文字どおり勇戦敢闘した二人の第一線部隊長であった。その一人がフイ高地の井置栄一中佐である。

攻めあぐねて予定以上の兵力を投入したソ連軍は、井置支隊の将兵を「英雄」と称えた。撤退までの経過については前述したとおり、撤退しなければ無為に全滅するしかないものであった。

ところが、師団長の小松原と、関東軍はそれを認めなかった。

小松原は、電話も電信も断絶して命令も伝えられないのにかかわらず、井置が命令なくフイ高地を放棄したと責め、自決を迫った。

服部は、『関東軍機密作戦日誌』に、こう書いている。

「二十六日夕、辻参謀、戦場より帰還して情況を報告す。今日まで、新京において最も苦慮しつつありたるは、フイ高地の保持可能なりや否やの問題とホルステン河南側の陣地確保如何なりしが、本報告により、フイ高地は八百の兵力中、三百の死傷を生じしのみにして、陣地を撤し、しかも、捜索隊長井置中佐の師団長宛の報告には、その守地を棄てたるに対して謝罪の字句なきを知り、かつ、わが左翼方面の攻撃不成功の報により暗然たるものあり」

だが、これは、認識不足か、故意か、いずれにしても、はなはだしく見当ちがいのものであった。

第二十三師団作戦参謀の扇廣《ひろし》少佐は、

「事実は総兵力の約四分の一の二百六十九名だけが脱出したのである。この過《あやま》った過早報告(辻の)で、関東軍も井置中佐の非を鳴らした。しかし、水・食糧・弾薬なしで、いかに戦えというのか」と、のちに語っている。

辻が何を根拠にして、「三百の死傷を生ぜしのみにして」と報告したのかわからないし、それも鵜呑みにしたらしい服部の考え方も不明である。

しかし、この誤ったか故意かの判定のために、フイ高地敗北の責任はすべて井置に着せられ、関東軍や第二十三師団の責任は消されようとした。

無実の罪を負わされた井置は、後任の陸士同期生高橋浩亮中佐に、

「撤退は、当時の戦況にかんがみ、貴重な部下一人一人の生命をむだにしないようにと考えての処置であった。攻勢再興のばあいには、戦場に斃れた部下のため弔い合戦をする考えであったのに、いまや万事は終わった……」と伝え、九月十七日の未明、将軍廟近くの幕舎内で拳銃自殺を遂げた。

あとの一人が、ノロ高地の長谷部理叡《りえい》大佐である。

同じく命令なくして撤退したとして、荻洲と小松原に自決を迫られ、九月二十七日、これまた拳銃自殺を遂げた。

井置のばあいも、長谷部のばあいも、「命令なくして撤退した」ことが、現実に即して不当であったか否かを調べられることもなく、うむをいわさず、命令違反者として、「死ね」といわれたものであった。

作戦計画がいかに現実と合わずに杜撰なものでも、命令がいかに無理難題でも、第一線の将兵は黙してそれに従い、死んでいけばいいいし、また死ぬことはおまえら自身の責任で、関東軍にも師団にも責任はない。ただし、おまえらが死ねば、「忠烈な勇士、帝国軍人の亀鑑」と称賛することを請けあうし、おまえらが祀られる靖国神社にも参拝に行ってやる、というようなわけである。

小松原は、九月十三日付の日記（『小松原道太郎日記』）に、この二人について、「軍隊を率い故なく当地を離る」と題し、

「陸刑四十三条。司令官、軍隊を率し故なく守地を離れたるとき、敵前なるときは死刑に処す。本則を知らずして、あるいは認識十分ならずして軽易に軍隊を進退するものあり。

一、井置部隊長は、八月二十四日、無断にてフイ高地を部隊を率いて撤退せり。

二、長谷部部隊長は、八月二十六日正午、ノロ高地を離れ、コブ山に向かい後退命令を出せり。

両者とも火砲、重火器破壊せられ、弾薬欠乏、守地を守るに戦力なきを理由とするならんも、これを理由となすに足らず――」と書いていた。

自分らの責任は棚に上げ、問答無用で斬り捨てたのである。

自殺を強要されたのではないが、自殺をした連隊長も三人いる。

八月二十九日、バルシャガル高地から撤退に移った歩兵六十四連隊長の山県武光大佐は、途中で敵と遭遇し、孤立して自殺した。

この日、野砲第十三連隊長の伊勢高秀大佐は、山県大佐と撤退中、ソ蒙軍に囲まれ、脱出不可能となって自殺した。

八月二十四日、負傷して後送され、病院に入れられた歩兵第七十二連隊長の酒井美喜雄大佐は、連隊長更迭の報を聞き、

「多くの部下を失い、軍旗と部隊の名誉を汚損したことを詫びる」という遺書をのこし、九

月十五日朝、自殺した。

連隊長以下が全滅した部隊は二つあった。

染谷義雄中佐以下の穆稜重砲兵連隊と、連隊長代理梅田恭三少佐以下の野戦重砲兵第一連隊である。

処罰された連隊長は三人いる。

左側支隊長であった独立守備第六大隊長の四ツ谷巌大佐は、命じられた任務を達成できなかったという理由で、一年後に停職となった。

野戦重砲兵第七連隊長の鷹司信熙大佐は、部隊と火砲を放棄したという理由で、九月三十日に停職、男爵礼遇停止となった。

歩兵第二十六連隊長の須見新一郎大佐は、八月二十二日の夜、小松原から、左側支隊となり敵の側背を衝けと命じられた。しかし、実兵力が二コ中隊、約四百人にすぎないため、論争をして断わった。

小松原は自分に逆らう者をひどく嫌う性格で、井置にたいしてもそうだが、須見も嫌ったようである。

辻参謀は、ビールや軍旗の件で、須見を関東軍首脳らに中傷した。

この二つからのようだが、須見は十二月（昭和十四年）二十日、予備役に編入された。

須見自身は、のちに、

「自分はあんなメチャクチャな戦《いくさ》で、しかも辻という悪にめぐり合わせたせいで、現場をクビにされた」と語っている。

これらを見ると、命賭けでよく戦った者が自決を強要されたり、敗北の責任を問われて重い処罰をうけ、最大の敗因である作戦計画作成・指導の当事者らは、責任を部下たちに転嫁し、自分らは軽い処罰ですむようにしているようである。

いつの時代も、こういう仕組みになっている組織があるが、皇軍と称するこの組織でもそうであった、ということであろう。

昭和十四年九月十五日、モスクワで、東郷茂徳駐ソ日本大使と、モロトフ人民委員とのあいだに合意ができ、九月十六日の午後三時（モスクワ時間）、共同発表がおこなわれた。

「日満軍およびソ蒙軍は九月十六日の午前二時（モスクワ時間）を期し、一切の軍事行動を停止する。

日満軍およびソ蒙軍は、九月十五日の午後一時（モスクワ時間）、その占める線にとどまるものとする。

現地の双方軍代表者は、ただちに前二項の実行に着手する。

双方の捕虜と死体を交換するために、現地の双方軍代表者はただちに協定し、実行にかかる」という要旨のものである。

翌九月十七日、ヨーロッパ側のソ連軍はポーランドに侵入を開始し、やがて東部一帯を占領した。九月一日にポーランド西部に侵入したドイツ軍と、ポーランドを分割確保しようというのであった。

前日、日本との間に停戦協定が成立し、後顧の憂いなく出て行ったわけである。ノモンハンでの八月二十日からの大攻勢、この時期での停戦、ポーランド侵入と、すべてスターリンの計画どおり進んだのである。

九月二十四日から三十日まで死体収容作業がおこなわれ、日本軍は四千三百八十六体を収容した。ソ蒙側は、ハルハ河左岸にあった日本軍飛行将兵の死体五十五、その他の死体四を日本側に渡した。

九月二十七日、日本側は八十七人のソ蒙人捕虜を返し、ソ蒙側は二十七、二十八日に日満人捕虜計八十八人を返還した。

最終的には明くる昭和十五年の四月二十七日、ソ蒙人捕虜二人と日満人捕虜百十六人の交換がおこなわれた。

ほかに、なんらかの理由で、すくなくとも千人以上が帰らなかったようである。

だが、返されてきた日本人捕虜は、冷酷非情の仕打ちをうけねばならなかった。

戦後、須見は、こう述べている。

「辻は将校が入院している病院に手榴弾を持ち込み、武士の恥をそそげと、自殺を強要したのだ。手前の判断と作戦計画の拙劣を棚に上げて、不可抗力に陥った者、とくに重傷、ないし人事不省で捕まった者に自殺を強要するなどということは、常人にはできない。ひどい奴だ、人間じゃないよ」（堀江芳孝『辻政信』）

昭和十五年の四月末、吉林（新京つまり長春の東方約九十キロ）にちかい新站《しんたん》陸軍病院に入れられた元捕虜たちのところへ、半月ほどもたったころ、関東軍司令部から、将校を長とする特設軍法会議団がのりこんでゆき、非公開で裁判をはじめた。被告はおもに将校である。終了後、裁判官は将校被告らに拳銃をあたえてひき上げた。その直後、憲兵でも将校室に近寄ることを禁ずという命令が出された。

まもなく拳銃の発射音がひびいた。全員が自殺したのであった。

不可抗力で捕虜になった者を死罪にするのにたいして、一万八千ないし二万八千もの死傷者や捕虜を出す戦闘をさせた高級指揮官や参謀で、責任を取って自殺する者は、ただの一人もいなかった。

それどころか、すこしも恥じることなく、自分らが惨憺たる目にあわせた部下たちに、死まで強要したのである。

陸軍刑法でも、力尽きて捕虜になった者や、不可抗力で捕虜になった者を罰する項目はない。

日本軍にあった（陸海軍を問わず）のは、「捕虜は恥ずべきもの、死んでもなってはならないもの」という不文律であった。

全力を尽くして戦い、力尽きれば捕虜になっても恥ではない、という考え方はなかった。

それを認めれば、死ぬまで戦うという意志がなくなり、弱い軍隊になってしまう、と上層部が考えたからである。

督戦隊か鎖を代用する不文律であった。

戦う将兵を信ぜず、命令どおりに戦わせ、殺すための手段ともいえる。

関東軍の特設軍法会議が、とくに将校被告らを死罪にしたのは、そうしなければ軍紀が崩壊し、軍隊が弱体になる、と考えたからであろう。

これは関東軍にかぎらず、参謀本部、陸軍省首脳部も同じ考えであったにちがいない。

しかし、敗北に重大な責任がある者を相応に処罰せず、第一線の将兵に苛酷きわまる厳罰をもって臨むやり方では、真に精強な軍隊はできあがるわけがない。

太平洋戦争中、米海軍は、日本海軍にたいして、

「日本海軍の下士官たちは世界一優秀だが、士官は落第だ」と評した。

日本海軍の高級将校たちは、作戦計画作成・指導が拙劣で、手ごわい相手ではないということである。

ノモンハン事件のばあいは、「日本陸軍の第一線将兵は世界一優秀だが、高級指揮官・参謀は落第だ」ということになろう。

高級指揮官や参謀らにたいしてこそ、厳正な信賞必罰をおこない、失敗をくり返さないようにすべきなのである。

「道とは民をして上と意を同じくせしむるなり。故に之と死すべく、之と生くべく、而して危きを畏れず」と「孫子」にあるが、ノモンハン事件の後始末のやり方はアベコベで、上下

の意を離反させるものであった。

「満蒙国境確定会議」は、昭和十四年の十二月七日から二十五日まで、ソ連領チタ（満州里とバイカル湖の中間）で八回、明くる十五年の一月五日から三十日まで満州領内ハルピンで八回おこなわれた。

日本代表はハルピン総領事の久保田貫一郎、満州国の代表は外交部政務司長亀山一二、ソ連代表は兵団長ボグダーノフ少将、外蒙代表はヂャムサロン首相代理である。

最後に日満側が、ソ蒙軍の占領地域はソ蒙領と認めると譲歩したため、会議はまとまり、翌日、調印するはこびとなった。

日満側が譲歩したのは、それを認めても、清朝時代に確定された国境線はほぼ確保されている、ということであった。

しかし、死傷者その他の損害が甚大で、得るところがなく、やるべきではない戦争であったという結果になったことは確かである。

ところが、ソ蒙代表は、調印もせずに、とつじょ帰国してしまった。

ずっとのち、昭和五十三年九月五日のことだが、かつて日満代表の補佐員であった北川四郎は、岐阜県関市に住む亀山一二を訪ね、会議が決裂した理由を問いただしたところ、おどろくべき事実を聞かされて、唖然とした。要点は、

「ノモンハン地区はソ蒙軍が占領しているが、ハロンアルシャン南西方地区は日本軍が有利

な地歩を確保していた（宮崎連隊が九〇四高地付近を占領した）。

たがいにそれを認め合うことで話がまとまり、調印するだけになった。

ところが、辻政信が白系ロシア人を使い、ソ連代表のボグダーノフ少将と外蒙代表のチャムサロンに、調印したら殺すといわせた。

そのために二人はハルピンから逃げ出し、調印ができなくなった。

辻は、自分の部下、先輩、後輩が多数戦死したのに、ソ蒙側に譲歩することは認められない、というのであった」

「部下、先輩、後輩が多数戦死したのに……」というのは、例のとおり、戦死者のためと称して、自分の野心を押し通そうとすることである。

要するに辻は、我を通すために、ギャングを使い、天皇の「外交大権」まで蹂躙したというのである。（北川四郎『ノモンハン』参照）

ただ、辻が調印を破壊したという亀山の説には疑問がある。「満蒙国境確定会議」のころは、漢口の中支（中中国）第十一軍司令部付になっていて満州にはいなかったはずの辻が、そのようなことをやるのは不可能だったのではないか、と思われるからである。

辻ではなくて、だれかがやって、札つきの辻のせいにしたというならば理解ができるが、それも証拠があるわけではない。

この一件は、真相究明の必要があるようである。

第一回会議の失敗に懲り、第二回会議は、昭和十五年の六月九日、モスクワで、東郷とモロトフによってすすめられ、赤軍二十万分の一図で、国境線が決定された。ノモンハン方面の境界は、事件まえからソ蒙側が主張していた線とし、ハロンアルシャン方面の境界は、日満側の主張する線（宮崎連隊が占領していた線）とされたのである。

ノモンハン事件の戦死傷病者数は、荻洲軍司令官の第六軍軍医部発表では、つぎのとおりである。

出動人員五万八千九百二十五人。

戦死七千七百二十人、戦傷八千六百六十四人、戦病二千三百六十三人、生死不明千二十一人、計一万九千七百六十八人。

ただし、この数字は絶対に正確とはいえないようである。

小松原師団長の第二十三師団だけでは、出動人員一万五千九百七十五人。戦死・傷・生死不明一万二千二百三十人。損耗比率七十六パーセント。となっている。

まえにもちょっと触れたが、戦死者数には異論がある。

昭和四十一年十月二日、靖国神社でノモンハン事件戦没者の慰霊祭がおこなわれたが、明くる十月三日の朝日新聞朝刊に、

「昭和十四年、ソ満国境で起きたノモンハン事件戦没者一万八千余人の慰霊祭が、二日午前十時から、東京九段の靖国神社で行なわれた……」という記事が載ったことである。

ただし、真相は不明のままである。

歴史家洞富雄教授は、著書の『近代戦史の謎』で、ソ連の『大祖国戦史』の、『七月〜八月だけで、日・満軍は、戦死一万八千八百六十八名、負傷二万五千九百名、計四万四千七百六十八名の損害を出し、全戦闘期間を通じての損害は、戦死二万五千名、負傷二万七千〜三万名、計五万二千〜五万五千名にのぼった』という記事を引用し、「日・満軍の戦死者を一万八千八百六十八名としているのは、計数が明細である点から、なんらかの日本側の資料にもとづく記述かと推測される」と述べている。

しかし、真相はやはり不明である。

だが、小松原師団の死傷病者数、比率を見るだけでも、ノモハン事件の悲惨さは明らかである。

辻はノモハン事件について、

「ノモハンの悲劇はかくしてその幕を閉じた。かえりみて微力、統帥の補佐を誤り、名将の武徳を傷つけ、数千将兵の屍を砂漠に空しくさらした罪を思うとき、断腸切々。

悔恨の涙は、惜しからぬ残生をなげうって在天の英霊に心からのお詫びを誓うのである。思えば挑まれた戦いであり、縛られた戦であった」と、著書で述べている。

芝居ふうの口調で反省と詫びを述べるかと思えば、ソ連に挑まれ、参謀本部に制約をうけた戦いで、やむを得ないものであり、勝てるものも勝てなくなったと他人が悪いように抗弁している。

「狐を馬に乗せたよう」という言葉は、「きょろきょろとして落ち着きがないさま」とか、「いうことの信じがたいさま」という意味だが、辻の陳述はそういうものの感じがする。最後には、「戦争は敗けたと感じたものが、敗けたのである」と、本気でそういうのか、負け惜しみでいうのか、強気一点張りの結論を述べている。

太平洋戦争も敗けたと感じないで、本土決戦で全滅するまで戦うべきであった、ということになろう。

ここまでくると、不屈の精神ではなく、神がかりであり、日本民族を滅亡させることにしかならない思想である。

服部卓四郎は、昭和三十四年、靖国神社で植田元関東軍司令官主催のノモンハン事件関係者慰霊祭があったとき、須見元第二十六連隊長に、要旨、つぎのような手紙を送った。

「ノモンハン事件につきましては、とくに種々浮説が流れており、防衛にありました以上、当時の関東軍の処置は至当のことといまも確信いたしております」

関東軍の処置がまちがっていたといえば、多数の英霊や遺族を傷つけることになるから、批判的なことばは慎めという意図で、こういうことを書いたのであろうか。

そうだとすれば、英霊を利用して、臭いものに蓋をさせようとするもので、心得ちがいとなる。

英霊は、真相を明らかにして、理もなく愚劣な戦《いくさ》は二度とやってくれるな、とのぞみこそすれ、高級指揮官参謀の誤りはかくしておけ、とはいわないにちがいない。

本気で、「防衛にありました以上、当時の関東軍の処置は至当のことといまも確信している」というのであったら、あまりにも独善的というほかない。

ノモンハン事件は、外交にゆだねるべき問題を、とくに辻、服部が武力行使を強硬に主張し、けっきょく膨大な死傷病者を出して、惨憺たる敗北に終わった。

その結果、二人は左遷された。

だがそれは、形だけのように軽く一時的なもので、まもなく檜舞台に立つ。

かれらにとってのノモンハン事件は、檜舞台に立つための練習台だったようである。

七月（昭和十四年）三日におこなわれたハルハ河両岸攻撃のとき、大本営作戦部長の橋本群中将は、現地に出て、戦況を視察した。

辻は著書に、それをこう書いている。

「参謀本部から第一部長が初めて戦場付近に進出し、三日朝から戦況を将軍廟で視察していた。たまたま敵の爆撃機で、橋梁付近がやられるのを目撃し、戦況が不利であるとの感じを受けて師団長にも会わずにさっさと引き揚げた。

師団長も副長（矢野関東軍参謀副長）も、身を第一線にさらして戦っているとき、中央部の高級幕僚が現地の師団長にも会わずに帰京したことは、第一線に決してよい印象は残さなかった。

この部長が、事態の認識を誤り、悲観的な態度をとったことは、他日、大きな齟齬をきたす原因となったのである」

怨みごとを並べているのだが、これがまた事実とちがっている。

一九八五年に『NOMONHAN』上下二巻をスタンフォード大学出版局から出したサンディエゴ州立大学のA・D・クックス教授は、太平洋戦争後、日本にきて橋本に面接しているが、そのとき橋本は、ハルハ河の左岸へいって戦況を視察し、自分が砲兵出身なので一時、砲兵隊の指揮もとった、と話している。

歩兵第二十六連隊長の須見新一郎大佐は、これも戦後だが、長男で元陸軍大尉の須見裕《ゆたか》に、「これから橋を渡ってハルハ河左岸にいって攻撃しようという混雑のなかで、橋本さんと話をした」と語っている。

小松原には会わなかったかもしれないが、第一線まで行って、戦況を見ていたことは確かであろう。

辻が、「この部長が、事態の認識を誤り……」と橋本を非難しているのは、むしろ反対で、橋本の方が事態を正確に認識していたといってまちがいない。

参謀本部作戦課の高山信武参謀（少佐）は、ノモンハンから帰ったばかりの橋本から、「ノモンハンの現状を視察して、空からホロンバイルの大平原を展望したが、あのような大砂漠、不毛地帯を千メートルや二千メートル、局所的に譲ったとしても、なんということもないだろうにね」と聞かされ、胸を打たれた。

「千メートルや二千メートル」というのはすくなすぎで、「十キロや二十キロ」というのがほんとうだが、二十キロとしても、日満側にとっては、戦略的、経済的に、「なんということもない」といっていい。

服部や辻は、国境線の歴史的・法的根拠や、ノモンハン一帯の戦略的・経済的価値や、ソ連軍の実状も知らずに、ただ、「ソ連軍と戦って勝ち、威を示したい」ということで兵を進めさせ、多数の将兵を殺傷し、大敗し、国威を失墜させてしまったのである。

第三部

東奔西走

漢口の第十一軍司令部に着いた辻少佐が、浴衣姿で雑誌を持った軍司令官の岡村寧次中将に着任の申告をすると、岡村は疫病神が入りこんできたというようにウサン臭い眼で、冷たく見た。昭和十四年九月十五日のことである。

岡村と相談した参謀長の青木重誠少将は、ゆるみがちな風紀を粛正する狙いで、辻を軍紀風紀係に任命した。

辻は、岡村以下全員が白い眼で見ているのにシッペ返しをするように、高級将校らの夜の遊興、女関係、金づかいなどを洗いざらい調べまくり、かれらを恐れさせ、そのうち経済参謀の山本浩一少佐を自殺に追いこむまでのことをやらかした。

岡村と青木は手を焼き、青木は参謀の安藤尚志中佐に命じて、辻を南京の支那派遣軍総司令部に追っぱらう工作をさせることにした。

安藤は漢口から南京に飛び、総司令部第四課の政務主任参謀で、陸士の同期である堀場一雄中佐に、辻のうけ入れを頼みこんだ。

堀場は、名古屋陸軍地方幼年学校で、辻の二年先輩の優等生であり、辻が心服している服部卓四郎とは陸士・陸大同期の親友であった。

支那派遣軍は支那総軍で、同軍総司令部は中国に在る日本軍の最高司令部である。総司令官が西尾寿造大将、総参謀長が板垣征四郎中将、参謀副長が鈴木宗作少将である。

堀場は第四課（政務担当）長の今井武夫大佐（情報宣伝の第二課長を兼務）の許可を得て、板垣に辻の一件を相談した。

前記したが、今井はのちにバターン戦線で、辻の贋大本営命令を拒否し、米比軍捕虜を逃がす第百四十一連隊長となる。

板垣は、昭和十二年秋、第五師団長として山西（中国山西省）作戦を指揮したとき、臨時参謀の辻が積極果敢に働いたことをよく覚えていて、辻のうけ入れに同意した。

しかし、作戦課（第一課）長の公平匡武中佐が、辻の作戦課入りをどうしても承知しないため、今井、堀場の第四課が辻を預かることになった。

辻が石原の「東亜連盟」（日満支協和）に共鳴しているようだ、ということが、この二人をその気にさせたらしい。

堀場は前職が参謀本部戦争指導課（第二課）の参謀で、上司の石原の「東亜連盟」に心底から賛成して、「日本のやることは陰謀ばかりで非道だ。これでは中国人がかわいそうだ」と、口癖のようにいっていた。支那派遣軍総司令部に転任となったのは昭和十四年十二月だ

が、その後も考えは変わらず、

「辻中佐（この当時は少佐）はノモンハンの責任に坐し、第十一軍司令部付として楽まず。たまたま青木参謀長課するに軍紀風紀係をもってす。辻中佐本領を発揮し、深夜街頭に自動車を停め料亭に臨検し、漢口ために脅威を感ず。

安藤参謀きたりて予に辻中佐収容方を懇請す。総軍参謀部難色ありたるも、予は好漢愛すべきを知る。板垣参謀長は、山西作戦において辻参謀の先陣を知る。すなわち予は総参謀長に謀りて辻中佐を収容し、課するに思想部門をもってす」と、自分の秘録『支那事変戦争指導史』に書いている。

辻が支那派遣軍総司令部付に発令されたのは、昭和十五年の二月十日である。

第四課の思想担当となった辻は、ここでふたたび、武力主義をひっこめ、日満支の対等結合を目標とする「東亜連盟」主義者に変身した。

昭和十五年三月三十日、汪兆銘を首班とする新中華民国政府が、南京で発足した。

汪兆銘は、蔣介石を総裁とする国民党の副総裁であったが、重慶を脱出し、日本とむすんで、中国を再建しようと図った男である。

板垣総参謀長の名で、天長節（天皇誕生日）の四月二十九日、「派遣軍将兵に告ぐ」というパンフレットが全軍に配布された。辻が起案したもので、

「戦いの悲しむべき運命を自認し、事変解決は東亜連盟の結成以外になく、現下の事変は、

その陣痛として克服し、真に両大民族の心からの提携を目標として進む」ことを理念とし、「聖戦遂行の第一線に立てる派遣軍将兵がその行状において天地に愧《は》ずるようなことがあっては、大御心を冒瀆し奉り、支那人にかえって永久の恨みを残すことになる。人心を逸して聖戦の意義はない。

掠奪暴行したり、支那人から理由なき餞別餐宴を受けたり、洋車《ヤンチョ》に乗って金を払わなかったり、あるいは討伐に藉口《しゃこう》して敵性なき民家を焚き、または良民を殺傷し、財物を掠めるようなことがあっては、いかに宣伝宣撫するとも支那人の信頼を受けるどころか、その恨みを買うのみである。したがって、たとえ抜群の武功を樹てても、聖戦たる戦果を全うすることはできない」というような心得を書いたものである。

いいカッコウの宣伝だが、中国人たちから歓迎されたことは評価してよいであろう。

ヨーロッパのドイツ軍は、総統ヒトラーの電撃作戦によって、疾風のようにオランダ、ベルギー、フランスに攻めこみ、昭和十五年五月二十九日にはイギリス軍をダンケルクから海へ追い落とした。

イタリアがドイツ側に立って六月十日に対英仏戦に参加し、フランスのペタン政権が、六月十七日にドイツに降伏した。

イギリス本国もヒトラーのドイツ軍に上陸され、降伏するのも時間の問題、という見方がつよくなった。

参謀本部と陸軍省の佐官クラス中堅層は、絶好のチャンス到来として、六月の二十五日、東アジアの英、仏、蘭（オランダ）勢力を駆逐し、日本がそれに取ってかわることを目的とした「世界情勢の推移に伴う時局処理要綱案」という国策原案をつくった。

日独伊三国の軍事同盟をつくり、蔣介石政権を屈伏させ、汪兆銘政権を操って日本が中国を支配し、あわよくば、仏印（現在のベトナム、ラオス、カンボジア）、蘭印（現在のインドネシア）なども、軍事力によって支配しようというものである。

海軍の伏見宮博恭《ひろやす》王元帥を総長とする軍令部（陸軍の参謀本部に相当）と、吉田善吾中将を海相とする海軍省の佐官クラスの一部もこれに同調した。

この内外情勢の急変のなかで、対英米協調、対蔣介石和平の路線を歩んできた米内光政（海軍大将）内閣は、畑俊六陸相の単独辞職・後任陸相推薦拒否によって、七月十六日、総辞職した。

七月（昭和十五年）二十二日、第二次近衛内閣が成立した。近衛は親独、反米・英の松岡洋右を外相に起用し、陸軍は陸軍航空総監兼陸軍航空本部長の東條英機中将を陸相に推薦した。海相はひきつづき吉田善吾中将である。

第二次近衛内閣は七月二十六日、「基本国策要綱」を採択した。

「皇国を核心とし、日満支の強固な結合を根幹とする大東亜の新秩序を建設する。

国防国家体制をつくり、軍備を充実する。

国体の本義を教え、自我功利の思想を排し、国家奉仕を第一とする国民道徳を確立する。

科学的精神を振興する」という骨子である。

美辞麗句を並べているが、国民の言論の自由を抑圧し、軍国主義国家をつくって、東アジアを支配しようという、東條らの主張をそのまま述べたようなものである。

明くる七月二十七日、大本営・政府連絡会議で、陸海相と外務省がつくった「世界情勢の推移に伴う時局処理要綱」が決定された。

こうして日本は、親独伊、反米英路線に踏み出したのであった。

そのころの合言葉が、現代から考えれば軽薄な「バスに乗り遅れるな」というものであった。強いドイツと組まなければ損をするということである。

欲に眼がくらんでいたし、世界を見る眼がなかったわけである。

新陸相の東條は、堀場が先頭になってすすめている支那派遣軍の対蔣介石和平工作にたいしては、陸軍中央（陸軍省と参謀本部）を無視する越権行為であると怒った。この工作は「桐工作」とよばれる。

同軍の「東亜連盟」運動にたいしては、「皇国の主権を晦冥ならしむる虞《おそれ》あるが如き国家連合の思想は、国体の本姿に反するものとして排撃すべきである」として、弾圧することにした。

平たくいえば、「東亜連盟」は共産主義で、天皇をいただく日本が日満支の盟主になることを妨げるばかりでなく、国益に反する運動だという。

東條は天皇の名で、武力を背景にして、満州、中国、さらには東南アジア諸国を支配し、そこから日本が権益を得ようと考えていたのである。

東條の意向を知りながら、板垣を中心とする支那派遣軍は、「桐工作」と「東亜連盟」運動をしゃにむに続行した。

八月に中佐に進級した辻は、汪兆銘が賛同し、頼みの綱としている「東亜連盟」（日満支協和）運動に、まるで孫悟空のように奔走をつづけた。

九月（昭和十五年）二十三日、南支那方面軍に派遣されていた参謀本部第一部長の冨永恭次少将と南支那方面軍参謀副長の佐藤賢了大佐は、「過早な発砲は禁ずる」という天皇の厳命と、日仏協定を無視して、陸軍部隊の北部仏印への武力進駐と、同地域の占領を強引に指導した。

ハイフォン港から中越国境を越えて重慶へ送られる英、米などの援蔣物資を阻止する目的という名目であった。

しかし、ドイツに降伏したフランスの弱味につけこんでこの地域を占領し、やがてマレー、シンガポール、蘭印などへ進出する足がかりをつくるというのが隠された目的であった。

ひきつづき九月二十七日、ベルリンで日・独・伊三国同盟が締結された。

日本は侵略主義国のドイツ、イタリアの仲間となって、米、英、仏を敵とすることを明らかにしたのである。

この火事場泥棒のような北部仏印進駐と、米、英、仏の嫌悪する独、伊との軍事同盟締結が、太平洋戦争を決定したといってまちがいない。

天皇の命にそむく北部仏印への武力進駐を積極的に指導した冨永と佐藤は、東條陸相の腹心中の腹心であった。

天皇の非常な不興にもかかわらず、東條はこの二人を厳正に処分しなかった。冨永は、一時、形式的な左遷（東部軍司令部付）ののち、陸軍省人事局長、ついで陸軍次官となり、佐藤は無処罰のまま陸軍省軍務課長、ついで軍務局長となった。

満州事変の板垣、石原、ノモンハン事件の服部、辻と類似の処置である。

統制違反でも、積極的に武力を行使した参謀が厳正に処罰されないのは、陸軍首脳がかれらの行動を是認しているからであろう。

外相の松岡や陸相の東條らは、北部仏印進駐と日独伊三国同盟によって、重慶の蔣介石は音を上げ、日本が提示する条件で和平に応ずることになろうと期待した。

日本が提示する条件とは、

「支那（中国）は満州国を承認する。

北支蒙彊の要域に必要期間、日本軍の駐兵を承認する」というもので、中国の主権を侵害するものである。

日本がソ連から、

「日本は北方領土をソ連領として承認する。

北海道に必要期間、ソ連軍の駐兵を承認する」と要求されるようなものであろう。

ところが、期待と現実は反対で、英、米、仏など各国の重慶国民政府にたいする援助はいちじるしく強化され、蔣介石らの対日戦の戦意はますます強固になった。

北部仏印武力進駐の責任という名目もあったが、老化した閑院宮参謀総長が十月三日に引退し、杉山元大将が新参謀総長に就任した。

五日後の十月八日、杉山と合意した東條は、支那派遣軍総司令部にたいして、桐工作の中止を正式に命令した。

対蔣介石工作は、陸軍中央が外務省に協力しておこなうというのである。

しかし、英、米、仏の強力な援助を得た蔣介石は、日本の虫のいい要求をうけ入れようとはしなかった。

日本政府は、十一月三十日、南京の汪兆銘政権を承認し、日華基本条約をむすんだ。

汪は日本にたいして、即時全面撤兵の開始を要求したが、日本は「治安確立後二年以内に撤兵する」という曖昧な条文を入れることで押し切ったのである。

日本陸軍は、防共を名目に北支蒙彊に永久駐兵し、治安を名目に上海、南京、杭州の三角地帯にできるだけ長く駐兵しようという肚であったし、日本海軍も海南島（南シナ海西部）を手放さない肚であった。

十二月十二日、松岡外相は、みこみのない対蔣介石工作を打ち切った。

「東亜連盟」運動に熱中していた辻は、十二月（昭和十五年）二十五日、にわかに台北の台湾軍研究部に転出となった。

堀場はその経緯について、

「支那における東亜連盟運動の勃興には、板垣総参謀長の存在、および辻中佐の努力等、大いに影響あり。日満支呼応して、一斉に東亜連盟運動を展開することに関しては、辻中佐の策謀あり。

本運動を目して、東條陸相は政治運動と疑いたるものの如く警戒はなはだ厳重なり。

板垣総参謀長は、元来、石原将軍とともに東亜連盟の発頭人なり。その熱意当たるべからず。辻中佐のさらにこれを激化するあり。

予は、事態を悪くせば、板垣、東條の正面衝突となり、ひいては近来の空気より中央部および総軍の全面対立を醸し、事変処理を破綻せしむべきを憂い、辻中佐を制し、板垣総参謀長を緩和し、中央部をして支那現地に対する干渉より手を引かしめ、ようやく支那側に与うる悪感情を防止せり。

今次東亜連盟問題の紛糾せる、辻中佐の積極的策動に負うところ多し」と、間接的ないい方で、秘録に書いている。

東條は、辻を中国から離せば、過激で国益に反する（と東條が思う）「東亜連盟」運動は、温和で日本にとって無害なものになると見て、辻を台湾に転出させる条件で、「支那現地に対する干渉より手を引く」ことにしたらしい。

辻は戦争に狂気のようにつっ走るが、「東亜連盟」運動にも狂気のようにつっ走った。名を成すことならば、何にでも燃え上がる男のようである。

だが、辻の転出で、支那派遣軍の「東亜連盟」運動も、ふくらんだ風船の空気が抜けるようにしぼみ、東條がつよく主張する日本盟主論（東アジア支配者になる）が、同軍のなかで急速にふくらんでいった。

それとともに中国人たちの失望が深まり、日本にたいする不信もつのった。

辻と同時に、関東軍から陸軍歩兵学校に左遷されていた服部中佐は、昭和十五年六月に教育総監部付となり、同年十月、早くも檜舞台である参謀本部作戦課の作戦班長に栄転した。

この十月には、北部仏印進駐でいちじ左遷となった富永少将のあとをつぎ、冨永より強硬な武力主義者の田中新一少将が参謀本部第一部長となった。

田中は仙台陸軍地方幼年学校で服部の先輩で、二人とも武力主義者であったから、田中が第一部長に就任するにさいして、服部を作戦班長に推薦し、それが認められた人事であったようである。

昭和十五年十二月現在の参謀本部の首脳は、参謀総長が杉山元大将（十月三日就任）、参謀次長が塚田攻《おさむ》中将（十一月十五日、沢田茂中将にかわり就任）、第一部長が田中新一少将（十月十日就任）、作戦課長が土居明夫大佐（九月二十八日、岡田重一大佐にかわり就任）であった。

統制違反の北部仏印武力進駐がきっかけになった人事である。ただ、前記したように、冨永はじめ関係者にたいする処罰は、申しわけていどの一時的左遷であった。

国を誤るほどのことをやっても、このような処置ですますから、さらに大きな誤りを犯すことになる、といえる。

陸軍省の首脳は北部仏印への武力進駐に関係なく、従来どおり、陸相が東條英機中将、次官が阿南惟幾《これちか》中将、軍務局長が武藤章少将であった。

陸軍省、参謀本部の首脳のなかで、めだって好戦的な人物は、東條、武藤と、杉山、田中である。

十二月九日、田中部長の参謀本部第一部は、陸軍省と参謀本部の関係者に、要旨、左のような要請を出した。

「南方にたいして武力を行使する場合を考慮して今後の作戦準備をしなければならないが、省部の各関係者は、つぎの諸点を研究協力されたい」

「一、南方作戦に応ずる軍隊の改編（新編制にする）。
二、南方作戦に応ずる教育訓練、戦法の研究。
三、情報の収集。
四、占領地統治法の研究。
五、資源開発方法の研究」
というものである。

辻中佐は、昭和十六年一月はじめ、台北の台湾軍研究部、別名台湾軍第八十二部隊に着任した。

将校、下士官、タイピスト、給仕あわせて三十人、そのうち研究部員の将校が十人という小世帯の部隊である。

台湾軍参謀長の上村幹男少将が部隊長を兼務していたが、じっさいの責任者は台湾歩兵第一連隊長から研究部員になった林義秀大佐であった。

林は、のちにフィリピン派遣の第十四軍参謀副長兼軍政部長となり、辻と組んで米比軍捕虜、フィリピン要人の虐殺にかかわる。

研究部の主な任務は、熱帯地における兵団の編制、装備、戦闘法、兵器取り扱い、衛生、給養、行政、兵要地誌などの研究で、地域の範囲は、マレー、フィリピン、蘭印、ビルマである。

参謀本部が十二月九日に省部の関係者に研究協力を要請した諸点と同じといえる。

辻のこの研究部への転任は、東條らが「東亜連盟」運動を骨抜きにしたかったためだが、それとともに、作戦班長に就任した服部が、南方作戦にそなえて、この人事を田中に進言したためにおこなわれたようである。

昭和十六年の六月下旬、南支（南中国）広東駐屯の第二十三軍司令官が指揮して、歩兵一コ大隊、砲兵一コ中隊、工兵一コ中隊の海上輸送、敵前上陸、自動車・自転車をつかっての一千キロ進撃という猛演習が、海南島を中心におこなわれた。

それに立ち会った辻は、「爆破された橋を、修理しながら急進撃する作戦の部隊編制、装備、戦法、兵要地誌（作戦に必要な地図その他）、後方勤務（主に補給）」などに関する研究論文をまとめ、東條陸相と杉山参謀総長に提出した。二人は、

「ご苦労だった、よくやってくれた」と、ニコニコ顔で喜んだという。

東條と杉山にすれば、「バカとハサミも使いよう」と思ったのかもしれないし、辻にすれば、「これで東條も杉山もこっちのもの」と思ったかもしれない。

研究論文とともに、辻は、『これだけ読めば戦《いくさ》は勝てる』という小冊子をつくった。のちにマレー、フィリピン、蘭印などに出動する将兵にくばられるが、大本営陸軍部（参謀本部）の名で発行され、巻頭でつぎのように述べられている。

「本冊は作戦軍将兵全員に南方作戦の目的、特質等を徹底させる目的でつくったものであって、とくに着意した点はつぎの通りである。

一、武力戦、思想戦、経済戦の内容を一まとめにしたこと

二、作戦要務令にある原則は省略し熱地作戦の特質のみを摘記したこと

三、『熱地作戦の参考』中、兵に直接必要な事項を抽出したこと

四、暑くて狭苦しい船の中で肩が凝らずに短時間に読めること

五、下士官、兵にでも十分理解できるように平易に書いたこと」

第五師団第四十一連隊の井出政夫軍曹は、昭和十六年十二月はじめ、海南島の三亜港からタイのシンゴラに向かう輸送船のなかで、わたされた『これだけ読めば戦は勝てる』という

パンフレットを読んだ。

「ヘビを見たら殺してキモを喰う。これに勝る強壮剤はない」と書いてあるのを見て、「そんな戦争をしにいくのかいなあ」と思わされた。

戦後になっても、そのところだけは覚えているという。（御田重宝『マレー戦』）

マレー、フィリピン、蘭印での戦いは、連戦連勝となったが、この小冊子の効能がどれだけあったかは、不明である。

参謀本部への栄転

伏見宮が四月（昭和十六年）九日に軍令部総長（参謀総長に相当する）を引退し、永野修身《おさみ》大将が新軍令部総長に就任すると、海軍も対英米強硬路線をつっ走りはじめた。

ドイツ、イタリアを訪問した外相の松岡は、その足でモスクワにゆき、四月十三日、スターリンを相手にして、日ソ中立条約をむすんだ。

松岡は、「日本の南進のために北辺を安泰にしておく必要がある」と考えたのであった。南進とは、南部仏印、マレー、蘭印などに兵を進め、石油その他の資源を手に入れようということである。

スターリンは、独ソ戦争になった場合、東方を安泰にしておいた方がいい、と考えたのであった。

狐と狸の条約といっていい。

六月十二日、新総長の永野は、大本営・政府連絡懇談会（参謀総長、軍令部総長、首相、外相、陸相、海相などが出席する）で、南部仏印へ日本軍を進駐させ、マレー、シンガポール、蘭印などへの進出をねらう「南方施策促進に関する件」を説明し、「仏印が応じない場合、あるいは英米蘭が妨害した場合は、武力を行使して、目的を達すべきである」と、積極的に主張した。

この当時、軍令部第三部（情報）長の前田稔少将は、戦後にこう語っている。

「南部仏印進駐は対米英戦生起の場合の準備であり、南方の戦略要点を先制的に占拠しようとするものであった。

南部仏印進駐には、つぎのような理由、またはねらいがあった。〃大東亜共栄圏の基盤として仏印・タイを確保する〃〃米国の対独参戦態度の濃化に対処する〃〃英米の先制占領は日本にとって致命的打撃である〃〃陸軍を南方に牽引する（海軍の南進策に協力させる）〃などである。

海軍側は戦争を賭しても南部仏印に進出するという気配が十分であった。わたしは第三部長として主戦論者であり、戦争以外にはないと考えた。戦略資源（石油、錫、ゴムなど）の枯渇が大問題であった。第三部に慎重論はなかった。四、五月ごろから戦争気分が支配的となった。四、五月ごろが戦争のわかれ目であったと思う。

永野総長は万一の場合、戦争を辞さないという肚を着任当時から持っていた。途中で迷うということはなかった。永野総長は、戦争不可避と考えていたのである。

勝敗の見とおしについては、五分五分の長期態勢が確保できればよいと考えられていた。

南方戦略要点をおさえ、戦争の長期化にそなえなければならぬ、南方の確保可能ならば、ドイツの優勢と相まって（海軍情報将校がこのような判断をするとは不可解）、長期戦争の遂行可能であるという判断であった」

このとおりならば、海軍も石油欲しさに、他国に押しこむ強盗団になろうとしていたわけである。

十日後の六月二十二日、ドイツが、独ソ不可侵条約を破り、ソ連にたいして攻撃を開始した。日本は日独伊三国同盟をむすんでいるが、ドイツがソ連から攻撃されたのではなく、ドイツがソ連を攻撃したので、ドイツに味方して対ソ戦をはじめる必要はなかった。しかし、日独伊三国同盟と日ソ中立条約にはさまれて、おかしな立場になった。

といっても、陸軍が「闇の幕府」になっている日本にしても、ヒトラー独裁のドイツにしても、スターリン専制のソ連にしても、いずれも目的のためには手段をえらばない権謀術数の国家であった。

したがって日独伊三国同盟だろうと、独ソ不可侵条約だろうと、日ソ中立条約だろうと、たがいに自分の都合で、いつでも破って裏切るような、いい加減なものでしかなかった。

現代文明国家の不可欠条件の一つは、約束を守ることであろうが、このころの日、独、ソは、いずれも前現代的非文明国家であった、ということになりそうである。

ソ連は太平洋戦争末期、日本の弱り目につけこみ、日ソ中立条約を破り、日本古来の領土である歯舞《はぼまい》、色丹《しこたん》、国後《くなしり》、択捉《えとろふ》と、平和的交渉で確定していた千島列島を火事場強盗同然に強奪し、現代でもそのままネコババをきめこんでいる。

軍事力は世界一流だが、相かわらず前現代的非文明国家ということであろう。

独ソ戦が開始された二日後の六月二十四日のことであった。

台湾軍研究部員の辻中佐が、にわかに参謀本部部員に発令された。辻はのちに、要旨、こう述べている。

「あれほど東條さんに叱られた私が、なぜ東京によび出されたのであろうか。おそらく北か南かのいずれかに対して、戦う準備をすすめられているのであろう。

関東軍で数年間、対ソ作戦を研究準備し、ノモンハンの体験を持っているために、北面して立つ場合にも使い途があり、またわずか半年ではあるが、専心、南方研究に熱中していることは、国軍が南に向かって動く場合の道案内に役立つだろう。

このようなことから、東京によび出されたのだろうと思った」

辻の栄転は服部作戦班長の推薦がきっかけだが、辻が東條、杉山に提出した南方作戦にたいする研究論文の効能が早くもあらわれた、ともいえそうである。

七月（昭和十六年）二日の御前会議で、要点つぎのような「情勢ノ推移ニ伴フ帝国国策要綱」が決定された。

「蔣介石政権屈服のため、南方地域からも圧力を強化する。

仏印、泰《タイ》に進駐し南方進出の態勢を強化する。この目的のためには対英米戦を辞さない。

独ソ戦が日本のために有利にすすめば、武力によって北方問題を解決し、北辺の安定を確保する」

「独ソ戦が日本のために有利に……」は、「独ソ戦でソ連が弱まれば、対ソ戦をやってソ連軍を駆逐し、北方の安定を確保する」ということである。

東條陸相は、満ソ国境に約八十五万人の兵力を配備して対ソ作戦準備をすすめるために、有史以来の大動員計画を作成し、七月七日、天皇の裁可を得て、実施にうつした。

関特演（関東軍特種演習）と称されるものである。

こうなっては日本も、ナチス・ドイツやソ連と同じように、武力侵略主義の前現代的非文明国家であった、ということになるであろう。

南進か北進かで、政府、陸海軍が大揺れに揺れている最中の七月十四日、辻は参謀本部作戦課に着任し、戦力班長に就任した。

すでに服部中佐は、七月一日、中佐でありながら異例にも、土居明夫大佐にかわり、作戦課長に昇進していた。

土居大佐は関東軍第三軍の参謀副長に転出して、作戦班長には戦力班長の櫛田正夫中佐が就任したのである。

これらの人事について、土居は、昭和五十一年五月十日に死去する直前、つぎのようなメモと、回想のことば（テープ）を家族にのこしている。メモは、

「……昭和十六年三〜四月のころ高瀬啓次氏（少佐、作戦課対北方担当参謀）に独ソ戦が起きたときの作戦課としての意見と、また櫛田正夫氏（作戦課戦力班長）に日満一体経済による大作戦支援の計画を命じたが、ともにやらなんだ。

服部の反対だったろうと思う。課内の空気としては余排撃が余自身にひしひしと感ぜられた。この大事の秋《とき》と思い、部長帰還（満州から）後、田中部長に『余を出すか服部を出せ』といったところが、田中部長は、省部出先軍に対し影響力のある服部を残し余を出した。

一度は余を慰留したが、余は自ら自宅に引きこもり出勤せず。余が出た後、服部は辻を補充して南方作戦一色となった。辻は支那総軍付から台湾軍まで南方作戦を研究中であった。これで日本の方向は決した」というものである。

回想のことばは、

「俺が作戦課長のとき服部が来て、辻を作戦課に呼びたいといってきたんだ。俺は絶対にいかんといったんだ。

『君と辻とがいっしょになったら、またノモンハンみたいなことをやる。だめだ』とね。ところが服部らは俺を追い出しにかかった。

俺は自ら第一線転出を願い出て、牡丹江（満州国吉林省、ハルピンの東南東約二百七十キロ）

に出たが、そしたら服部は、すぐ辻を呼んで二人のコンビで南方作戦をやったんだ。われわれみたいに外国におった者とちがって、彼らは参謀本部、陸軍省、支那派遣軍、関東軍などに根をはっておって、同志で気脈を通じ、全体の空気を作っていくんだ。俺としてはこの壁を破れなかった」というものである。

第一部長の田中が服部をえらび、服部が辻をよんだことが、よくわかる。それはまた、東條、杉山も賛成していた、ということであろう。

辻が班長になった戦力班は兵站《へいたん》班ともいい、補給を主任務とする。しかし、辻は、例によって、何にでも積極的に口を出した。対ソ戦については、

「ヒトラーがうまくやっても、ノモンハンのソ連軍の強さを考えれば、ソ連に勝つには四〜五年かかるだろう。

ヒトラーは、ノモンハン戦の最中、日独伊防共協定をむすんでいる日本を裏切り、独ソ不可侵条約をむすんだが、いままた独ソ不可侵条約を破ってソ連に攻撃を開始した。

ヒトラーには国際信義がなく、日本はヒトラーと心中する必要はない。

対ソ戦をやり、その結果、バイカル湖以東を取っても、なんのプラスにもならない」と主張した。ひと言でいえば、「対ソ戦は労多くして益すくなし」というのである。

日本が日ソ中立条約を破ってソ連を攻撃することの是非と勝算については、何もいわないが、勝算があり利益がそれ相等にあるなら、攻撃するということであろう。

辻にも国際信義はなく、あるのは、国際信義をつかっての謀略、宣伝で、その点はヒトラ

ーのドイツ、スターリンのソ連と同じようなものといえる。

対英米戦については、つぎのような意見を述べた。

「南方地域の資源は無尽蔵である（とくに石油）。この地域を制すれば、日本は不敗の態勢を確立し得る（日本の国力、陸海軍の戦力から考えれば、不敗の態勢を確立することなどはできないと判断すべきであろう）。英米は恐るるに足りない。

対英米戦は海軍は全力を必要とするが、陸軍は十五コ師団と航空兵力で南方地域を攻略できよう。

緒戦に勝ち、重慶と全面和平をむすび（希望的観測である）、在支百万の兵力を満州に移動してソ連にそなえる。

このようにして漢民族とスラブ民族を中立させ、アングロサクソン民族と戦うならば、持久できる（空想的である）」

作戦課長の服部の、対英米戦についての見解は、

「ドイツ軍の作戦進捗が意外に遅い。ドイツはソ連を甘く見ていたのではないか。万一、日本軍が攻撃を開始して冬に入ったらどういうことになるか、関東軍は来春を待たなければ、攻撃の再開はできない。もちろん、対ソ戦をはじめたからには、あるていどの決着がつくまでは南方作戦の発動は困難である。日本軍の戦力からいって、南北同時作戦は無理といわねばならない。そして燃料などは次第に底をつく。それこそ重大な事態に当面する。

あわてることはない。むしろ現在必要なことは、南方進出の準備を促進することだ。南北

いずれにも進出しうる態勢を完整する。いわゆる南北準備陣を確立するのだ。そして、北方にたいしては、ドイツ軍の作戦が進捗して、ソ連がガタガタの状態になったら、北攻を開始する。いわゆる熟柿状態を待つのだ。南方にたいしては好機を求めて攻勢の決断をする。すなわち〝好機南進、熟柿北攻〟の方針だ」というものであった。

辻と陸士の同期で、作戦課航空班長の久門有文中佐は、つぎのように主張した。

「南進政策には反対だ。南部仏印に進駐すれば、米英はおそらく日本にたいし、経済断交の処置に出るであろう。そうなれば、米英との武力衝突になる公算がきわめて大きい。ドイツがソ連を敵にまわした現段階において、日本が米英を相手に戦うなど、とんでもない話だ。油資源の問題はあろうが、いやしくも戦争であるかぎり勝つことが先決だ。それには、日独協力して、まずソ連を叩かねばならぬ。

ところが、北攻には海軍の同意が得られず、南進以外に方法はないであろうという。しかしわたしは、もし北攻が不可能ならば、南進はやめて支那事変に専念すべきだと思う」

作戦課内は、南進論、北進論、支那事変専念論に分かれたわけである。（高山信武『服部卓四郎と辻政信』参照）

近衛首相爆殺計画

ワシントンの駐米日本大使野村吉三郎（海軍大将）は、米国務長官のコーデル・ハルを相手に、日米関係を調整しようとして、連日のように交渉をつづけていたが、日本政府、陸海軍の意見がまとまらず、交渉は思うように進展しなかった。

米国は、以前からの、

「すべての国家の領土と主権を尊重して侵さない。

他国の国内問題には干渉しない。

通商はすべての国が機会均等、平等の条件でおこなう。

平和的手段で変更される場合をのぞき、太平洋における現状を攪乱しない」

というハルの「四原則」を崩さず、とくに、「日本軍は一定期間内に、仏印、中国から完全に撤兵すべきである」と、主張しつづけていた。

外相の松岡は、独ソ戦開始以来、

「ただちに対ソ戦を決意し、まず北をやり、ついで南をやり、この間に支那事変を処理すべきである」と、激越なことをいっていた。

首相の近衛は、

「海外物資獲得による国力増強、米ソの接近遮断、重慶との和平工作の急速な促進の三点をはかるために、米国とはすみやかに妥結をはかるべきである」と主張し、松岡と意見が対立していた。

松岡は三国同盟を背景にして、三ヵ月まえに自分がむすんできた日ソ中立条約を破って対ソ戦をやり、米国とも妥協せずに南進しろというのである。

このようにして対米外交にゆきづまった第二次近衛内閣は、七月十六日に総辞職した。七月十八日、松岡にかえ、商工大臣をしていた豊田貞次郎（海軍大将、元海軍次官）を外相にして、第三次近衛内閣が成立した。

豊田の外相就任は、なんとか日米国交を調整させようというものであった。

しかし、新内閣の対米方針が固まらないうちに、七月二日の御前会議で決定された南部仏印進駐の期限がきた。

七月二十三日、現地陸海軍部隊にたいして、進駐の大命が下った。

これにたいして米政府は、七月二十六日、在米日本資金凍結を発令した。

日本軍が七月二十八日、南部仏印へ進駐を開始すると、米政府は、八月一日、日本にたいして石油禁輸令を発令した。対日戦の決意を明確にしたのである。

八月はじめ、参謀本部第二部（情報）第五課（ロシア関係）が、杉山参謀総長に、「本年中にドイツがソ連を屈伏せしむることは不可能と認める」との情勢判断を報告した。

杉山は、八月九日、年内には対ソ武力行使はおこなわないと決定し、東條に知らせた。

作戦課航空班長の久門有文中佐は、「米英とは戦うな」という意見を強く持っていたが、辻は、この陸士の同期生にたいして、

「アメリカを怖がることはないよ。どうせ対米戦争ともなれば長期戦だ。三〜四年も戦争がつづけば、アメリカは戦争をやめるよ。アメリカは婦人優先の国だ。戦争が長びけば、婦人

の口から停戦の声があがるよ……それにアメリカは複雑な人種の国だ。とうてい長期戦には堪えられない。

北進論（対ソ戦）は海軍が同意せぬ以上、実行不可能だ。たとえ海軍と協議しても、本年の発動はまず不可能だ。

支那事変解決案だが、武力解決案は、油の関係もあり、実行不能、和平解決策は英米ソと提携した蔣介石が、わが方の希望する条件で妥結するとはとうてい考えられぬ。

従来、対米関係についてはきわめて慎重であった軍令部が、最近、もしアメリカとの衝突が避けられぬならば、いまが戦機だ、といっている（各種兵力がととのい、石油が二年分貯蔵されているという理由だが、確実な勝算はない）。

いまや米、英に屈するか、それとも断乎決戦を挑むか、二つに一つだ。いやしくも、大本営の参謀たるもの、いまこの期にのぞんで黙って手を挙げることはないであろう」と、強気一点張りにまくしたて、深謀遠慮の久門を沈黙させてしまった。

支那派遣軍総司令部では、日満支の対等協和をめざす「東亜連盟」運動に奔走した辻であったが、ここへきてまた、元の武力主義者にもどったようである。

それも、ノモンハン事件のときと同じく、敵も己れも知らずに、頭から米、英と戦うことを決めてかかり、それに合わない意見や情報は無視するという態度であった。

陸軍首脳の東條と杉山、あるいは海軍首脳の永野らは、ソ連、英国に勝ってヨーロッパの支配者となるであろうドイツと提携し、米英には一歩もゆずらず、日本を東アジアの盟主

（支配者）にしようとしていたから、田中、服部、辻らがそれにしたがって考えるのは当然のことかもしれない。

東條、杉山、永野らも、米英を知って戦うのではなかった。

満州、中国、南方を支配し、日本の利益を増大させようという欲望と、従来からのゆきがかりによる面子と、ドイツがソ連、英国に勝って強大になることを期待して、米英と戦おうというのであった。

東條や杉山が、田中、服部、辻らを起用したのは、かれらが、対米英戦や対ソ戦に積極的に賛成し、作戦に精根を尽くす男たちだと見たからであろう。

太平洋戦争末期に連合艦隊作戦参謀であった千早正隆中佐は、戦後、服部から、こう聞かされた。

「まさかドイツが負けるとは思わなかった。海軍があんなにやられて、南方からの海上輸送がほとんど不可能になるとも思わなかった」

辻は、「米英の国力判断を誤り、ドイツの実力を過信したことが失敗だった」と、ノモンハン事件のときと同じようなことを述べている。（『シンガポール』参照）

二人とも功名心に駆られ、対米英戦に都合のわるい情報には耳をふさぎ、都合のいい情報だけをとり入れ、戦争につっ走ったのである。

昭和十六年九月六日、近衛文麿首相以下閣僚と、杉山元参謀総長、永野修身軍令部総長など大本営（天皇に直属する最高の陸海軍統帥部）メンバーと、枢密院（重要な国務と皇室の大事に関し、天皇の諮詢にこたえる合議機関で、成年以上の親王や国務大臣も列席する）の原嘉道議長などが出席して、御前会議がひらかれた。

席上、天皇は、

「四方《よも》の海　皆同胞《はらから》と思ふ世に

など波風の立ちさわぐらむ」

という明治天皇の御製を切々と誦し、「戦争回避」の内意をつよく訴えた。

しかし、一同は、天皇の内意は極力尊重するとしながら、

「……外交交渉により、十月上旬ごろにいたるも、なおわが要求を貫徹しうる目途なき場合においては、ただちに対米（英蘭）戦を決意す……」という「帝国国策遂行要領」を天皇に裁可させたのである。

「わが要求」というのは、

「米英は日本の支那事変処理に干渉したり、妨害したりしない。

米英は極東で、日本の国防を脅威するようなことをしない。

米英は日本が必要物資を獲得することに協力する」

などである。この要求には、

「これらの要求を米英がのむならば、日本は仏印を基地として、支那以外の近接地域には、武力進出をしない。

日本は公正な極東の平和を確立した後、仏印より撤兵する用意がある。

日本はフィリピンの中立を保証する用意がある」という条件がつけくわえられてはいた。

だが、この要求にたいして米国は、従来からのハルの「四原則」をくり返し、「日本軍は一定期間内に仏印、中国から完全に撤兵すべきである」と強く主張しつづけた。日、独、伊以外のほとんどの国も、米国に同調する態度であった。

日本の要求には、世界に共通する理がなかったからであろう。

近衛首相が、東條陸相と海相の及川古志郎大将を首相官邸に招き、フランクリン・D・ルーズベルト米大統領との首脳会談の構想を話したのは、米国が対日石油禁輸令を発した三日後の八月四日であった。

近衛の話の要点は、

「尽くすだけのことを尽くしても、ついに戦争になるというならば、いたしかたない。そのばあいにはわれわれの腹もすわり、国民の覚悟もきまる。

このさい、総理みずから米大統領と会見のうえ、帝国の真意を率直大胆に披瀝する。

もし大統領が了解しなければ、席を蹴って帰る。

日本の主張は大東亜共栄圏の確立であり、米国は九ヵ国条約（大正十一年の二月六日、ワシントンで、海軍軍縮条約を締結したときに、日、米、英、中、仏、蘭など九ヵ国によってむすばれた。太平洋および極東に領土をもつ各国は、中国の独立と領土保全を約束し、また中国の門戸開放政策を尊重するという骨子のもの）を盾にしているので、両者は相容れない。

しかし、双方が大乗的立場に立って話をすれば、和解できると考える。

この会談は急を要する。なぜなら、独ソ戦の見とおしとしては、九月には峠が見えることになるからだ。戦線が膠着すれば、ドイツの将来は楽観をゆるさない。このような形勢になっては、米国の鼻息もつよくなり、日本の話など寄せつけなくなる。

逆に独ソ戦でドイツが有利になっても、もはやドイツの世界制覇とか、ドイツの対米英完勝はありえないから、日独の関係は、いかようにも展開できる。

いまはドイツが不利になる場合を考えて、対米の手を打つことが急務である」

というものであった。

及川は、その日のうちに、全面的賛意を表明し、会談の成功を期待するとこたえた。

東條は文書で回答した。要旨、つぎのようなものである。

「総理が米大統領と会見するのは、三国同盟を基調とする、帝国の外交を弱化することになり、また国内に相当な波紋を生ずると予想されるので、適当ではないと思考する。

しかし、総理が帝国の根本方針を堅持して最後の努力を払い、しかも米大統領が帝国の真意を解せず、現在の政策を履行しようとする場合、断乎対米一戦の決意をもって会談に臨むのであれば、陸軍としてはあえて異存を唱えるものではない。

付言　大統領以外のハル長官との会見ならば不同意である。会見の結果、不成功の理由で総理を辞職しないこと。むしろ対米戦争の陣頭に立つ決意を固めること」

日本の要求は一歩もゆずるな、それをルーズベルトがうけ入れなければ、決裂させて戦争しろということである。これでは会談がまとまるはずはない。

東條を筆頭とする陸軍は、独伊と組んでいれば米英に勝てるから、中国、満州から全面的に撤兵する必要はない、と希望的観測を持ったようである。

ドイツがワラにすぎないと認識していれば、このような態度は取らなかったに違いない。海軍の永野軍令部総長もドイツを見る眼がなく、対米英強硬路線をつっ走っていたから、永野にも影響されていたともいえそうである。

近衛は、東條と及川に真意は明かさなかったが、要旨、つぎのような考えを持っていた。

「たとえ、わが軍部が交渉事項について異議をとなえても（支那からの日本軍の撤兵についてとくにその公算が多かった）、会見地（はじめホノルル、のちにアラスカのジュノーが予定された）から、直接、陸下に電報でご裁可を乞い、調節するという非常手段を考えた。

そのため随員も、杉山参謀総長、永野軍令部総長とすることを絶対条件とした。

交渉を成立させるためには、自分の生命も、米国に日本を売ったといわれることも、かまうものではないと決意した」（内閣書記官長富田健治の回想と、矢部貞治『近衛文麿』参照）

この当時、駐米日本大使館付武官の横山一郎海軍大佐は、のちにこう述べている。

「近衛さんは、日本のなかでアメリカがのむような条件を口にすれば、陸軍に押さえられてしまうので、アラスカのジュノーでルーズベルトと会い、そこで条件をきり出す肚だということだった。

日本軍が仏印、中国から全面的に撤兵する（ある一定期間内に）。

中国その他アジア諸国にたいしては日米機会均等とする（通商貿易上）。

日独伊三国同盟については、アメリカが先にドイツに攻撃をしかけなければ日本は参戦しない。——というような条件だった。

近衛さんは、ルーズベルトとこの話を決めたら、陸軍や右翼に殺されると予想したが、それをやろうとしたのだと僕は聞いた」

米国は、英国を助け、ドイツと戦うばあい、日本に背後を刺されないように、日独伊三国同盟の死文化を野村大使に要求していたが、近衛はそれをうけ入れるかわりに、日中問題にたいする米国の要求を緩和させ、日、中、米、英間の協調をはかり、日本が中立路線をすすめるようにしようとしたようである。

そのさい三国同盟条約は破棄せず、そのままにしておくが、日米間かぎりの秘密協定で、死文化すると考えたらしい。

八月七日、豊田外相は、ワシントンの野村大使に、

「近衛総理がルーズベルト大統領とホノルルで会談することにつき、米側の意向を打診されたい」という意味の電報を打った。

野村は、明くる八月八日、ハル国務長官に会い、日米首脳会談を申し入れた。

日米首脳会談にのぞもうというこのころの近衛について、海相の及川と外相の豊田は、戦後、こう語り合っている。

及川がまず話した。

「近衛は成功しなければ、帰らぬといっていた」

「近衛とわたしの話し合いでは、吉田善吾（海軍大将、前海相）、土肥原賢二（陸軍大将）、両部長（参謀本部第一部長の田中新一少将と軍令部第一部長の福留繁少将）が随行（参謀総長、軍令部総長の随行は中止）する。会談はうまくいっても、いかなくても、日本とはおさらばと決めていた。乗船前にやられたら、おじゃんになる。行けばかならずやりとげるつもりで、撤兵も何も出先で決めて、ご裁可を仰ぐ覚悟であった。帰ってきたら、かならず暗殺されるというつきつめた考えであった。乗船までが心配だった」

「乗船までは、海軍がひきうけることになっていた」

野村駐米大使は、九月三日の午後五時、ルーズベルト大統領と会見した。ハル国務長官が同席していた。

　野村は日米首脳会談を催促して強調した。

「近衛首相は断乎として進むであろう（米国との和解に）。大統領のハイ・ステーツマンシップ（高度な政治力）に負うところが大である」

　しかし、ルーズベルトは、

「あなたとハル国務長官との間でまとまらないことは他の何人《なんびと》によってもむずかしい」と、婉曲に拒絶した。

　この間の事情について、横山一郎は、こういっている。

「国務長官のハルというのは、カチカチの法律屋で、重箱の隅ばかりほじくり、腹芸などがまるでできない男だった。

このハルが、近衛・ルーズベルト会談がまとまらないとたいへんだと思い、まとまるものについてあらかじめ了解事項をつくっておこうと、それを日本側に通告してきた。

しかし、近衛さんが日本のなかでそんなことがいえるわけがない。それをハルはわからずに、とうとうお流れにしてしまった」

だが、近衛、豊田、野村はあきらめず、ルーズベルト、ハルにたいして、なお日米首脳会談の開催を要求しつづけることにした。

「帝国国策遂行要領」が決定された九月六日の御前会議に出席した陸軍省軍務局長の武藤章少将は、陸軍省に帰るやいなや、部下をあつめていった。

「おれは情勢を達観しておる。これは、けっきょく戦争になるよりほかはない。どうせ戦争だ。だが、大臣や総長が天子様に押しつけて戦争にもっていったのではいけない。

天子様がご自分から、お心の底からこれはどうしてもやむをえぬとおあきらめになって戦争のご決心をなさるよう、ご納得のいくまで手を打たねばならぬ。

だから外交を一生懸命やって、これでもいけないというところまでもっていかぬといけない。おれは大臣（東條陸相）へもこの旨いうとく」

ことばはていねいだが、

「天皇はわれわれのいうとおりになるべきで、われわれは天皇のいうとおりになる必要はない。天皇にたいしては、うまく芝居を打って、戦争をやむなしと思わせるようにすればよい」というもので、国民には天皇を不可侵の神のようにいっていても、本心では神様とも、絶対服従すべき君主とも思わず、自分らの政策に利用すべき存在と思っているわけである。

武藤は東條が重用する懐刀であり、東條もこの武藤の考えと同じといっていいであろう。

九月十五日、参謀本部第一部長の田中新一少将は、部内と陸軍省にたいして、要旨つぎの見解を表明した。

「日米首脳会談にたいする政府の態度は、統帥部（参謀本部）が考えているようなものではない。そのようなことでは、日米妥協後はとうてい日本が忍びえない状態になる（中国からの全面撤兵）から、その点を国防上の見地から明確に説明し（全面撤兵すれば日本は挫折し、存立も困難になると）、政府の反省をうながすことにしたい」

作戦課長の服部卓四郎大佐（八月に進級）は、陸軍省軍務局軍務課にたいして、「陸相として目下努むべきことは、毎日単独でも参内して、開戦（対米英）の必要を上奏することだ」と、開戦をせきたてた。

軍務課長は、これも東條の腹心で、武藤同様、強硬な主戦論者の佐藤賢了大佐である。

この当時の陸軍次官は木村兵太郎中将（昭和十六年四月、阿南中将のあとをつぐ）で、これも主戦論者であった。

陸軍省も、陸相の東條以下の首脳らは、すべて天皇の意に副おうとしない主戦論者だったのである。

田中や服部は、それを承知のうえで、このように太鼓をたたいたのであろう。

参謀総長の杉山は、九月六日の御前会議では、戦争回避を願う天皇に接して神妙慎重になったが、第一部長の田中、作戦課長の服部らの、

「中国からの全面撤兵は、断じて認めることができない。三国同盟はいっそう強化すべし」

という強硬論に押しまくられ、ふたたび対米英戦やむなしの考えに傾いていた。

鋭利なカミソリのような東條とちがい、杉山は切れるのか切れないのかわからない、ずんぐりのナタのようである。慎重堅実といわれるが、根本のところがフラフラしている。押した方に開くというので、「便所のドア」とか、はっきりしないので、「グズ元」というアダ名がつけられている。

辻政信が、日米首脳会談に赴く近衛らを暗殺しようとしてうごいたのは、このころのようであった。

八月（昭和十六年）末、芝の水交社（海軍士官の集会所）でひらかれた陸海軍の幕僚会議で、辻は、

「上海から持ちかえった手榴弾の持ち合わせがあるから、近衛首相を暗殺してしまおう」と発言した。（内田成志海軍中佐手記）

それからまもないある日、辻は右翼で軍の嘱託である児玉誉士夫を訪ねた。

「おい、えらい仕事頼むよ。どうも近衛はルーズベルトに会いに行く。その条件は、支那から撤兵するならまだわかるが、満州からまで撤兵する。ヘタなことをするぞ。そういう条件

で米国へ行きそうだ」

「よかろう」

「じゃ、ひきうけるか」

「ひきうける」

「近衛は東京から横須賀まで行くだろう。だから六郷の鉄橋（蒲田駅の南々西三キロの多摩川にかかる橋）を橋もろとも吹っとばしてくれ」

「よかろう」

辻はさっそく、性能のいい時限爆弾を参謀本部に用意し、取りにきた児玉以下に渡した。

（大森実『崩壊の歯車』参照）

十月二日、米国務長官のハルは、野村大使をホワイトハウスに招き、

「米国政府は、事前の合意なしの日米首脳会談は危険と考える。また、太平洋の平和を維持するためには、パッチ・アップ（とりつくろい）した了解ではだめで、クリアーカット・アグリーメント（明快な合意）が必要である」と告げ、首脳会談を拒絶した。

日本側では、とくに陸軍が日米首脳会談をぶちこわそうとしていたが、米側では石アタマのハルが、「事前の合意なしでは」という線をゆずらず、ついにお流れにしてしまったのである。もっとも、お流れにならなければ、近衛一行は児玉機関の手によって、鉄橋もろとも吹っとばされたかもしれない。

日米和解ののぞみは、これでほとんど消えた。

辻の近衛一行爆殺計画が、辻の一存によるものなのか、陸軍の他のだれかとの共謀によるのかは、不明である。

だが、陸軍省、参謀本部の首脳らにしても、近衛一行を殺害してでも、日米首脳会談を阻止し、対米英開戦にもちこみたい、というほどの気持であったとはいえそうである。

辻がシンガポール攻略の第二十五軍参謀要員として仏印駐屯軍参謀に任命されたのは、日米首脳会談のとりやめが決定した十月二日よりすこしまえの、昭和十六年九月二十五日であった。

辻は喜び勇んで、すぐサイゴンに飛んだが、その後の日米交渉は完全にゆきづまり、十月十六日、近衛内閣は総辞職し、翌十七日、対米英主戦論者代表の東條英機中将が後継内閣の大命をうけた。

十月十八日、特例で大将に進級した東條は首相兼内相兼陸相という絶大の権力者となり、東條内閣を発足させた。

海軍の開戦論者の頭首である前軍令部総長伏見宮元帥の第一の寵臣嶋田繁太郎大将が及川のあとをうけて海相に就任した。嶋田はやがて、「東條の副官」「東條の腰巾着」などとカゲロをたたかれるほど東條に追従する。

この嶋田と軍令部総長の永野は、伏見宮の身がわりとなり、海軍を対米英開戦にひきずりこんでいった。

戦後、嶋田はこういっている。

「海軍としては日米戦争をやりたくないが、この段階で海軍が反対したとなると、国内に内乱が起こるおそれすら十分ある。そうすれば、元も子もなくなってしまう。二ヵ年は戦えるから、その間に手を打つ方法もあるのだから、陸海軍反目という最悪の事態を避けるために、やむをえず同調せざるをえなかった」（保科善四郎『大東亜戦争秘史』）

永野はこう述べている。

「ここで戦争をしないで屈することは、日本に内乱が起こることを意味する。陸軍がクーデターを起こす。海軍にも勇ましいのがいたが、大体は自存自衛で、やむを得ねば戦うという程度。そこで陸海軍相撃ってから戦争になったら、まことにだらしのない、歴史に残る戦争になる。やはり一致して戦争せざるを得ない。自存自衛のため同意した」（資料調査会編『太平洋戦争と富岡定俊』）

いずれも、これが国家の興亡にたいして重責を担う海軍の代表かと、疑わざるを得ないほど、不見識ないいわけのようである。

陸軍がいくらクーデターを起こすといっても、対米英戦ではかならず負けるといって海軍が開戦反対を貫けば、陸軍も戦争以外の路線を歩むほかなくなる。

海軍がやらなければ、対米英戦争はできないからである。

元海軍大将の井上成美は昭和四十五年十月二十日、横須賀市長井の自宅で、海上自衛隊初代幹部学校長の中山定義（元海軍中佐）と、この当時の同校長石塚栄（元海軍少佐）に、つぎのように語っている。

「陸軍がクーデターをやるというと、それをこわがってひっこんじゃうでしょう。そのことについて、アメリカの進駐軍に、わたし、よばれましてね。

プランゲという人がきていたね。海軍大学の戦史の教官かなんかでした。その人が講和になってから、あっちこっち調べて、クロスベアリングをとっている。

『いわゆる、戦《いくさ》をやめるということのイニシャティブをとったのは、井上ということになっているんだが、その辺の事情を聞きたい。みんなに聞くと、陸軍のクーデターとか、内乱を起こすということをこわがって何もやらなかったということだが、あなたはどうですか』と、聞かれました。

『内乱なんかおっかなくないですよ。ほかの国と戦をして負けるのがおっかない。自分の国が滅びるかもしれないから。しかし、内乱じゃ滅びやしませんから、私は安心していました』といったら、

『なるほどな』といいました」

太平洋戦争末期の話だが、この考えは戦争前にもあてはまるであろう。

陸軍がクーデターを起こそうと、どうしようと、伏見宮以下全海軍首脳が、戦争回避をのぞむ天皇を擁して、あくまで開戦に反対すべきであった。

永野と嶋田は、戦後になってこういうが、戦前には対米英戦をやってもなんとかなるようなことをいい、陸軍をその気にさせていたのである。

陸軍のせいより自分らのせいで海軍を戦争にひきずりこんだ、というのが真相といえる。

昭和十六年の十二月一日、御前会議で、

「……対米交渉はついに成立するにいたらず、帝国は米英蘭に対し開戦す」

という議案が、天皇によって裁可された。

天皇は最後まで不戦に努力をしたが、主戦論者らに囲まれ、ついに開戦に同意したようである。それは、武藤軍務局長の、

「天子様がご自分から……手を打たねばならぬ……」という策を実行した東條のシナリオにのせられた、というもののようであった。

滅亡への道

大本営陸軍部は、昭和十七年の六月半ば、フィリピン南部ミンダナオ島のダバオに進出した第十七軍司令官にたいして、「リ号」研究とよばれる、

「英領ニューギニア北岸より、陸路ポートモレスビーを攻略する作戦に関し、現地海軍と共同してすみやかに研究すること。……」という偵察作戦を命じた。

ニューギニアは、米豪連合軍の本拠地豪州（オーストラリア）のすぐ北側にある恐竜のような格好の巨大な島である。

第十七軍の司令官は百武晴吉中将で、東部ニューギニア南岸のポートモレスビーは、米豪連合軍のきわめて重要な前線基地になっている。

東部ニューギニアの東側に、ダンピール海峡をへだてて東西に細長いバナナのようなニューブリテン島があり、その東端に日本陸海軍の重要前線基地ラバウルがある。

ポートモレスビーはラバウルの南西約九百キロにあって、敵味方たがいに航空攻撃が可能である。

日本軍がポートモレスビーを占領すれば、ラバウルは安泰となり、豪州からの連合軍の反攻も阻止しやすくなる。

ただし、日本陸海軍の兵力は分散し、ポートモレスビーへの補給も困難になるという弱点も生じる。

百武軍司令官から、ポートモレスビーへの陸路進攻の研究を命じられた南海支隊長の堀井富太郎少将は、六月三十日、机上研究の結果を報告した。

南海支隊は歩兵第百四十四連隊（高知）と歩兵第四十一連隊（福山、マレー作戦で活躍した）を基幹とする部隊で、全兵力が五千人以上である。

堀井支隊長の報告によると、陸路進攻は不可能といえるものであった。

東部ニューギニア北岸の要地ブナから南西に進み、ココダをへて、標高四千メートル級のオーエンスタンレー山脈を越え、ポートモレスビーにゆくのだが、このコースは道もない人跡未踏の山岳密林地帯で、しかも距離にして約三百六十キロもある。

糧食、弾薬などの補給は人力によるほかないが、ポートモレスビーへ進む南海支隊の全将兵にたいする糧食の補給だけでも、担送人員が三万二千人以上も必要となる。

こんなことができるわけがない。

だが、堀井は、「こんなことができるわけがない」と主張せず、命令があれば従うという態度をとった。

実戦部隊長がいうべきことをいわず、作戦指導部のいいなりになって戦い、悲惨な結果を招く例が、太平洋戦争での日本陸海軍にかなりあったが、これもそのひとつであった。

百武軍司令官は、七月一日、連隊長横山与助大佐の独立工兵第十五連隊（マレー作戦で活躍した）と南海支隊の歩兵一コ大隊から成る横山先遣隊に、「リ号」研究の命令を下した。ブナ、ココダをへてオーエンスタンレー山脈を越え、ポートモレスビーへの進行路を偵察させるのである。

大本営陸軍部は、その結果によって、陸路進攻作戦をやるか、やらないかを決定することにした。

ところが、七月（昭和十七年）十五日、ダバオの第十七軍司令部に着いた大本営作戦班長の辻政信中佐は、百武軍司令官に、「海軍と協同して、ポートモレスビーを攻略確保すべし」という要旨の大本営陸軍部の命令書をわたし、

「東部ニューギニア方面の航空消耗戦を有利に遂行するため、モレスビー攻略はなるべくすみやかに実行を要する。本件、陛下のご軫念《しんねん》も格別である。そこで大本営は、『リ号』研究

の結果を待たず、この大命によって、第十七軍に対し、モレスビー攻略を命ぜられたのである。……いまや『リ』号は研究にあらずして実行である。第十七軍はすみやかに現地海軍との協定を進めて、モレスビー攻略に着手されたい。これがためには陸路および海路を併用して、迅速なる成功を期せられたい」と指示した。

百武以下第十七軍の参謀らは、任務の急変に疑問を持ったが、有力な大本営作戦班長の指示のためこれに従うこととし、百武は七月十八日、南海支隊にたいして、ポートモレスビー攻略の軍命令を下した。

軍命令によって七月の二十一日、ブナ西北西約六十キロのゴナに上陸した横山先遣隊は、ポートモレスビー攻略の先陣として、オーエンスタンレー山脈越えに出発した。

ところが、第十七軍司令部がラバウルに進出していた七月の二十五日、大本営作戦課長の服部大佐から第十七軍あてに、

「第十七軍のポートモレスビー攻略作戦の研究結果を報告せよ」という電報が入った。

百武以下参謀らは、七月十五日の辻の指示は、辻の独断による贋命令であることをこれではじめて知り、愕然とするとともに、辻に対する怒りを燃やして、ただちに辻をラバウルから追放せよ、という意見も出た。自分の私意のために天皇まで利用するのだから、当然といえるであろう。

しかし、百武は、その前に大本営の真意を確かめることにした。

第十七軍からそれまでの経過について報告をうけ、服部はじめ作戦課の参謀らは、辻のあ

まりの越権行為に仰天した。本来なら、ただちに辻を召還し、大本営から追放すべきであったろう。ところが、服部は、そうはしなかった。

戦力班長になっていた高山信武中佐は、服部にたずねた。

「大本営は辻参謀の独断を認めるのですか」

「自分も、いろいろ考えた。ずいぶんと迷った。部長（田中作戦部長）からも、大本営の信用にかかわる問題だとご注意をうけた。しかし、自分は部長に申し上げた。

『おそらく、第十七軍の研究には、相当の日数を要するのではないでしょうか。全般の情勢上、即戦即決を必要とする現況においては、即時決断あるのみというかれ特有の主動積極精神が働いて、独断の挙に出たものと思われます。ニューギニア方面のことは、東京ではいかんとも判断がつきません。このさいは辻の判断にまかすよりいたしかたがないと存じます。どうかかれの処置をお認めください』とな。部長も納得された。

辻のことだ。マレー作戦時代のかれの活躍を考えても、おそらくかれはこの作戦を成功させるであろう」

高山は沈黙した。

服部はかつてノモンハンで、辻を信用し、第一線部隊の作戦指導をまかせて大失敗をしたが、マレーでは「作戦の神様」といわれるほどの働きをしたので、こんどは大丈夫と思い、まかせることにしたというのである。

しかし、マレーとニューギニアでは、情況がまるでちがっていた。

マレー作戦では、敵情、地理、補給などについて詳細な知識を得て、それらにたいする万全といえるほどの対策を持って戦ったが、ニューギニア作戦では、敵情もろくに知らないうえに、地理や補給についての知識はほとんどなく、それらにたいする自信ある対策などはまったく立たないのである。

したがって、作戦計画はないにひとしく、斃《たお》れてのち止むの精神主義で戦えというだけしかないありさまであった。

「勝兵はまず勝ちてしかるのちに戦いを求め、敗兵はまず戦いてしかるのちに勝ちを求む」と「孫子」はいっているが、その見本のようなものである。

緒戦の勝利で敵を侮る気持が生じていたのであろうが、それにしてもこのような男たちが作戦部長、作戦課長、作戦班長では、前線の将兵は悲惨な死をとげるしかなくなる。

辻は七月二十五日の朝、駆逐艦「朝凪」に同乗してラバウルを立ち、東部ニューギニア北岸のブナへ、偵察に向かった。

明くる二十六日の午後四時ごろ、ブナちかくまで行ったとき、米爆撃機B25が左舷に至近弾を投下した。その破片が辻の右耳上に突きささり、眼鏡をふっ飛ばして、血をほとばしらせた。衛生下士官の手当をうけた辻は、横山先遣隊長あてに、

「横山連隊長殿、マレー以来のご苦労を謝す。上陸してご意見うかがいたきも、不覚負傷してできません。ご健闘を祈ります。万事は福良少尉に」という要旨の手紙を書いて、同行の

福良少尉に託した。

七月三十一日、東京に帰った辻は、杉山参謀総長に要点、こう報告した。

「敵の反攻は侮ることはできない。彼我空軍の兵力は三対一である。われは無理して第一線に全力を展開しているのに、敵は悠々と縦深の兵力を持っているらしい。海軍の現地航空兵力を三倍、四倍にしないかぎりモレスビー作戦は延期すべきである」

半月前に独断で第十七軍にポートモレスビー攻略作戦を指示しておいて、正式の大本営命令となってしまったいま、こんなことをいっている。

のちのことだが、辻は、

「田中部長は思い上がったまま、『辻の奴も頭をやられて、すこし弱気になった』と洩らした」と、自分のことは棚にあげて、ポートモレスビー作戦は、田中部長の責任のようなことも述べる。

南海支隊主力は、八月十八日、ブナとゴナの中間のバサブアに上陸し、途中、豪州軍と小戦闘をまじえながらオーエンスタンレー山脈を越え、九月十四日、第一線はポートモレスビーの灯がはるかに見えるイオリバイワちかくにまで進出した。

だが、そこで、第一線のすぐ後方の谷にいた堀井支隊長は、参謀の田中豊成中佐に、とつぜん告げた。

「田中君、わしはぜがひでもポートモレスビーをと考えていたが、さっき谷川で手を洗いながら兵隊の飯盒を見て決心を変更した。兵隊の持っている米では、イオリバイワを取るだけでもおぼつかないだろう。兵隊では、明日の昼まで飯を二合と炊ける者がいない。ほとんどの兵隊がこれで米は終わりだといっていた。食糧の不足は十分わかっていたはずだが、これほどとは思わなかった。これ以上進出するのは、それだけ自殺行為を早めることになる」

九月八日に出された「第四十一連隊（南海支隊主力）をココダ（オーエンスタンレー山脈のすぐ東側）に集結待機させよ」という第十七軍命令が、前日の九月十三日、ようやく南海支隊司令部にとどいたが、それと食糧欠亡のために、堀井はついに反転を決意したのである。

こうなるのはあきらかであったが、こんなことをやらせる作戦指導者や、やる高級指揮官は、日本陸海軍（海軍の代表的な例は戦艦「大和」の特攻）にしかいなかったのではなかろうか。もっとも、事前に堀井が強硬に反対すれば、辻をはじめ大本営作戦部の幹部から、「卑怯者」と罵られ、予備役に追放されることになったであろう。

このような作戦指導者や高級指揮官を信じて戦う中級以下の将校、下士官、兵は惨めというほかない。

つけくわえておくが、九月八日に出された第十七軍命令は、八月二十九日、大本営が第十七軍の任務をガダルカナル島奪回作戦第一、ポートモレスビー攻略作戦を第二に変更したことに関連するものであった。

このころ、ポートモレスビーには連合軍最高司令官のマッカーサー大将がいて、ポートモレスビーへの増援軍派遣を指揮していた。米陸軍史上初の大空輸作戦によって、米本国軍一コ連隊がポートモレスビーに到着したのは九月二十三日で、その五日後の二十八日には海上輸送で、別の一コ連隊主力が到着した。

いずれも、日本軍よりはるかに優秀な装備で武装されていた。

かりに南海支隊に糧食の補給ができたとしても、圧倒的に優勢な連合軍の航空兵力と地上火力によって、同支隊はポートモレスビーに入ることはできなかったであろう。

退却にかかった南海支隊にたいして、マッカーサーが指揮する米豪連合軍が急追撃をかけたため、南海支隊では、飢えと銃砲弾と爆弾によって、死傷者が続出した。

南海支隊に従軍していた岡田誠三陸軍報道班員は、命からがらブナにたどりつき、輸送船でラバウルに帰った。

その直後の十月のはじめ、辻参謀が南太平洋の戦争について記者団に話をした。ガダルカナルのことばかりであった。最後に岡田が、

「ニューギニアの方はどう考えているんですか」と聞くと、辻はカバンに書類を入れる手を休めずにこたえた。

「ああ、あれは君、山を越えた方が負けだよ（補給が困難になるからであろう）。そんなことははじめからわかってるよ」

そのころ岡田は、辻が独断でモレスビー作戦をはじめさせたことは知らなかったが、「何ということをいうのか」と、無責任さにあきれ果てた。

辻は十一月の十日、ラバウルから大本営の服部作戦課長あてに電報を打った。

「モ攻略（モレスビー攻略）に関してはスタンレーを経由する大兵力の使用は南海支隊の苦

き経験によりきわめて至難なるものあるを痛感せられ……（中略）海上よりする作戦は、ガ島（ガダルカナル）以上の犠牲を覚悟せざるべからざるのみならず、モ周辺の直接防衛もまた、きわめて堅固なるを予期せざるべからず（中略）海軍は航空兵力に余力なく、モ作戦のためには陸軍航空の担任を要望しあるがごとし。もし、しかりとせば、モ作戦はぜったいに成功の希望なし……」

辻の独断贋《にせ》命令によって開始されたポートモレスビー作戦で、南海支隊は食糧の欠亡で挫折し、壊滅的な損害を出したが、すでに手おくれだったのである。

ラバウルがあるニューブリテン島の南東に、縦二列に長く千百キロにわたり大小さまざまのソロモン諸島が連なっている。南東端近くにサツマイモのようなガダルカナル島がある。東西百三十五キロ、南北四十五キロ、最高標高二千四百メートルの山脈が中央を東西に走り、北部の一部が平野になっている。大部分は密林である。

北部中央から西約二十キロに、ルンガ河が南の山から北の海に流れこんでいる。河口の東側に、日本海軍が、昭和十七年八月五日に小飛行場を完成させた。

ここを最前線の海空基地として、米豪海上交通の遮断作戦をやり、ポートモレスビーからの豪州攻撃（モレスビーを占領後）と相まって、オーストラリアを孤立させ、無力化させようというのであった。

ところが、二日後の八月七日、突然、米軍約一万一千人が北部の海岸に上陸し、完成したばかりの飛行場をたちまち奪取してしまった。

形勢はたちまち逆転して、米豪遮断作戦どころか、ラバウルが危なくなった。

だが、瀬戸内海西部の柱島泊地に碇泊中の旗艦「大和」で報告を聞いた山本五十六連合艦隊司令長官は、好機到来として、大本営海軍部あてに、骨子、つぎのような電報を打った。

「きたるべき彼我の遭遇戦には、第一段作戦のときと同様、陸海軍とも十分の兵力をととのえ、気をそろえて立ち向かう必要がある。

陸軍兵力を最初から精鋭五コ師団ていど、一挙に投入する。

海軍は全力を結集する。航空機材の補充に重点をおく」

ガダルカナル島を奪回すれば、米軍は再奪回をはかり、機動部隊、戦艦・巡洋艦艦隊などが押しよせてくる。それを連合艦隊が撃滅し、制空権・制海権を獲得して、オーストラリアを孤立させ、ついでハワイを攻略し、有利な講和にみちびこうというのである。

総長永野修身大将の大本営海軍部も、海軍の全力を南東方面（ラバウル、ソロモン、ニューギニア方面）に集中してガ島を奪回し、米機動部隊を捕捉撃滅する方針を決定した。

だが、海軍から出兵要請をうけた大本営陸軍部は、ガ島に上陸した米軍は一コ師団（一万余人）ていどらしいが、米軍の戦意はとぼしいし、戦力も劣るから、精兵の一木《いちき》支隊約二千人を派遣すれば、事足りようとして、それだけの処置しかとらなかった。

一木支隊はグアム島方面にいて、支隊長は歩兵第二十八連隊（旭川）長で、白兵による夜襲を得意とする一木清直大佐である。

大本営陸軍部が、米軍の戦意がとぼしく、戦力も劣ると軽視した根拠は不明であるが、フィリピン戦線での米軍はたいしたことがなかった、と思ったからであろう。

しかし、海軍の作戦にもたいへんな困難があった。

ラバウルからガ島までは約五百六十カイリ（千三十七キロ）あって、ラバウルを発進した陸攻（陸上攻撃機）隊護衛の零戦（零式艦上戦闘機）は、三時間以上飛びつづけ、やっとガ島の上空にたっしても、燃料がもたなくなるので、十五分で帰途につかなければならないのである。

ラバウルとガ島のあいだにあるソロモン諸島のどこにも、まだ一つの飛行場もなかった。艦船では、高速の巡洋艦でも、ラバウルからガ島まで一日半以上かかる。

二ヵ月前の六月五日、ミッドウェー海戦で四隻の正規空母をうしない、空母兵力が劣勢になった日本海軍が、このように地の利がわるく、制空権もなく、海上輸送がきわめて困難なガ島を戦場にしては、不利が大きすぎるのである。

そのうえ、ラバウルの陸上航空部隊は、ガダルカナルとポートモレスビーの両面作戦をやらなければならない。

陸海軍の呼吸が合わず、これほど地の利がわるくては、勝てる力があっても、負ける恐れが大きい。

それでも山本五十六は、南雲忠一中将を司令長官とする新編制空母部隊の第三艦隊と、塚原二四三中将を司令長官とする基地（陸上）航空部隊の第十一航空艦隊の精強を信じて、ガ島奪回、米機動部隊撃滅の作戦を強行することにしたのであった。

米軍がガ島に上陸した翌日の八月八日夜、三川軍一中将が率いる第八艦隊の重巡、軽巡、駆逐艦の八隻が、ラバウルから長駆してガ島北方のツラギ海峡に奇襲をかけ、米豪連合軍の大巡洋艦四隻を撃沈し、大巡一隻と駆逐艦二隻を大中破させる正真正銘の大戦果をあげた。

ラバウルの海軍陸上攻撃機隊と艦上爆撃機隊は、八月七日、八日、九日、ガ島付近の米艦船を攻撃し、軽巡二隻、輸送船十隻を撃沈、大巡一隻、駆逐艦二隻、輸送船一隻火災という戦果をあげたと報告した。

ところが、この航空部隊の戦果は、じっさいには、駆逐艦一隻、輸送船一隻撃沈にすぎなかった。

しかも味方の損害が、陸攻が二十七機中十八機、艦爆が八機中六機、未帰還という甚大なものであった。

零戦だけが大活躍した。八月七日には、陸攻二十七機を護衛してガ島へ飛んだ零戦十七機は、米空母機六十二機と戦い、米戦闘機十一機と急降下爆撃機一機を撃墜したが、米機動部隊がその大損害におどろき、戦場をひき揚げたほどだった。

攻撃機隊の戦果報告が針小棒大であったために、連合艦隊司令部と大本営海軍部（軍令部）は航空部隊の実力を過信して、こののち航空偏重の作戦をつづけ、けっきょく惨憺たる敗北を喫することになる。

だが、この時点ではそうとは知らず、陸海軍とも緒戦の戦果を信じ、勇気百倍してガ島奪回作戦にとりかかった。

ガ島奪回に派遣される陸上部隊は、一木支隊約二千人と、海軍の横須賀鎮守府第五特別陸戦隊(横五特)六百十六人であった。

そのうち一木大佐が直率する一木支隊第一梯団約九百人は、八月の十六日、第二水雷戦隊の駆逐艦六隻に分乗し、海軍の大基地があるカロリン群島のトラック島を出港した。機関銃八梃、歩兵砲二門、歩兵の携帯小銃弾百五十発という軽装備である。

一木は、駐ソ武官から大本営にとどいた「米軍のガ島作戦の目的は飛行基地破壊で、目的を達した米軍は、目下、日本海空軍の勢力下にある同島からの脱出に腐心している」という電報その他の情報を総合して、ガ島の米軍兵力は約二千人で、戦意はとぼしく、目下、退避しつつあると判断した。

第八艦隊の戦果と、ラバウル海軍航空部隊のまぼろしの戦果が、このような贋情報を信じこませる原因になったようである。

八月十八日の午後九時ごろ、ガ島ルンガ岬(飛行場の北西、ルンガ河河口東側)の東方約三十五キロのタイボ岬に上陸した一木支隊第一梯団の約九百人は、八月二十一日の未明、飛行場東のイル川河口の砂洲を横断して、西岸の米軍陣地に銃剣突撃をした。しかし、米軍の機銃、三十七ミリ砲、自動小銃の猛射を浴び、おびただしい死傷者を出して退却した。

アメリカの公刊戦史は、この日の午後の戦況を、要旨、つぎのように書いている。

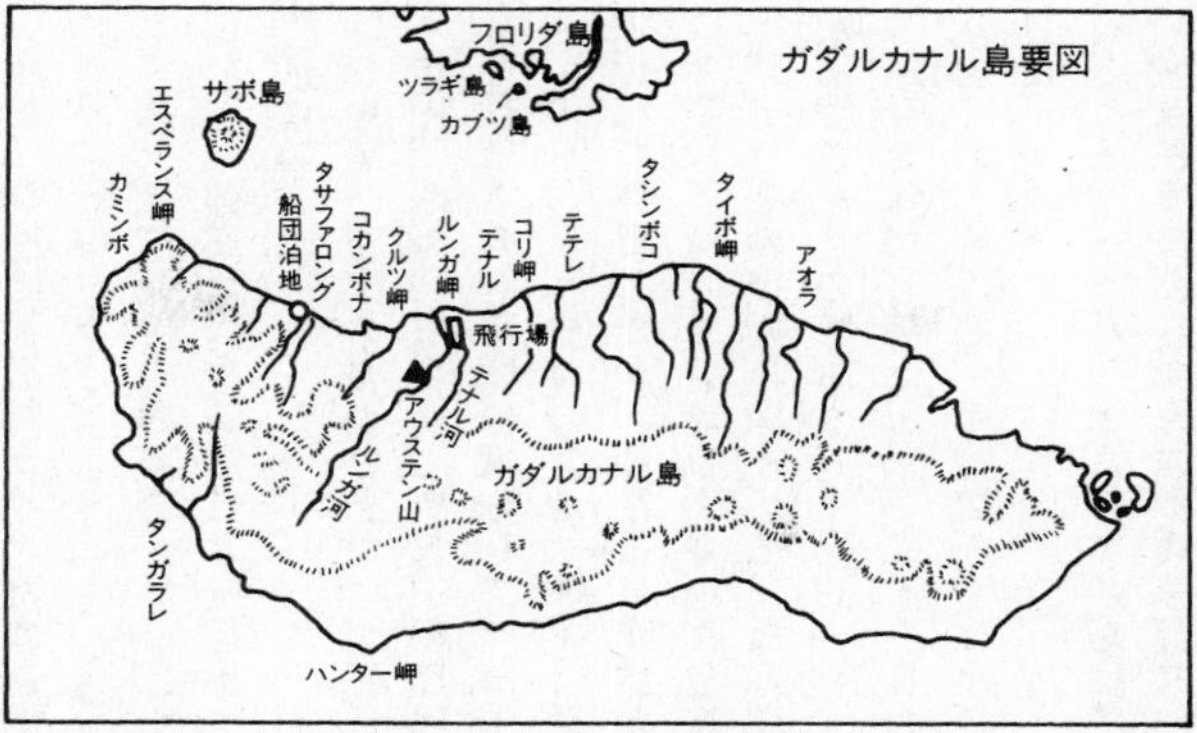

「右翼（南側）の一コ中隊が日本軍の後方に到着し、午後二時、包囲攻撃を開始した。

日本兵のある者は、海へ逃げた。奥地に逃げようとした者は、迂回した中隊に阻まれ、東へ走った者は戦闘機に掃射された。

軽戦車一コ小隊（四輛）が砂洲を渡り、三十七ミリ砲を撃ちまくった。

戦闘は午後五時ごろ終わり、一木大佐は自殺した。

日本軍の戦死者は約八百人（七百七十七人）にのぼり、生存者はわずかに百三十人（百二十八人）にすぎなかった。

米軍は海兵隊三十五人の戦死、百七十五人の負傷者を出したにとどまった。

日本軍がおどろくばかりの少数兵力で海兵隊を攻撃したことは、情報の欠陥か、そうでなければ過大な自信を示したものである……」

司令官田中頼三少将が率いる第二水雷戦隊は、一木支隊第二梯団と横五特が乗った輸送船団を護衛して、八月二十五日の早朝、ガ島まで百五十カイリ（約二百七十八キロ）のところを時速九ノット（十六、七キロ）で南下していた。

突然、米軍機群の爆撃をうけ、二水戦の旗艦である軽巡「神通」と、輸送船金竜丸が被爆した。「神通」は中破で自力航行ができたが、金竜丸はガ島に揚陸する爆薬が誘爆して航行不能に陥った。

ついで金竜丸の救助にあたった駆逐艦「睦月」も、B17の爆弾によって沈没した。

田中二水戦司令官は、旗艦を駆逐艦「陽炎」にうつし、「神通」は修理のためにトラック島へ回航させ、船団は反転してソロモン諸島北部のショートランド島に向かわせた。

この日、ラバウルの基地（陸上）航空部隊は、二水戦と金竜丸がやられたあと、ガ島の敵飛行場を爆撃したが、戦果ははかばかしくなかった。

米軍は、ソロモン諸島の各所に秘密の沿岸監視隊をおいて日本軍機の動向を報告させ、レーダーでその接近を探知して、飛行場の米軍機を飛び立たせ、日本軍機がひき揚げると、帰投着陸させたのである。

連合艦隊司令部は、八月二十五日の船団輸送が失敗したので、鈍足の輸送船によるガ島輸送をやめ、駆逐艦、哨戒艇などによる、チョロチョロの「鼠輸送」に切りかえることを決定した。

ところが、八月二十八日、さらに予想外のことが起こった。

大隊長鷹松悦雄少佐の歩兵第百二十四連隊第二大隊（後記の川口支隊に所属）を乗せてガダ

ルカナルに向かっていた第三水雷戦隊(司令官橋本信太郎少将)第二十駆逐隊の駆逐艦四隻が、午後二時半ごろ、ガ島(ガダルカナル)北方の海上で米艦爆約二十機の爆撃をうけ、一隻が沈没、一隻が大破、一隻が中破し、鷹松大隊の将兵六十二人が戦死し、大隊砲二門と弾薬ぜんぶが沈没したのである。

これで、鼠輸送でも昼間はだめだということになった。

こんなことをやっているのは、日本軍が不利な戦いをして犠牲をふやし、あげくの果てに失敗することを暗示しよう。

だが、陸海軍とも、沽券にかかわるかのようにガ島奪回にこだわり、踏みこんでいったのである。

前にすこし触れたが、大本営陸軍部は、八月二十九日、ジャワ駐在の師団長丸山政男中将の第二師団(仙台)を第十七軍に編入し、第十七軍の任務を、ガ島奪回作戦第一、ポートモレスビー攻略作戦第二に変更した。

戦力班長の高山中佐は、制海、制空権のないガ島作戦が無理と判断して、第二師団の投入に賛成できず、作戦班長の辻にいった。

「……ガ島へ、第二師団を投入するのはいかがなものでしょうか。それよりはむしろ、後方本防御線を速やかに設定完整する方が、米軍撃滅のためにも有利ではないでしょうか……。ガ島への兵団輸送を強行したら、兵力の損失はもとより、船舶の損耗も甚大であると思います」

「……米軍はミッドウェーやポートモレスビーの勝利にのぼせて、いまや無謀な攻撃を開始しつつある。いまこそわが反撃の好機だ。いまもしわが方がガ島を放棄するようなことがあったら、敵は勇気百倍する。いま敵の反攻の初動を叩けば、敵は士気を沮喪するであろう。貴様は、陸軍省や企画院の意向を代弁するつもりだろうが、たしかに国力の涵養も大事だし、船舶の損耗は痛い。しかし、作戦は他の何物よりも優先する。戦いに敗れたらすべては終わりだ。それに戦いには機というものがある。いまやまさに戦機だ。目前の戦機を逸してなにが国力だ。貴様は作戦課参謀として、まず勝つことを考えよ。敵反攻の初動を制す……これが現戦局に処する基本的方針だ」

辻の当たるべからざる勢いに圧倒されて、高山は沈黙した。

歩兵第三十五旅団長の川口清健少将がガ島奪回の第十七軍命令を受領したのは、八月十九日であった。

歩兵第三十五旅団は、歩兵第百十四連隊と歩兵第百二十四連隊から成るが、歩兵第百十四連隊はシンガポールで師団長牟田口中将の第十八師団に編入されていて、現在は連隊長岡明之助大佐の歩兵第百二十四連隊だけの部隊である。

海軍は鼠輸送で、一木支隊の第二梯団と、青葉支隊（仙台の第二師団歩兵第四連隊）の一部をふくむ川口支隊主力（岡連隊第一、第三大隊）を、九月（昭和十七年）七日までに、かつて一木支隊の第一梯団が上陸したタイボ岬付近に上陸させた。

　青葉支隊の一部は、大隊長田村昌雄少佐の歩兵第四連隊第二大隊である。

　岡大佐がひきいる歩兵第百二十四連隊第二大隊は、川口支隊主力から遠く離れ、舟艇機動で、九月七日までに、ガ島の北西部にバラバラと上陸した。

　川口少将は、川口支隊主力三コ大隊（岡連隊第一、第三大隊、青葉大隊とよばれる田村大隊）、熊大隊（一木支隊第一梯団の生きのこりと第二梯団）、岡部隊一コ大隊（岡連隊第二大隊）を指揮するが、その兵力は約六千人で、主要兵器が高射砲二門、連隊砲（山砲）六門、速射砲十四門であった。

　このころ第十七軍は、米軍の兵力を戦闘員約五千人、重装備が戦車二十輛ないし三十輛、十五センチ砲数門と推定し（きわめて過小な判断）、九月の五日、川口支隊長にたいして、現在の兵力で十分かと問い合わせた。

　川口は明くる九月六日、

「現兵力にて任務完遂の確信あり。ご安心を乞う。予定のごとく十二日攻撃をおこなう。十二日は月なく夜襲に適す。攻撃日時の遷延はもっとも不可なり」と、自信満々にこたえ、つぎのような攻撃計画を報告した。

「支隊は九日夜より南方ジャングルを迂回し、十二日の十二時までに攻撃準備を完了、十六時より攻撃を開始し、十七時いっせいに夜襲、翌十三日の払暁までに全陣地を蹂躪する。

　主攻撃方向を、南方ジャングルより北方飛行場に指向す。

熊大隊をして飛行場の東方、中川（イル川）左岸（西岸）の敵陣地の背後を攻撃せしむ。主力（歩兵三コ大隊）は南方ジャングルを迂回して飛行場の南方二キロに攻撃を準備し、飛行場付近の要地を奪取した後、設営隊宿舎方向に突進する。岡部隊（舟艇機動部隊）は、海岸方面より飛行場西側の橋梁方向に攻撃す」

のちに川口は、こう述べている。

「正攻法では勝ち目はない。一木支隊の真似をしてはだめだ。そこでわたしは、敵の背後に潜入して夜襲によって一夜のうちに雌雄を決しよう、戦闘が翌日昼におよべば、優勢な敵の火力で、こちらがつぶされると考えたのである」

しかし、「現兵力にて任務を完遂の確信あり」といっても、敵情も密林の情況も知らず、裏づけはなにもなかった。

九月七日の朝、川口支隊が前進をはじめると、連日の雨で川は水があふれ、土地は泥田となり、人も軍需資材も進むにも進めない状態であった。

川口は午前六時すぎ、攻撃開始日を十二日から十三日に延期するよう、第十七軍司令部に打電した。

気象、地理を知らずに立てた計画が、早くも崩れたのである。

午後一時、川口は、タイボ岬西方約十五キロのテテレで、各部隊長に、飛行場の米軍陣地にたいする攻撃計画と、各部隊の部署を示達した。

「熊大隊を右翼隊とする。

中央隊はつぎのとおりとする。

右第一線攻撃部隊　歩兵百二十四連隊の第三大隊

左第一線攻撃部隊　歩兵百二十四連隊の第一大隊

第二線攻撃部隊　青葉（田村）大隊

歩兵第百二十四連隊の第二大隊（舟艇機動部隊）を左翼隊とする。

砲兵隊は熊連隊砲兵中隊、熊速射砲中隊、独立速射砲中隊、歩兵一中隊（機関銃一小隊属）とする」

ガ島北西端の岡部隊（歩兵第百二十四連隊の第二大隊）へは無電で知らせたほか、四人の伝令を派遣した。

ところが、この夜、有力な米海兵隊の輸送船団がガ島に近づいているという大本営からの通報を得た第十七軍司令部は、川口にそれを知らせ、要求した。

「なしうるかぎりすみやかな攻撃開始を希望するが、日時くり上げができるか否か至急返事されたい」

川口は自信がなかったが、明くる八日、第十七軍の司令部に、

「攻撃実施を十二日にくり上げ、なお密林通過第一日の情況により、さらに一日くり上げることあるべく、支隊主力は明九日朝より密林を迂回する」と、体裁のいい回答をした。

九月八日の午後一時ごろ、川口支隊はテテレ西方八キロのレンゴに到着した。西方の飛行場まで約七キロである。

ここから西へ数キロの地点（M地点とする）まで進んで、そこに連隊砲、大隊砲、速射砲をのこして、歩兵一コ中隊にまもらせ、主力は密林に南下し、数キロ進んで西に向かい、飛行場の南方に達しようというのである。

川口の命令は、要点こうであった。

「M点にのこした砲八門は、十二日の夜八時、敵陣にいっせいに射撃を開始する。護衛の一中隊は、その方面の敵を牽制する。

右翼隊の熊大隊は、前面の敵を突破し、中川（飛行場東側のイル川）左岸（西岸）の敵陣地を攻撃する。

青葉（田村）大隊は、飛行場東端付近を突破して北方海岸まで突進する。

右第一線攻撃部隊の第三大隊は、飛行場北側の一五高地を占領し、北方海岸に突進する。

左第一線部隊の第一大隊は三〇高地（一五高地の西側）を占領し、北方海岸に突進する。

支隊のぜんぶはまず一五高地にいたる。

左翼隊の岡部隊は西方海岸方面の敵陣地を突破し、ルンガ河河口に突進する」

ところが、密林に入った各部隊は、方角を知る磁石が磁針偏差を起こして進路を誤り、あるいは密林を切り開くのに苦労して、予想よりはるかに体力と時間を消耗しなければならなかった。そして、夜の行軍はさらに難渋した。

攻撃開始日の九月十二日になると、密林内で各部隊はバラバラとなった。

「夜八時になると、M点に残した砲兵が射撃をはじめた。各隊はこの砲声を合図に突入したが、ジャングル内でバラバラになってしまった。

私も、司令部の者をつれて、やみくもに北に向かって歩いた。フト見ると、私について来るのは、山本高級副官と書記と忠実な野口当番兵と四、五人しかいない。他のものはどこに行ったかも分からぬ。

（中略）昨十一日、ジャングル行進間、彼我空中戦で撃墜された敵飛行機のパイロットが、パラシュートで降りてきたのを捕らえ、訊問すると、敵は川口支隊の潜行を知らない。だから、東方と北方、西方には配兵してあるが、支隊夜襲の方面たる南方には、別に陣地もないことが分かった。これなら、支隊の夜襲は成功するだろうと喜んでいたのに、魔のジャングルのため、支隊は五里霧散し、指揮も掌握もできない。私の生涯を通じ、こんな失望感に襲われたことはない」と、のちに川口は述べている。

川口以下、各大隊とも突入開始時刻にまにあわず、むなしく十三日の夜明けを迎えた。川口は午前三時五十分、十三日夜の夜襲再興を決意して、中央隊各大隊に命令を下した。

明るくなると、米軍機が日本軍の頭上を飛びまわって、重砲、迫撃砲の砲弾が落下しはじめた。

米軍は、川口支隊の夜襲意図を知ったにちがいなかった。

攻撃開始日を十二日とせず、各部隊の攻撃準備がととのう十三日、あるいは十四日としておくべきだったであろうが、あとの祭りであった。

事前の情報収集、偵察があまりにもおろそかであったし、非合理的な精神主義がつよすぎたためである。

しかも、すでに糧食もとぼしく、十三日に夜襲を決行して米軍の糧食を奪わなければ、あとがもたないほどであった。

九月十三日の午前十時二十分、川口は夜襲再興命令を下し、

「支隊は本夜、死力を尽くして夜襲を決行し、敵を殲滅せんとす」と、決意を示した。

命令は、遠方の砲兵隊、右翼隊（熊大隊）、左翼隊（岡部隊）には無電で伝えた。

左翼隊長の岡大佐は、夜襲を十四日の夜に延期するよう意見具申をした。

舟艇機動部隊で遅れている隊と、九月十一日の夜、鼠輸送でガ島北西角のカミンボに上陸した大隊長佐々木少佐の青葉支隊（歩兵第四連隊）第三大隊が、十三日の夕刻、飛行場西南西約八キロのマタニカウ川河口に到着するので、それらをくわえ、周到な準備をして夜襲にかかりたい、というのである。

だが、川口は、支隊主力の糧食がもたないため、岡の意見をとりあげなかった。

飛行場周辺の米軍にたいする夜襲は、九月十三日の午後八時から決行された。

国生少佐が指揮する左第一線攻撃部隊の第一大隊は、飛行場南方に横たわるムカデ高地西の、鉄条網を張った米軍第一線陣地を抜いた。だが、その先は、米軍の火力が火ぶすまのように隙がなく、国生大隊長以下、多数の戦死者を出し、第二線陣地はついに抜くことができなかった。

大隊長田村少佐の青葉大隊は、第一大隊の右（東）側を前進し、第一、第二線陣地を突破した。ついで予備隊の第六中隊は、さらに突入をつづけ、九月十四日の夜明けちかく、飛行場南東地区まで進出した。付近には米軍の幕舎群があり、同中隊の将兵は、幕舎内の食糧や水を分捕った。ささやかだが、日本軍がアテにしたルーズベルト給与であった。

だが、そこから先は米軍の火力が激烈となり、前進できなくなった。米軍はこの戦闘で、一夜に十センチ砲弾だけでも、千九百九十二発をうちまくったのである。

のちに辻政信は、幼年学校、士官学校同期の田村から田村大隊の戦闘情況を聞き、著書『ガダルカナル』にこう書いた。

「勇敢な田村大隊も、ついに食を絶たれ、水を絶たれて、後援つづかず、怨みを呑んで引き上げねばならなかった。川口少将がみずから陣頭に立ち、田村大隊の戦果を、夜襲で拡大したら、あるいは一縷の望みがあったかも知れぬ」

それを読んだ川口は、手記に書いた。

「最も花々しく戦ったのは田村大隊である。……田村大隊は孤立し、敵の反撃を撃退した。しかし、不死身でないので死傷続出し、十四日夜、退却して来たのである。

……遺憾ながら田村大隊のこの情況は、大隊が帰った後、はじめて聞いたことである。かりに適時に聞いていたとしても、前記のように、私は一兵の予備隊も持っていなかったのである」

辻はここでも、事実を調べずに、好感をもっていない川口に、無実の罪を着せようとしたらしい。

渡辺中佐が指揮する右第一線攻撃部隊の第三大隊は、理由は不明だが、夜襲を決行せず、無為につぎの日を迎えた。

水野少佐が指揮する右翼隊の熊大隊は、九月十三日の午後八時ごろ、中川（イル川）左岸（飛行場側の西岸）の草原地帯に出ようとしたとき、軽機関銃の射撃をうけたが、一部兵力でこれを撃退した。

水野大隊長は、みずから第一、第二中隊をひきいて、いっきょに海岸線へ兵を進めた。だが、鉄条網を張りめぐらした陣地にぶつかり、水野少佐は戦死し、部隊もそれ以上は前進できなくなった。

岡大佐がひきいる左翼隊は、ルンガ河西方海岸寄りトラ高地南端の草原に進出した午後八時十五分ごろ、東方に銃声、砲声が起こるのを聞いた。

八時四十分ごろ、岡は、歩兵第百二十四連隊第二大隊（舟艇機動部隊）にたいして、ルンガ河西側の米高射砲陣地攻撃を命じ、青葉支隊第三大隊にたいしてはルンガ河の河口に近い米軍陣地攻撃を命じた。

すでに夜襲予定時刻から、かなり遅れてしまっていた。

第二大隊と青葉支隊第三大隊は、九月十四日の夜明けごろ、ようやく米軍と交戦したが、米軍の銃砲火が凄まじく、米軍陣地を突破することはできなかった。

川口支隊長は、午前十一時ごろ、夜襲の失敗を認めて、各部隊をルンガ河の左岸南西地区に集結し、後図を策すことにして、第十七軍司令部に攻撃失敗の経緯と支隊長の決心を打電した。

米軍にくらべて兵力・装備がはるかに劣り、制空権もなく、各部隊バラバラで一斉攻撃ができず、食糧も水も尽きかけては、失敗するのも当然であろう。

糧食については、マレー作戦でチャーチル給与を分捕ったことにならい、十三日以降はルーズベルト給与を分捕って腹に入れようとしたようだが、とんでもない誤算であった。

ラバウルの百武第十七軍司令官は、九月十五日朝、川口支隊の攻撃失敗を知り、要旨、つぎのように命令を下した。

「マタニカウ川（飛行場西南西約八キロ）以西のなるべく敵飛行場に近い拠点を占領し、敵情を捜索するとともに、できるかぎり敵航空勢力の活動を妨害し、またカミンボ（ガ島北西角）湾付近に上陸拠点を占領し、同拠点と支隊主力間の交通を確保する」

だが、ここから、糧食が尽きた川口支隊将兵たちが飢餓に苦しみ、やがて大量の餓死者を出すのである。

惨憺たる結末

杉山参謀総長は、九月十七日、天皇に川口支隊が攻撃に失敗した経緯を報告し、第二師団主力のガ島派遣と第三十八師団の第十七軍編入にたいする裁可を得た。

大本営陸軍部では、ガ島の米軍の反攻に徹底的な打撃をあたえ、戦意を喪失させるべきであるという意見が圧倒的につよかった。作戦部長の田中と作戦班長の辻がもっとも強硬で、作戦課長の服部も、それに劣らなかった。

ガ島作戦の前途に不安を抱いた戦力班長の高山中佐は、服部に意見具申をした。

「……わが方の戦力維持のため、本土と南方地域間の海上交通の確保と、南方各地に散在する部隊への補給維持が重要であります。これがためには、主防衛線の前方にある、いわば前線基地というべきガ島の争奪に拘泥することなく、主防衛線をすみやかに完成することが先決ではないでしょうか。作戦的見地から考えても、制海・制空権を握る有力な敵機動艦隊の作戦地域で戦うよりも、わが陸海軍の陸上基地航空部隊の活躍できる主防衛線付近で戦う方が得策であると思います」

「主防衛線の建設はすすめねばならぬ。しかし、ガ島を、このまま放棄することは許されない。敵反攻の初動を制することは、ぜったいに必要だ。もしこのままガ島を放棄したら、敵の士気を倍加せしめ、逆にわが方の士気を沈滞せしめる。断乎として反撃し、敵の出鼻を挫くことだ」

「しかし、敵の制空・制海権下にある最前線への兵団の輸送は至難であり、船舶の損耗も甚大であると思います。すみやかに開戦前の構想に立ち返り、ガ島を放棄して本防衛線を固めるべきではないでしょうか」

「いまからそんな気の弱いことをいうな。兵には勢いというものがある。開戦以来の日本軍はまさに勢いに乗っていた。ここでガ島を撤退するということは、その勢いをみずから放棄し、逆に敵側に勢いをあたえるということになる。主導権を敵にあたえてはいかぬ」

高山の意見はきわめて合理的で、その通りにすべきであったろうが、服部はまだ強気で、それを採り上げようとはしなかった。

新たにガ島に派遣される兵力は、つぎのようなものであった。

青葉支隊（連隊長中熊真正大佐の第二師団歩兵第四連隊の残部）、師団長丸山政男中将の第二師団（仙台）主力と戦車中隊、重砲と自動砲十門、重擲弾筒三十梃、火焔放射機十梃、各種兵器資材。

ラバウルの第十七軍に増強される兵力は、師団長佐野忠義中将の第三十八師団（名古屋）、速射砲二コ大隊、戦車一コ連隊、十五センチ榴弾砲一コ連隊、十センチカノン砲一コ中隊、野戦高射砲二コ大隊、三十センチ臼砲一コ大隊、独立工兵一コ連隊、揚陸団一コ、後方（補給）部隊などである。

大本営は、これらの兵力増派のほかに、第十七軍の三人の軍参謀を十一人に増強することにした。そのなかに、大本営作戦課から派遣されている井本熊男中佐と交代する辻政信中佐と、情報参謀の杉田一次中佐がくわわっていた。

服部は、これだけの兵力と辻らの有力な参謀を送れば、かならずガ島を奪回できると思ったようである。

辻が第十七軍に派遣されるようになったのは、首相兼陸相の東條が、辻に直接要求したからしい。

「陸相としてたいへん出すぎた言い分ではあるが、この方面（東南太平洋）の作戦は楽観ができないような気がするよ。心配でならぬ。きみ総長に申し上げて、なるべく早く、この方面の現地の作戦指導をやってくれんかなあ……。
ラバウルから南にも西にも島がつづいているのに、どうしたことか飛行場がつづいていない。これでは制空権も制海権も失うようになりそうじゃ。どうしてやらないのかねえ……」

「ご心配はよくわかります。戦場に出ることをいといませんが、それよりも、イタリアの飛行機で、ローマとベルリンに連絡に出していただきたいと存じます。戦争の前途は、独ソ和平、日華和平以外に打開の途がなさそうですから」

「よけいなことをいうな。お前は大本営の作戦班長だろう。現地の作戦を、手ぎわよくやるのがお前の任務だ。何をいうか」というような問答があったと、のちに辻は述べている。

　これを辻から聞いた参謀総長の杉山は、

「そうか。大臣が心配しとったか。自分もじつは心配なのだ。君はまだ戦線から帰ったばかりで、まことに気の毒に思うが、行ってくれるかねえ」といったという。

　だが、高山はなお安心できず、出発直前の辻に、さらに意見を述べた。

「……いまや米軍の反攻がはじまった段階において、日本軍としては根本的になさねばならぬことがたくさんあるのではないでしょうか。ガ島局部の戦況のみにとらわるべき段階ではないと思うのです」

「なんだ、貴様はまだガ島奪回作戦をやめよというのか」

「そうは、申しておりません。いまや一木支隊は全滅し、川口支隊また苦戦中、第二師団の投入はやむをえないとしても、万一、第二師団が不成功に終わった場合にも、いつまでもガ島の争奪に固執することなく、これを放棄して、決戦の場は後方、わが主防衛陣地線上に求むべきだと思うのです」

「なに、貴様はガ島を捨てて退去せよというのか。いやしくも大本営の参謀たる者が、そんな弱音を吐いてどうするのだ。まして第二師団の作戦失敗を予言するなど、とんでもないやつだ」

「……私は、いかにして終局的に勝利をおさむべきやを考えているところです。

当初の大本営の全般作戦方針は、初期作戦において占領した要域を確保し、外廓防衛線を設定して、反攻進撃しきたる米軍を攻撃撃破する。この間、南方要域から物資を還送して国力、戦力の培養を図り、長期大持久作戦に堪えるということでありました。

そして、敵の反攻開始は、十七年の中期以降と予期しておりました。

いまや敵の反攻は、予想のとおり開始されたとみるべきでありましょう。しかも、海軍機動艦隊の戦勢はご存知のとおりです。

このさいすみやかに予定計画にもとづき、本防衛線を設置して、飛行場その他を整理し、敵の反撃にたいしてはわが方の準備した地域、いわゆる待つあるを恃《たの》んで一挙に敵を撃滅すべきではないでしょうか。ガ島のごときは、いわゆる前線陣地というべきもの、不利な態勢で、これが争奪にうつつを抜かすことはないと思います」

「戦いには機というものがある。兵には勢いというものが大事だ。いまや戦機だ。いまガ島を敵手にまかしたら、敵に勢いをあたえることになる。いたずらに数や形にとらわれることなく、必勝の信念をもって敵に食いつくことが大事だ。わが精鋭なる皇軍の精神力の向かうところ、なんの恐れるところがあろう。

貴様に忠告をするが、参謀たる者は、ぜったい弱音を吐いたらいかん。退却などということばは、ぜったい口に出すではないぞ」

服部同様に辻も、ガ島奪回に自信満々で、高山の意見はすこしも聞き入れようとはしなかったのである。

辻は、昭和十七年九月二十五日、ラバウルの第十七軍司令部に到着し、明くる二十六日、同軍高級参謀の小沼治夫大佐とともに第八艦隊の司令部をたずね、ガダルカナル島への船団輸送護衛を要求した。

しかし、第八艦隊側は、駆逐艦と発動艇による輸送を主張して譲らなかった。

辻は第十七軍参謀の林忠彦少佐をともない、第八艦隊参謀の大前敏一中佐とともに、九月二十七日、連合艦隊の旗艦「大和」が在泊するトラック島へ飛んだ。

山本連合艦隊司令長官に会った辻は、ガ島の窮状と兵員、武器弾薬、糧食を大船団で輸送してガ島を奪回したいという百武第十七軍司令官の決意をつたえた。辻によると、山本は、

「海軍が油断し、拙い戦をして奪《と》られたガ島に、陸軍を揚げて補給がつづかず、餓死させたとあっては、なんとも申しわけありません。よろしい、山本がひきうけました。必要とあらば、この『大和』をガ島に横づけにしても、かならず船団輸送を、陸軍の希望どおり掩護しましょう。そのかわり、ただ一つ百武さんに輸送船に乗って行くことだけは、山本の顔に免じてやめてもらいたい。駆逐艦で安全に上陸して、立派に指揮してくださいと一言伝えてください」といったという。

これで陸軍の希望する船団輸送は実施されることになった。ただし、「『大和』をガ島に横づけしても……」と山本が本当にいったかどうかは定かではない。

十月一日、第十七軍の参謀長に、二見秋三郎少将にかわって宮崎周一少将が発令された。駆逐艦でガ島を出発した川口支隊長と榊原中尉は、十月四日、ラバウルの第十七軍司令部に出頭した。

軍司令部の意思に反して舟艇機動の実施を何度も意見具申し、実施したところ失敗したこと、マタニカウ川右岸占領の命令をただちに実行しないで意見具申したこと、この二点について百武軍司令官から詰問的叱責をうけるために、ラバウルによび出されたのであった。

川口は百武に叱責されながら、この二つの意見具申については、

「国家のためを思えばこそと思ってしたことだから仕方がない」と思っていた。

次回の作戦については、

「十分糧食、弾薬を用意すること。そのためには前のように急がされずにやらせてもらいたい。十一月三日の明治節を目途にして攻撃を開始されたい。

地図がなくて困ったから、航空写真を撮り、戦場付近のものを相当数、下付してもらいたい」と意見を述べた。

見ていた辻は、こう判定した。

「沈鬱な空気であった。その空気の中に突然、鬚ボウボウの少将が、痩せ衰えた中尉を帯同して軍司令部に出頭した。

よく見ると、K少将であり、中尉は半年前、一木支隊の通信係将校として勇躍出動したS中尉であった。

悪戦苦闘の俤がボロボロの軍服にも、痩せこけた顔にも現われている。

それにしても、ガ島の戦場に部下を残置して、どうしてただ二人帰ったのであろう。その報告を綜合すると、敵の兵力、とくに火力は圧倒的であり、我はまったく糧途を絶たれ、草根木皮をかじり、辛うじて余命を保っているらしい。

困ったものだ。この悲観的観察は、これから進攻する第二師団に悪い影響をあたえるのではなかろうか」

ここでも事実を知ってか知らずか、川口を利己的な人間のように見立てたようである。

第二師団長の丸山政男中将と参謀長玉置温和大佐がガ島に上陸したのは十月三日で、百武軍司令官、小沼高級参謀、辻、杉田らが、川口支隊長と同じ駆逐艦で、ガ島のタサファロング（ルンガ岬の西南西約十八キロ）に上陸したのは十月九日の夜であった。

宮崎参謀長その他はラバウルにのこり、後方業務をやっている。

百武らが上陸したところには、第二師団の参謀がきていて、

「第二師団の第一線は敵の攻撃をうけ、マタニカウ川西方に後退し、歩兵第四連隊は全滅しました」と、前途の不吉を予感させる報告をした。

辻は十月十日、大本営に打電した。

「敵の八日よりの攻勢により、第二師団の歩兵第四連隊のごときは、戦力すでに三分の一に減耗したり。

飛行場制圧射撃および総攻撃の開始は、いちじるしく遅延するものと判断せらる。

駆逐艦による兵力および弾薬、糧食の輸送は、敵機の揚陸妨害のために、計画のおおむね二分の一となるし、揚陸点より第一線までの補給は、夜間、人力のみによりかろうじて三分の一前後を前送しうる状態にあり。

右戦況を打開する方策は、万難を排して、輸送船団および艦艇による上陸を断行するあるをもって、目下海軍に要求中なり。

海軍航空撃滅戦の成果は、現状をもってはとうてい期待するあたわず。したがって、全力を船団の護衛に使用するを可とする実情にあり」

十月十三日の夜、栗田健男中将がひきいる第三戦隊の高速戦艦「金剛」「榛名」が、ガ島

の飛行場にたいして三十六センチ砲弾を九百十八発ぶちこみ、米兵四十一人を戦死させ、米軍機四十八機を撃破し、滑走路と飛行場施設を大破した。

ガ島の米軍将兵は、その猛撃に絶望的になったほどである。しかし、致命的な破壊にまではいたらなかった。

十月十四日の昼、ラバウルの陸攻隊は、二回にわたりガ島の飛行場を撃破したが、戦果ははかばかしくなかった。

夜になって、重巡「鳥海」「衣笠」が同飛行場付近に二十センチ砲弾約四百発をぶちこんだが、これも効果は少なかった。

第二師団の連隊長広安寿郎大佐の歩兵第十六連隊主力、第三十八師団の連隊長東海林俊成大佐の歩兵第二百三十連隊（一大隊欠）、十センチカノン砲一コ中隊、十五センチ榴弾砲一コ中隊、高射砲一コ大隊、独立戦車第一中隊、兵站部隊の一部、舞鶴鎮守府特別陸戦隊八百二十四人、弾薬、糧食などを積んだ高速輸送船六隻は、十月十四日の夜おそく、タサファロング沖に着き、上陸作業にかかった。

作業は順調にすすみ、十五日の午前八時四十五分ごろまでには、各船とも、人員、重火器のほとんどぜんぶと、糧食、弾薬の約八割を揚陸することができた。

そこへ米艦戦（艦上戦闘機）、艦爆（艦上爆撃機）が、正午ちかくまでに四回にわたり、毎回二十機以上が来襲し、輸送船と揚陸した軍需資材を爆撃した。

輸送船三隻が失われ、揚陸した兵器、弾薬、糧食も多大の損害をうけた。

明くる十六日の朝には、空母ホーネットの艦爆も揚陸点の爆撃にくわわった。

十七日の朝には、米軍機の爆撃のほかに、米駆逐艦も砲弾をぶちこんできた。

こうして、揚陸した軍需資材の大部分が焼きはらわれ、糧食は十五日分、弾薬は二割、大砲は三十八門しかのこらなかった。

日本海軍は、戦艦、重巡、水雷戦隊、航空部隊などで陸軍のガ島上陸を支援したが、制空権を奪えず、上陸作戦を成功させることができなかったのである。

九月三十日ごろには川口支隊の攻撃失敗を反省し、第二師団の攻撃は、十分な兵力、火力をととのえ、海岸西側正面から飛行場にたいして、力攻する作戦計画に決定していた。

ところが、戦闘司令所をガ島に推進してみると、第一線の戦力がいちじるしく低下しているうえに、火力が米軍の二十分の一もないほど劣っていることが判明し、にわかに海岸正面からの攻撃をとりやめ、密林迂回攻撃に変更した。

『第十七軍迂回作戦決心の経緯』には、

「海図により迂回路を研究するに、勇川（タサファロングの南東約八キロ）河谷――アウステン山（飛行場の南西約十キロ）南側隘路――ルンガ河（上流）河谷を迂回せば、比較的容易に、かつ飛行場の直前（南側）に進出し、敵の虚を衝き得」ということが記されている。

だが、「比較的容易に、かつ……敵の虚を衝き得」は、根拠がないにひとしく、むしろ希望的観測のようである。

密林内通路の啓開作業は、工兵第二連隊を主力とする挺進作業隊によって、十月十二日から開始された。

第二師団は十月十六日の正午、密林内に啓開された丸山道(師団長の姓)を前進しはじめた。大本営派遣の辻参謀と、第十七軍参謀の林少佐が同行している。

第十七軍の、第二師団を主力とする攻撃計画は、要点、つぎのようなものであった。

「軍はX日の薄暮、主力をもって飛行場南側地区より敵を急襲してこれを撃滅する。

X日は二十二日と予定す。

第二師団長の指揮する歩兵約三連隊をもってアウステン山南方よりルンガ河上流地区に迂回し、X日の日没後、飛行場の敵を急襲し、ひきつづきルンガ河付近の敵を南方より攻撃して、ガ島の敵を殲滅する。

第二師団の攻撃部署はつぎのごとし。

右翼隊=川口少将の指揮する歩兵三大隊基幹

左翼隊=第二歩兵団長(那須弓雄少将)の指揮する歩兵一連隊(連隊長古宮正次郎大佐の歩兵第二十九連隊)基幹

予備隊=歩兵一連隊(連隊長広安寿郎大佐の歩兵第十六連隊)

軍直轄の住吉(正少将)支隊(歩兵約一連隊半と砲兵全力)をもって海岸道方面より牽制攻撃をおこない、以後、東方に向かい攻撃する」

前進を開始した部隊の先頭は左翼隊の那須部隊(青葉支隊といわれていた)で、師団司令部、右翼隊の川口部隊がそれにつづくという序列である。

明くる十月十七日の午前、海軍機が、十三日と十四日に撮影したガ島飛行場周辺の航空写真をコカンボナ（タサファロングの南東約七キロ）に投下した。

第十七軍司令部は、それらの写真を各部隊に配布した。

この日、伝令から四枚の航空写真をわたされた川口右翼隊長はおどろいた。川口支隊総攻撃の九月十二、十三日にはなかった陣地が、これから第二師団が攻撃しようという飛行場の南方正面に、堅固に構築されている。

「これでは、金城鉄壁に向かって、卵をぶっつけるようなもので、失敗は戦わなくても一目瞭然だ。この陣地は避け、遠く敵の左（東）側背に迂回攻撃しなければならん」と、川口は思った。

十月十八日午前五時、第二師団の後方を前進していた百武軍司令官以下の第十七軍戦闘司令所は、ラバウルにのこっている宮崎参謀長からの電報をうけとった。

十月十三、十四日に撮影したガ島飛行場の航空写真についての説明で、要点が、

「七月二十三日の航空写真と比較してみると、飛行場周辺の各川の岸や各高地に、防御施設がかなり増設されているらしい」というものである。

ところが、百武軍司令官以下の第十七軍司令部も、それを知らされた第二師団司令部も、心にとめておけばいいと考えただけで、万全な対策を講じようとはしなかった。

この日、川口は、前方の那須左翼隊長と歩兵第二十九連隊長の古宮大佐に追いつき、川口

の考えを話したところ、那須、古宮とも、米軍の左側背攻撃に賛成した。だが、両人とも川口のような苦い経験がないためか、深刻にはうけとめなかった。

川口右翼隊長は、十月二十二日の午後、丸山道の先端に達した。ここから左右両翼隊がそれぞれ自隊で進路を啓開し、攻撃準備位置に向かうのである。

その地点に、丸山道啓開を指導してきた辻参謀が立っていた。

川口は「天与の好機」と喜び、米軍左側背攻撃の意見をのべ、丸山第二師団長に伝えてくれるように頼んだ。辻は、

「それは結構なお考えですね。承知しました。よく師団長閣下にお伝えします。愉快ですなあ」と豪放に笑い、

「至極賛成です」とこたえた。（川口清健『真書ガダルカナル戦』参照）

十月二十三日の午前十時、第十七軍戦闘司令所は、前方の第二師団戦闘司令所にいる辻参謀から、

「敵陣地は右翼隊正面軽易なるも、左翼隊正面は堅固なり。

師団は予備隊（歩兵第十六連隊）を右翼隊後方に進めるに決せられる。師団長も右翼隊後方に移動の予定」という報告をうけた。

なぜ右翼隊正面の敵陣地が軽易で、左翼隊正面の敵陣地が堅固であるのかは不明である。

辻は自分では確かめないし、斥候からも、

「一面のジャングルで何もわかりません」と聞いただけであった。

辻が立案した作戦計画に異議をのべた川口に、表面では大笑い（バカにした笑いかもしれない）しても、内心では怒り、それにたいする腹癒せではないか、と思われるほどである。

この日の夕刻、ふたたび辻から第十七軍戦闘司令所に報告があった。

「川口部隊長の報告によれば、地形嶮峻錯雑のため部隊の進出遅れ、攻撃準備できず、今夜の攻撃は不可能なり。

師団の第一線は飛行場前約三キロの線に進出中なるも落伍者多し。

歩兵十六連隊（予備隊）は一部到着しおるのみ。

いまだ敵に発見せられあらず、敵は飛行場の側でテニスをおこないつつあり」

「川口部隊長の報告」とは、川口が二十三日の午後二時ごろ第二師団長に送ったもので、東海林部隊（連隊長東海林俊成大佐の歩兵第二百三十連隊主力）の進出が遅れているので、右翼隊主力をもってする夜襲は困難と認む、という内容である。

ただし、予定位置の大草原（飛行場南方にひろがる）南端に進出できたら、一色部隊（大隊長一色博少佐の歩兵第百二十四連隊第三大隊）のみをひきいて突撃する予定、と述べたものであった。

そのころ、右翼隊を米軍の左（東）側背へ迂回させるための準備をすすめていた川口に、第二師団の玉置参謀長から電話がかかってきた。

「辻参謀に聞きますと、右翼隊は敵の左側背に迂回されるとのことですが、やはり予定のとおり、攻撃の重点を左に保持して正面攻撃をしてください」

「君、正面攻撃して、僕は勝てるという自信が持てない。どうか師団長のお許しをねがいたい。辻君がひきうけてくれたので、そのつもりで部下に命令も下し、迂回のためすっかり準備もしてあるのだから……」

電話はひとまず切れ、約三十分後、ふたたび玉置からかかってきた。

「師団長命令をお伝えします。閣下は右翼隊長を免ぜられました。後任は東海林大佐です。閣下は師団司令部の位置にきてください」

川口は、「あっ」といって絶句した。

川口の手記には、こう書かれている。

「今度こそ私が先登になり、河内守本行の軍刀をふるい、敵陣に切り込む。生死はむろん分からぬが、第三大隊長とともに、九月の失敗の責任を果たしたいと張り切って居た。それが辻参謀の裏切りにより阻止された。ああ、われまた何をかいわんやだ、これで軍人としての生命も終わりであろう」

師団長の丸山と、参謀の玉置に、辻がどのようなことをいったかはわからない。

しかし、結論は、川口は黙って師団命令にしたがえばいいので、ツベコベ注文つけるならやめろということであろう。

この処置は、師団長が既定の作戦計画に確信を持つかぎり、不当ではない。

だが、師団長はその結果にたいして全責任を負わねばならないことも当然である。

辻は川口の罷免について、著書につぎのように書いている。

「午後三時ごろになって突然、K少将から電話がかかった。曰く、

『第一線の攻撃準備不十分で、今夜はとうてい夜襲できません、明日に延ばしてください』

と、二十一日の予定を延期したのもK少将の意見であった。すでに全師団に下し終わった今夜の夜襲を、その直前にまたもや出来ないと、半ば脅迫的な電話である。

温良な師団参謀長玉置大佐の声が、さすがに怒りを帯び、電話器を握る右手がブルブルふるえている。側で聞いていた丸山師団長は、白髪を逆立てるかのように、みずから参謀長に代わった。

『K少将は今ただちに師団司令部に出頭せよ。自今、右翼隊の指揮は東海林大佐に譲れ』

ついに温容慈顔の丸山師団長も、堪忍袋の緒を切ったのである。

田村大隊が第一回総攻撃のとき、深く敵陣地に斬り込み、まさに飛行場全部を占領しようとしたとき、支隊主力をもって、これを支援しないでジャングル内に時機を失い、部下をガ島に置き去りにして、単身、ラボールに戦況報告に帰還した等々、師団長も軍司令官も、だれ一人この少将に対し信頼感を持つものはなかった。

本来ならば、当然、軍職を去らせられたであろうが、せめてこの機会に、もう一度、雪辱の戦いをさせよう、との軍司令官の暖かい心から、わざわざ丸山師団長の指揮に入らせたのであった。

腐木はついに腐木である。指揮権を敵前で剝奪された少将は、その後、師団司令部でもだれ一人相手にするものもなく、ジャングル内で孤独を楽しんでいた」

無実の罪を幾つも着せて、川口を罪人に仕立てるデッチ上げというほかなさそうである。辻は十月二十二日の午後、川口から米軍の左側背攻撃案を聞かされたが、このことは自分に都合がわるいと思ったのか、ここではまったく触れていない。

「今夜はとうてい夜襲できません」というのもオーバーで、「大草原南端に進出できたら、一色部隊のみをひきいて突撃する予定」といっているのである。

丸山師団長がみずから電話に出て、川口の更迭をいいわたしたという事実もない。

川口が田村大隊を支援することは、前記したように不可能であったし、川口と榊原中尉が十月四日に、ラバウルの第十七軍司令部に出頭したのは、百武軍司令官の命令によるものであった。

「腐木はついに腐木である……」にいたっては、理不尽な罵倒というものであろう。

辻は、川口が辻の立案した作戦計画に異議を申し立てたことに腹を立て、丸山、玉置が、川口を右翼隊長からはずすようにし向けるために、こんな無実の罪を川口に着せることにしたのかもしれない。

辻からの報告を検討した百武第十七軍司令官は、攻撃を明くる十月二十四日に延期することを決裁し、丸山第二師団長に知らせるとともに、ショートランド島（ソロモン諸島北部）

で待機中のコリ支隊にも、出発の一日延長を下令した。

コリ支隊は、コリ岬（ルンガ岬の東方約十四キロ）付近につくられた新飛行場を攻撃する歩兵第二百二十八連隊第一大隊、工兵一コ中隊、通信一コ小隊の部隊である。

十月二十四日の正午、左翼隊後方を進んでいた丸山第二師団長は、

「両翼隊は一七〇〇（午後五時）を期して、突撃を決行し、敵線深く殺到すべし。

予は一四〇〇まで現在地に在り。爾後、左翼隊後方を飛行場に向かい前進す」という要旨の最後の命令を下した。

同じころ、辻参謀は第十七軍の戦闘司令所に電話報告をした。

「第二師団の第一線は、敵に察知されることなく飛行場の南方約二キロ付近に進出し、両翼隊はおのおの四条のジャングル道により前進中。

歩兵第十六連隊（予備隊）は、ムカデ草原（飛行場南方にひろがる）南方に集結しあり。

師団司令部は、いまよりムカデ南側地区を出発、前方に進出す。電話線の余力なきゆえ、爾後、軍戦闘司令所との連絡は切れるも、本夜は確実ゆえ、次回に無電にて、『バンザイ』を送る」

だが、「本夜は確実ゆえ……」という根拠は、辻のカンだけのようである。

午後二時ごろから土砂ぶりの雨となり、雨がやんだときは、予定突撃時刻をとっくに過ぎて、午後七時ごろになっていた。

左翼隊主力の歩兵第二十九連隊（連隊長古宮正次郎大佐）第三大隊の第十一中隊は、午後十

時半ごろ、米軍陣地の鉄条網にぶつかり、猛烈な銃砲弾を浴びて、突撃が頓挫した。

古宮連隊長は第三機関銃中隊（重機四、自動砲一）に猛射を命じ、みずから第三大隊と予備隊の第七中隊をひきいて突進した。

しかし、米軍の火力は、時間的にも空間的にも隙間がないほど激烈をきわめ、突入した古宮以下の一群は行方不明となった。

『歩兵第二十九連隊詳報』は、古宮らの最期を、要旨つぎのように記録している。

「……連隊長は軍旗を奉じ、十数名の残兵と敵飛行場に近い森林に在り、十月二十九日まで孤軍奮闘し、敵に多大の損害と恐慌をあたえ、三十日、ついに戦死せり」

この詳報には、つぎのような見解も書かれている。

「優勢にしてしかも組織的縦深火網を持つ堅陣、絶対優勢な飛行機、それに各種の近接察知をそなえている敵にたいして、三週間にわたる疲労と飢餓のため、その困憊《こんぱい》が極度に達している軍隊が、敵前錯雑不明の密林を通り、敵情捜索もせず、攻撃準備をととのえる余裕もなく、いわゆる夜襲必勝の信念に到達せずに、勇敢無比の白兵のみで猪突しなければならなくなったことは、まことに遺憾のきわみで、そもそも何が誤っていたのか。

ひるがえって作戦計画からその適否を検討すれば、その禍根がどこにあるのか、明瞭に断定できるであろう」

隊長東海林大佐の右翼隊は、密林と豪雨と錯雑した地形と暗闇のために、統一行動がとれなくなり、攻撃ができなくなったようである。

東海林はのちに、

「右翼隊は草原を北進し、零時、敵陣地に近接したが、猛烈な敵火のため前進は頓挫し、敵陣地前において敵と近く相対したまま二十五日天明を迎えた」と述べている。

十月二十五日の午前十一時、丸山第二師団長は、古宮第二十九連隊長一行の消息不明のまま、全力をあげて同夜ふたたび夜襲を決行することを下令した。百武第十七軍司令官の意図も同じであった。

一方、百武はコリ支隊にたいして、二十六日の朝までにコリ岬付近に強行上陸し、第二師団長の指揮下に入るよう、また第三十八師団長の佐野忠義中将にたいしては、歩兵第二百二十八連隊その他を海軍艦艇によってコリ岬付近に上陸させ、歩兵第二百三十連隊の第二大隊をタサファロングに上陸させるよう命令した。

一木支隊でだめ、川口支隊でだめ、第二師団でもだめで、コリ支隊と第三十八師団を投入するというドロ縄式の逐次投入である。

大本営、第十七軍の作戦指導の拙劣さ、海軍の支援力の弱さを物語るものであろう。

この夜、左翼隊長の那須少将は、歩兵第二十九連隊の残りと、歩兵第十六連隊および工兵第二連隊をひきいて、みずから陣頭に立って夜襲を決行した。

前面米軍の火力は、前夜よりさらに激烈となっていて、歩兵第二十九連隊の第一大隊は、二十六日の夜明けごろまでに死傷者が続出して、突撃は頓挫した。

同連隊の第二大隊は、飛行場に通じる道路に沿って突入したが、米軍の猛射を浴び、まず大隊長が鉄条網内で戦死し、ついで第一線中隊の幹部以下ほとんどが死傷して、この突撃も頓挫した。

歩兵第十六連隊の一部は、午前二時ごろ、鉄条網を破って米軍陣地に突っこんだが、第二線陣地は突破できなかった。

夜が明けると、米軍の自動火器、迫撃砲などの火力はますます激化し、左翼隊全軍の死傷者がおびただしくなり、ついに攻撃は、またも失敗に終わった。那須弓雄少将は重傷を負って、のちに死亡し、歩兵第十六連隊長の広安寿郎大佐も戦死した。

歩兵第二十九連隊では、二日間の戦いで、戦闘人員二千五百五十四人のうち、戦死五百五十二人、戦傷四百七十九人、行方不明一人を出したが、そのなかで将校の場合は、百一人中で戦死が三十三人、戦傷が十六人、行方不明が一人という惨憺たるものであった。

東海林大佐が指揮する右翼隊は、この夜も攻撃できず、丸山師団長は夜半にいたり、この隊にたいして左翼隊の側方を掩護する任務をあたえ、それだけにとどまった。

飛行場西方の住吉支隊（砲兵部隊、連隊長岡明之助大佐の歩兵第百二十四連隊、連隊長中熊直正大佐の歩兵第四連隊）も、米軍の圧倒的に強大な銃砲火を浴びて、ルンガ地区に進出することができなかった。

コリ支隊は、ガ島の戦況が不利という情報を得て、コリ上陸を中止し、ショートランドにひき返した。

十月二十六日の早朝、丸山第二師団長は、第十七軍の戦闘司令所に、攻撃失敗の情況を報告した。強気一点張りであった辻参謀も、ことここにいたっては攻撃続行を主張できなくなり、同軍戦闘司令所に攻撃中止を進言した。

百武第十七軍司令官は、この日の午前六時、全軍に攻撃中止を命じた。

川口は航空写真を見て、

「これでは金城鉄壁にむかって卵をぶっつけるようなもので、失敗は戦わなくても一目瞭然だ」といい、辻を通じて百武に、米軍の左側背攻撃をするように頼んだが、一顧もされずにハネつけられた。その結果は、川口がいったとおりになったのであった。

辻は、マレー作戦では思うように戦《いくさ》をすすめることができた。ところが、敵情も地理もまるで違うガ島作戦では、ノモンハンと同じような大失敗をした。

地の利がきわめて悪く、制空権がなく、補給がまったく困難なうえに、米軍の地上兵力・火力・航空兵力が圧倒的に優勢で、しかも近接察知装置までそなわっていては、敗れるのが当然であろう。

辻はそれらの実情を知らず、また知ろうともせずに、気負ってガダルカナルに踏みこみ、味方に惨憺たる被害をあたえてしまったのである。

ガ島奪回作戦での海軍の最大の目的は、出てくる米機動部隊を撃滅することにあった。

十月（昭和十七年）二十六日の午前、南雲《なぐも》忠一中将がひきいる空母「翔鶴」「瑞鶴」「瑞鳳」を基幹とする機動部隊の第三艦隊は、ウィリアム・F・ハルゼー中将が総指揮する空母エンタープライズ、ホーネット基幹の米機動部隊と、ソロモン諸島東方海上で戦った。

南太平洋海戦とよばれる海戦である。

大本営海軍部は、十月二十七日の午後八時三十分、その戦果を発表した。

「敵空母四隻、戦艦一隻、艦型不詳一隻、いずれも撃沈。

戦艦一隻、巡洋艦三隻、駆逐艦一隻中破。

敵機二百機以上を撃墜、その他(対空射撃)により喪失せしむ。

わが方の損害は空母二隻、巡洋艦一隻小破せるも、いずれも戦闘航海に支障なく、未帰還四十数機」というようなものである。

総長永野修身の大本営海軍部(軍令部)も、長官山本五十六の連合艦隊司令部も、この戦果を信じ、ガ島奪回作戦をやった甲斐があった、これで米機動部隊は壊滅し、日本海軍がふたたび優勢に立ち、米海軍に勝てるみこみもついたと満足した。

大本営陸軍部は田中作戦部長の名で、意気消沈している第十七軍に、要旨、つぎのような電報を打った。

「本二十六日の南太平洋海戦の海軍の戦果は極めて大きい。米国側の放送などからみても、敵は苦悩しているようであるから、いま一押しの感がすくなくない。

今後の攻撃要領は、白兵奇襲方式によることなく、各種戦力、とくに砲兵火力を敵陣地に集中して、敵陣地を突破しなければならない。

作戦目的達成のためには、敵飛行場の使用を封殺することが必要で、その見地からすればクマ高地（飛行場の西方）一帯は、『二〇三高地』（日露戦争のとき旅順陥落を決定づけた要地）である。第三十八師団の主力は、歩砲戦力を統合しやすいマタニカウ川方面から攻撃する必要があると考える」

同時に、つぎの作戦指導のため、服部第二（作戦）課長をガ島に派遣することにした。

ところが、太平洋戦争後の調査で明らかになったのだが、日米両艦隊の損害は、つぎのとおりだったのである。

◇米軍の損害

沈没＝空母一、駆逐艦一

損傷＝空母一、戦艦一、重巡一、駆逐艦二

飛行機喪失＝七十四機

◇日本軍の損害

損傷＝空母二、重巡一

飛行機損失＝九十二機（搭乗員喪失が約四十パーセントという大損害）

搭乗員喪失のなかには、日本海軍航空の至宝ともいうべき「翔鶴」飛行隊長の村田重治少佐（艦攻）、同飛行隊長の関衛少佐（艦爆）、「瑞鶴」飛行隊長の今宿滋一郎大尉（艦攻）などがふくまれている。

米軍の防空戦闘機、対空砲火による防御力が強大となっていて、ハワイ海戦やインド洋海戦のような楽な航空戦は、もはやのぞめなくなっていたのである。

戦果が誇大になったのは、戦闘がそれだけ激烈で、また主要幹部が多数戦死したためであろう。

だが、この戦果誤認が、その後の海軍、陸軍の作戦に重大な影響を及ぼすことになった。要するに、「飛行機さえあれば勝てる」と錯覚して航空戦をつづけるのだが、いつも勝ったと思った戦《いくさ》が、じつはたいてい負けていて、しかもそのことにのちのちまで気づかなかった、という戦慄すべき結果になるのである。

参謀の資質

辻中佐は、昭和十七年十月三十日の午前九時ごろ、第一線から後方の第十七軍戦闘司令所に帰り、マラリアの高熱に苦しみながら、第二師団の攻撃情況を報告した。

前日にガ島に着いた宮崎第十七軍参謀長は、辻が、「生まれて四十年、いくたびか戦場に立ち、このたびほどの辛苦はなかった」と、苦渋に満ちた顔で語るのを聞いた。

この日、辻は杉山参謀総長あてに電報を打った。

「必成を期して敢行せる第二師団の数日にわたる猛攻も、将兵の過半を失い、ついに失敗のやむなきにいたる。その一切の責任は、敵の火力を軽視し、いまなお野戦陣地にたいする観念を改めえずして、作戦を指導したる小官にあり。罪万死に値す。

第十七軍の参謀は、その半数マラリアにて活動し得ず、願わくは小官の参謀本部部員を免じ、即時、第十七軍参謀に命課せられたし」
神妙というより、演技を感じさせるものである。
大本営からは、十一月三日、返電があった。
「辻参謀の第十七軍に転属は認可せられず、戦況報告のためひとまず帰還すべし」
敗戦の真相を糾明し、それによって辻の進退を決めるというもので、当然の処置といえるであろう。
米軍が、マタニカウ川（飛行場の西南西約八キロ）畔と勇川（マタニカウ川の西方約四キロ）
河口付近の日本軍にたいして、猛烈な爆撃と艦砲射撃をくわえはじめたのは、十月三十日の
朝からであった。
十一月一日の正午ごろ、第十七軍戦闘司令所は爆撃の至近弾をうけ、飛行場を東方に見下
ろす九〇三高地西南の丸山道に沿う谷間に移動した。
宮崎参謀長は、移動の途中、飢餓に苦しみ、疲労困憊した日本兵たちを見て、
「沿道ニ眼ニ映スル諸兵痛廃ノ状転々《うたた》感深シ」と手記に書いた。
夕刻、マタニカウ川畔の日本軍にたいして、戦車と多数の火砲をともなう米軍二コ連隊が
攻撃をかけ、同川左（西）岸の日本軍第一線はたちまち崩れた。
十一月二日、連隊長中熊大佐の歩兵第四連隊の第一線中隊は、弾薬、糧食が尽き、兵力・
火力・戦車・装甲車などすべてが圧倒的に強大な米軍に肉弾攻撃をかけて全滅した。

辻はこの戦闘について、著書に、要旨こう書いている。

「米軍の戦法は理づめ（合理的）で、戦術（かけひき）は不要である。力の正確な集中だけを考える科学的戦術である。無理を有理とする（敵のうらをかく）ことを戦術の妙諦と心得たのは、貧乏人のやりくり算段だった」

なんども大敗してようやくわかったということのようだが、それにしても、犠牲があまりにも大きすぎたというほかない。

大本営作戦課長の服部大佐は、近藤伝八少佐をともない、十一月二日の夜、駆逐艦でタサファロングに上陸し、三日朝、第十七軍戦闘司令所に到着した。

服部はこの日、大本営に電報を送った。

「ガ島の実態は、まさに想像を絶するものがある。第二師団の戦力は、実質四分の一以下に低下しあり。過般の攻撃にさいして正攻法をとりえなかったのは当然であろう。

敵機の跳梁は目にあまるものがあり、わが方は射撃することもできず、もっぱらジャングルにかくれることによって生存しえているのが実情である。補給つづかず、軍司令官といえども、糧食は定量の二分の一以下、将兵ことごとく栄養失調の症状を呈している。

敵攻勢の危険は、第三十八師団の急送によってのみ克服可能、その措置が必要である。

敵の航空兵力を制圧するためには、わが航空兵力を増強し、飛行場をガ島ちかく推進、建設するほかに途はない。陸軍航空、戦、爆各一戦隊の派遣を促進する必要がある。（中略）

次期の本格的攻撃は十二月末と予定する」

十一月十一日に帰京した服部は、ガ島奪回作戦について課員に研究を命じ、陸軍省や大本営海軍部との折衝をはじめた。第三十八師団をガ島に送るには、船舶と海軍の協力が必要なのである。

戦力班長の高山中佐は、辻と同期の航空班長の久門有文中佐とともに、ガ島奪回作戦を中止して、本防衛線を設定すべきであるという意見であった。

高山はふたたび服部にガ島を放棄して、第三十八師団をラバウル付近に配置すべきであると進言した。だが、服部は、ここでも、

「……辻君とも現地で話し合ったが、彼はあくまでも強気だ。（中略）もし日本軍の反撃が敵をしてガ島を放棄せしめることに成功すれば、敵は戦意を失うであろうというのだ。自分は辻君の意見に同意した」というようにこたえて、聞き入れようとはしなかった。

服部を支持して、ガ島奪回作戦を強引に継続させることにしたのが、作戦部長の田中少将であった。

十一月の九日、第八方面軍と第十八軍司令部が編成され、第十七、第十八軍を統轄する第八方面軍司令官に今村均中将、第十八軍司令官に安達二十三中将が発令された。

第十八軍は東部ニューギニアで作戦中の南海支隊、歩兵第四十一連隊などから成るものである。

師団長佐野忠義中将以下の第三十八師団戦闘司令所と、歩兵部隊、糧食、弾薬を積んだ駆逐艦五隻は、十一月十日の午後十時に、ガ島に到着し、佐野と幕僚らは、明くる十一日の早朝、第十七軍戦闘司令所に出頭した。

百武軍司令官は佐野に、十一月五日の夜、タサファロングに上陸していた第三十八師団第三十八歩兵団長伊東武夫少将の伊東支隊（連隊長土井武夫大佐の歩兵第二百二十八連隊が主力）を指揮して、マタニカウ川以西の敵を撃滅するよう命じた。

十一月十二日の深夜から十三日の未明にかけて、ルンガ岬北方の海戦で、日本海軍は、飛行場を砲撃しようとしていた高速戦艦「比叡」を失った。

翌十三日の午後十一時三十分すぎ、重巡「鈴谷」と「摩耶」は、新旧飛行場に合計九百八十九発の二十センチ砲弾をぶちこみ、急降下爆撃機一機、戦闘機十七機を破壊し、戦闘機三十二機以上を損傷させた。

しかし、飛行場を使用不能にすることはできなかった。

第二水雷戦隊の駆逐艦十二隻に護衛された輸送船十一隻は、第三十八師団の主力（連隊長田中良三郎大佐の歩兵第二百二十九連隊が基幹）と、弾薬、糧食を積み、時速八ノット（約十五キロ）でガ島に向かっていたが、十一月十四日の午前五時五十五分ごろから午後三時三十分ごろまでの間に、八回にわたり、延べ百機以上の米軍機の攻撃をうけた。

その結果、輸送船六隻が沈没し、一隻が航行不能となり、四百五十人が戦死した。

夜の十時ごろ、日本艦隊は、ガ島北方海上で米艦隊と戦い、米駆逐艦三隻を撃沈し、戦艦一隻、駆逐艦一隻を撃破したが、日本側は高速戦艦「霧島」と駆逐艦一隻を失った。前日の「比叡」とこの「霧島」は、飛行場砲撃のために出撃したのだが、二艦とも目的を果たせずに沈没したのである。

輸送船四隻と、沈没船の乗船者、乗組員を乗せた二水戦の駆逐艦部隊は、十一月十五日の午前一時三十六分、タサファロング泊地に入り、揚陸を開始した。

だが、午前六時ごろから、米軍機延べ三十機の爆撃と、米巡洋艦、駆逐艦各一隻の砲撃をうけ、四隻とも火災を起こして、再起不能に陥った。

揚陸できたのは、人員約二千人と糧食千五百俵、野山砲の弾薬二百六十箱だけであった。糧食千五百俵は、第十七軍将兵全員の四日分にすぎないし、弾薬の大部分は、米軍の砲爆撃で焼失してしまったのである。

第三十八師団主力と、弾薬、糧食の到着を待って、こんどこそ飛行場を攻略しようとした第十七軍の計画も、これでふっ飛んだ。

米軍の制空権下の海域、地域にもかかわらず、海上輸送、揚陸を無理に強行したために、この結果になったのであった。

十一隻の船団輸送にかかわり、十一月十二日から十五日までに起こった海戦は、第三次ソロモン海戦とよばれる。

十一月七日の夜、駆逐艦に便乗してガ島をたった辻は、九日の朝ショートランドに着き、これからガ島に向かおうという佐野第三十八師団長をたずねて、ガ島の情況を説明した。

そして、明くる十一月十日の朝、海軍機でラバウルに向かった。

このころ辻は考えた。

「補給の困難が敗因だが、それは日米海軍の実力の差によるものだ。術は量に勝てない」

ラバウルで補給業務に苦労していた第十七軍兵站参謀の山本筑郎少佐（大本営から派遣）は、辻と話し合って、いった。

「この作戦は、とうてい勝ち味がありません。大本営は思い切って、転換しなければなりません」

心中をずばりと看破されたように感じた辻は、こたえた。

「そのとおりだ。いたずらに面子にとらわれるべきではない。問題はどうして転換にみちびくかだ」

駆逐艦などでのネズミ輸送や、潜水艦でのモグラ輸送をやっているようでは、ガ島の将兵は糧食、兵器、弾薬に窮して、戦わなくても全滅してしまうにちがいない、と辻はやっとさとったようである。

第三次ソロモン海戦で、戦艦「比叡」「霧島」が米軍飛行場に一発の砲弾もぶちこめずに沈没し、第三十八師団主力と、弾薬、糧食を積んだ十一隻の輸送船が全滅して、弾薬、糧食の揚陸にほとんど失敗したことを知った辻は、

「もはや絶望だ」と思った。

十一月十五日、ラバウルからトラックに飛んだ辻は、連合艦隊の旗艦「大和」に山本五十六を訪ねた。

「なんとも申しわけありません。閣下のご期待に沿いえませず、無能な結果に終わりまして……」

山本はおだやかに辻を慰労したが、痩せて白髪がふえたその顔は、深い憂色につつまれていた。

十一月二十日すぎ、辻は二ヵ月ぶりに東京に帰り、二十四日に大本営陸軍部でガ島の報告をおこなった。

その席に居合わせた陸軍省軍務課長の真田穣一郎大佐は日記に、要旨、つぎのようなことを書いた。

「まず作戦班長としての謝罪。ラバウルとガダルカナルの開きは大変である。辻中佐が参加したバターン、マレー、漢口、ノモンハンのいずれよりも猛烈であった。飯をどうして運んでくれるかで精いっぱい。二ヵ月間、兵は太陽を見ず。本月二十二日までは米ありしはず、二十三日からはないはず。

消耗の予想は、戦争をしなくても二ヵ月いれば三分の一に減少する……」

九月の下旬、辻と交替してラバウルから大本営に帰っていた井本熊男中佐は、のちに、「勇猛な辻参謀の第二師団攻撃不成功後、……帰還後の報告には、ガ島奪回を断念すべき本心が含まれていたのであるが、それを直接法に表現することは、さしひかえていた。率直に所信を述べると、『弱い』と上からいわれるいまいましさを考えていたのであろう」と述べている。

田中作戦部長はなお強硬であった。

「ガダルカナルはこれを奪回せねばならぬ。また東部ニューギニアを確保せざれば、ラバウルはもたぬ。ソロモン方面においては連続大反攻を撃破して優位を保たねばならぬ。とくに昭和十八年後半期の作戦始動はきわめて重要なり。

要するにガ島は奪回す。ポートモレスビーは、取ることを前提として準備することといたし」という考えを、すこしも変えていない。

首相兼陸相の東條はすでに、ガ島の陸軍部隊にたいする補給は不可能で、これ以上、ガ島奪回作戦を継続することは無理と考えていた。

十二月（昭和十七年）六日の夜、総理官邸で、東條陸相、木村兵太郎次官（中将）、佐藤賢了軍務局長（少将）、冨永恭次人事局長（少将）らにたいして、田辺盛武参謀次長（中将）と田中新一作戦部長（少将）は、ガ島奪回作戦遂行のための船舶徴傭をつよく要求した。それにたいして、東條は、

「作戦上の要求というが、現在のように船舶の損耗が多いと、戦争の遂行ができないのではないか」と、拒否をするようにこたえた。田中は食い下がった。

「損耗の情況および今後の見とおしなどについては、次官以下によく説明してあります。ご報告はなかったのですか」

「いや、そんなことは知らん」

「それはおかしい。そんな陸軍省では、戦争の遂行などできませんぞ。バカヤロー」

東條はすっくと立っていった。

「何をいいますか」

冷たく、静かで、そのために一座は、すうっと白けた。

明くる七日、田中は重謹慎十五日に処せられ、南方軍総司令部付に転補された。

新作戦部長には綾部橘樹少将が発令された。

ついで十二月の十四日、作戦課長の服部卓四郎大佐が東條陸相の秘書官に転出し、後任に軍務課長の真田穣一郎大佐が就任した。

陸海軍の戦争・作戦指導部が無責任にぐずついているあいだに、ガ島では、飢餓と病気のために、毎日、四十人以上が死んでいった。

真田作戦課長は、十二月十七日、作戦班の参謀瀬島龍三少佐と航空班の参謀首藤忠男少佐をともない、ラバウル方面に出張した。

十二月二十五日に、ラバウル方面出張から帰った真田は、その夜、参謀総長官邸で、杉山総長、田辺次長、綾部第一部長にたいして、ガ島方面の情況を報告し、ガ島を撤収して、ラバウル中心の防御主線を設定すべきであると意見具申をした。一同は同意した。

瀬島と首藤が作戦班長の辻に報告すると、辻はうなずいた。

翌二十六日、真田が大本営海軍部にガ島撤収案を説明すると、海軍側も異議なく賛成したが、むしろ待っていたという感じであった。

十二月三十一日の午後二時から宮中大広間でひらかれた御前会議で、軍令部総長の永野と参謀総長の杉山は、天皇にたいして、

「南太平洋方面作戦が当初の見とおしを誤りまして、事ここにいたりましたることは、まことに恐懼のいたりにたえざるところでございますが、今後とも陸海軍緊密に協同いたしまして、万難を排して戦局を打開し、誓って聖慮を安んじ奉らんことを期しております」と陳謝し、ガ島部隊の撤収に対する裁可を得た。

ガ島撤退の大命は、明けて昭和十八年の一月四日に発せられた。

しかし、陸海軍とも、撤退といわず、「転進」というゴマカシ臭い言葉をつかった。このように美化粉飾する陸海軍の体質は、国を誤る一因となっていたといえる。

昭和十八年一月末、高山戦力班長は辻にたずねた。

「ガ島撤収の方針にたいして、班長はどう思われましたか」

「わが輩は撤収には反対であった。どこまでも奪回作戦に徹すべきだったと思う。しかし、新作戦課長、部長が決断したのだから、したがうより致しかたあるまい。いまにして考えれば、たとえ奪回作戦を継続したとしても、成功の可能性は少なかったであろう……」

れた。

「ガ島敗戦の原因をいかが思いますか」

「彼我戦力の相違、なかんずく航空戦力の差だな。物資の補給を潜水艦輸送に依存する情況では、日本陸軍いかに精鋭なりとも、どうにもならんな」

それからまもない二月一日、辻は大本営参謀を免じられ、陸軍大学校の兵学教官に転補された。

服部が東條陸相の秘書官となり、辻が陸大教官とされることについて、高山はその著書の中で、こう書いている。

「ひとしくガ島作戦失敗の大責任者である服部が東條の信頼を受け、辻が大本営から疎外されるという原因は奈辺にあるのであろうか。それはもっぱら両者の人格の相違に由来するのではあるまいか。

すなわち辻は、自己の信ずるところは総理であろうと、陸相であろうと、遠慮なく直言する性格であるのに対し、服部は対者の人格と意見を尊重しながら、おだやかに発言する態度であった。

辻は卓見の士であり、決断実行の人であったが、組織内で活躍する面においては、いささか欠陥が感ぜられた。

服部は組織の人として十分に協調し、あるいは指導し得る人格であった」

辻が卓見の士であるというのは、先輩にたいする社交辞令であろうが、そのほかは妥当のようである。

平たくいえば、辻は粗野な一匹狼で、服部は上司にも部下にも当たりのいい、ソツのない出世上手な男のようである。

しかし、服部、辻は作戦部長の田中とともに、参謀本部の中核参謀としては見識が低く、大局を誤って、落第となった。といっても、かれらは参謀総長の杉山と陸相の東條の気に入るようにうごいていたので、元をただせば、杉山と東條がその職に落第だったのである。

大局を誤った最大の原因は、またしてもというほかないが、情報を軽視し、敵情判断を誤り、敵を知らず己れを知らずに戦ったことであった。

海軍も同じである。

昭和十八年の二月一日、四日、七日の三回、毎回二十隻ほどの駆逐艦が、夜、ガダルカナル北西端のエスペランスとカミンボにゆき、飢餓に苦しみ、疲労困憊した将兵たちを収容して、奇蹟的にぶじ帰還した。

第十七軍の報告によると、救出された将兵は、陸軍九千八百四人、海軍八百四十八人、合計一万六百五十二人であった。

ガ島での戦没者は、陸軍約二万八百人、海軍約三千八百人である。そのうち約一万五千人が病死だが、飢餓からの病死がほとんどだったという。

米軍側は戦闘参加人員が陸軍と海兵隊あわせて約六万人、そのうち戦死者が約千六百人、負傷者が四千二百四十五人であった。

昭和十七年八月から十八年一月までの六ヵ月にわたるガ島戦での日米両海軍の損害は、つぎのようなものであった。

◇日本海軍の損害

飛行機喪失　八百九十三機

搭乗員戦死　二千三百六十二人

沈没艦艇　小型空母一隻、戦艦二隻、重巡三隻、軽巡一隻、駆逐艦十四隻、潜水艦八隻

◇米海軍の艦艇の損害

沈没　正規空母二隻、重巡九隻、駆逐艦十三隻

正規空母はホーネットとワスプである。ホーネットは、南太平洋海戦で日本空母機隊が大破させ、駆逐艦「巻雲」「秋雲」が雷撃により撃沈し、ワスプは伊号第一九潜水艦が雷撃で大破させ、米軍の駆逐艦が処分した。

重巡九隻のうち七隻は、日本の水上艦が撃沈した。

駆逐艦十三隻中の十隻は、日本の水上艦と潜水艦が撃沈した。

山本五十六以下の連合艦隊司令部と、永野修身以下の大本営海軍部は、海軍航空部隊の実力を信じてガ島戦を進めたのだが、このように戦果が少なく、損害が甚大な結果にしかならなかったのである。

米軍が沿岸監視隊やレーダーと連携する防空戦闘機を多数そなえて制空権をにぎり、対空火器を強化し、日本の爆撃機隊、雷撃機隊の攻撃をきわめて困難にさせたのがいちばんの原

因であった。

「叩いても叩いても、敵はあとからあとからくる」ということばが、この当時、連合艦隊司令部でも、大本営海軍部（軍令部）でも、一般国民のあいだでも流行した。そして、「飛行機が足りない。飛行機がありさえすれば、勝てる。飛行機を大増産しろ」というのが合言葉のようになった。

じっさいは、飛行機で叩けたものがわずかなので、米軍の兵力はほとんど減らず、あとからあとからくるように見えていたのであった。

「飛行機がありさえすれば勝てる」というのは、ガ島戦線や南太平洋海戦のときのように、マボロシの戦果をホンモノと信じた錯覚にすぎないもので、飛行機があっても、勝てなくなっていたのである。

これは、搭乗員たちの責任ではない。条件のわるい戦いをやらされた搭乗員たちは、情報を軽視して、航空を過信し、敵味方の実情を見ぬけず、誤った作戦用兵をつづけた山本五十六や永野修身らの犠牲者であった。

ガダルカナル島奪回作戦を最初にいい出し、陸軍を巻きこみ、惨憺たる結果に終わらせてしまった海軍首脳の責任は、重大というほかなさそうである。

そして海上・基地航空兵力を大量に失った日本海軍は、この時点で、米海軍に対して勝ち目がなくなった。

ガ島奪回作戦はやるべきではなかった。

一気に兵力を大量に投入すれば、ガ島は奪回できたという説もあるが、奪回しても補給困難で、ふたたび奪回されるだけであったにちがいない。

全滅の責任

陸軍大学校の兵学教官となった辻は、昭和十八年の八月、大佐に進級し、南京の支那派遣軍総司令部に赴任して、政治・後方担当の第三課長となった。

同派遣軍の総司令官は元陸相の畑俊六大将で、総参謀長がマレー作戦のとき第五師団長だった松井太久郎中将であった。

東條は辻を中国に送りこみ、日本が中国人にたいして道義政策を執っていると宣伝させ、中国人たちを日本に協力させようとしたのである。

このころ、派遣軍参謀であった三笠宮崇仁親王少佐は、ある日、蔣介石重慶政府主席の故郷の風景写真を数枚おさめた写真帳を辻に見せて、いった。

「どうかして、お母さんのお墓だけでも祀ってあげたいですね」

かつて大元帥張作霖の葬式をおこなって好評を博した辻は、ピンと感じて、

「なんとか方法を講じてみましょう」とこたえた。

十一月の二十四日、中国側を主催者とする中日共同の合同慰霊祭が、中国仏教の中心地である浙江省寧波でおこなわれた。この戦争（支那事変）で死んだ両国の軍、官、民の戦没者

の慰霊祭である。

ついで二十五日には、蔣介石の故郷浙江省の奉化県溪口鎮の寺で、蔣母の法要と墓前祭が盛大におこなわれた。

一ヵ月後、重慶新聞は、「日寇祭蔣太夫人」という見出しで、一面ぜんぶを埋めて大々的にこれを報道した。

かなり効果があったようである。

終戦後、辻がタイ国から中国に逃げこみ、命びろいをしたのは、このためであったかもしれない。

こののち辻は、蔣介石政権との和平工作に奔走したが、これは失敗した。

すでに蔣介石は、太平洋戦争で日本が敗北することを確信していて、日本に有利な和平などに応じるわけがなかったのである。

東條陸相の秘書官になっていた服部大佐は、昭和十八年十月二十日、真田穣一郎少将が参謀本部作戦部長に昇格したあと、ふたたび同本部作戦課長に任命された。

東條が作戦情況を常時把握しようとして、腹心の服部を復帰させたようである。

昭和十九年六月十九、二十日、小沢治三郎中将がひきいる第一機動艦隊が、マリアナ諸島西方の海上で、二倍の航空兵力の米機動部隊と決戦した。だが、米艦隊にかすり傷を負わせただけで、正規空母「大鳳」と「翔鶴」の二隻、改造空母「飛鷹」一隻、飛行機約四百機（四百七十三機中）を失って大敗した。

日本攻撃機隊は、米軍の強力なレーダー、防空戦闘機、対空火器などにやられたのだが、これで日本海軍の海上航空兵力は壊滅した。

中部太平洋方面艦隊司令長官の南雲忠一中将が総指揮するサイパン島の日本陸海軍守備隊三万一千六百二十九人は、六月十五日から三週間にわたり、装備の優秀な米上陸軍六万七千四百五十一人と死闘したのち、七月七日、総突撃を決行して全滅した。

このマリアナ沖海戦の敗北とサイパン島の喪失（やがてここからB29が日本本土爆撃に出撃する）で、日本の敗北は決定したといっていい。

それでも、神がかりのようになっていた日本陸海軍は、犠牲をふやすだけの、勝算のない無益な戦いをつづけた。

皇族や重臣たちにサイパン失陥の責任を追及された東條内閣は七月十八日に総辞職し、七月二十日、小磯国昭《くにあき》陸軍大将と米内光政海軍大将の連立内閣が成立した。

新陸相には杉山元大将、新参謀総長には梅津美治郎《よしじろう》大将が親補された。

辻大佐が、「第三十三軍参謀に補す」という陸軍省からの電報をうけとったのは、このように敗色濃厚となってきた昭和十九年の七月三日であった。

すぐさま南京をあとにして、七月十日、中部ビルマの中心地マンダレーの東北東約四十キロのメイミョウにある、第三十三軍司令部に着任した。

軍司令官の本多政材《まさき》中将はいった。

「君は中佐になったつもりで、白崎の下で作戦主任をやってくれ」

「はあけっこうです。どんな仕事でも」

白崎は、陸士で辻より二期上、服部と同期の白崎嘉明大佐である。

辻はさっそく、印支（インドと中国）の地上連絡路を遮断する「断作戦」の計画を立案した。方針の要旨は、

「軍は主力を芒市（ビルマにちかい中国雲南地区にあり、インド、ビルマ、中国をむすぶ公路上の要地）周辺に集結し、雲南遠征軍（十五コ師団という大軍の米式装備の中国軍。雲南地区の日本軍を西のビルマに駆逐して、印支連絡路を確保しようとしている）主力を龍陵（芒市の北々東約二十二キロ）方面に撃滅して怒江（龍陵の東方を北から南へ流れ、ビルマに入ってサルウィン河となる）の線に進出し、拉孟《らもう》（龍陵の北東約二十二キロ）、騰越（拉孟の北西約五十五キロ）両守備隊（日本軍）を応援するとともに、印支連絡路を遮断する。

攻撃開始の時期は九月上旬とする」というものであった。

主目的は拉孟、騰越の両守備隊を救出することで、従目的が援蒋ルートの遮断である。

指導要領の要点は、

「第五十六師団は、雲南遠征軍を抑留しながら、攻撃を準備する。

第二師団は、芒市方面に進出し、第五十六師団とともに攻勢を準備する。

第十八師団は、ナンカン（中国との国境にちかいビルマ領内の要地）方面に集中し、ミイトキーナ（北部ビルマのイラワジ河畔にある要地。東へゆけば騰越、南へゆけばナンカンをへて、芒市に通じる）方面の敵にたいして印支連絡路を遮断する」などである。

第三十三軍は「昆」集団、第五十六師団（北九州）は「龍」師団、第二師団（仙台）は、「勇」師団、第十八師団（久留米）は「菊」師団とよばれる。

八月三十日の夜、本多軍司令官は、第三十三軍戦闘司令所を芒市に進め、辻が立案した軍攻勢命令を下達した。要旨はつぎのようなものであった。

「拉孟、騰越、平戛（拉孟の南々東約四十キロ）各守備隊（日本軍）は、優勢な敵の長期にわたる猛攻にたいし、孤軍よく陣地を死守している。

龍陵守備隊（日本軍）は八月中旬以来、拉孟、平戛のあいだから西進してきた敵の重圧をうけつつある。

軍はすみやかに龍陵周辺の敵を撃破して怒江の線に東進し、まず拉孟守備隊を、ついで騰越および平戛守備隊を救援せんとす。

攻勢開始は九月三日の払暁とする」

このころ、軍参謀長の山本清衛少将は、参謀二名を指導して、後方で補給業務の統制に当たっていた。

本多軍司令官が、山本と辻の確執をおそれ、山本を前線から下げたのである。

辻はよくよく協調性がないらしい。

高級参謀の白崎大佐は、九月一日付で第十八師団参謀長に発令されるため、すでに軍司令部から去り、辻が高級参謀になっていた。

九月三日、北東の龍陵周辺の雲南遠征軍にたいして「龍」(第五十六)師団は公路の左(西)側から、「勇」(第二)師団は右(東)側から攻撃を開始した。

しかし、中国軍が十五コ師団にたいして、日本軍は二コ師団といっても、歴戦の兵の損耗で実兵力が一コ師団以下にすぎないため、容易に前進できなかった。

この作戦の主目的は、拉孟と、騰越両守備隊の救出にあったが、戦況は思うように進展せず、拉孟は九月七日、騰越は九月十四日に、それぞれ全滅してしまった。

第五十六師団歩兵第百十三連隊の野砲兵第三大隊長金光恵次郎少佐を隊長とする拉孟守備隊は、人員約千二百六十人、山砲十二門、十センチ榴弾砲八門、速射砲二門という部隊であった。

攻撃した中国の雲南遠征軍第六、第八軍は、人員約四万一千五百人、十五センチ榴弾砲四門、十二センチ榴弾砲十七門、速射砲十二門、迫撃砲約百門、ほかに重砲約二十四門という大軍である。

九月九日、重慶政府の蔣介石主席は第二十集団(雲南遠征軍下の一兵団)総司令に訓示をあたえたが、その一部はつぎのようなものであった。

「松山陣地(拉孟陣地)は九月七日、第八軍が攻占し、欣快に堪えない。軍はひきつづき龍陵方面からの敵反抗にそなえる準備に着手した。騰越はぜひ九月十八日の国辱記念日(満州事変勃発日）までに奪回すべし。

……わが将校以下は、日本軍の松山守備隊あるいはミイトキーナ守備隊が孤軍奮闘最後の一兵にいたるまで命《めい》を全うしある現状（命令を守って戦った）を範とすべし」

南方軍総司令官の寺内寿一大将は、九月十六日、故・金光恵次郎少佐にたいし個人感状を付与した。

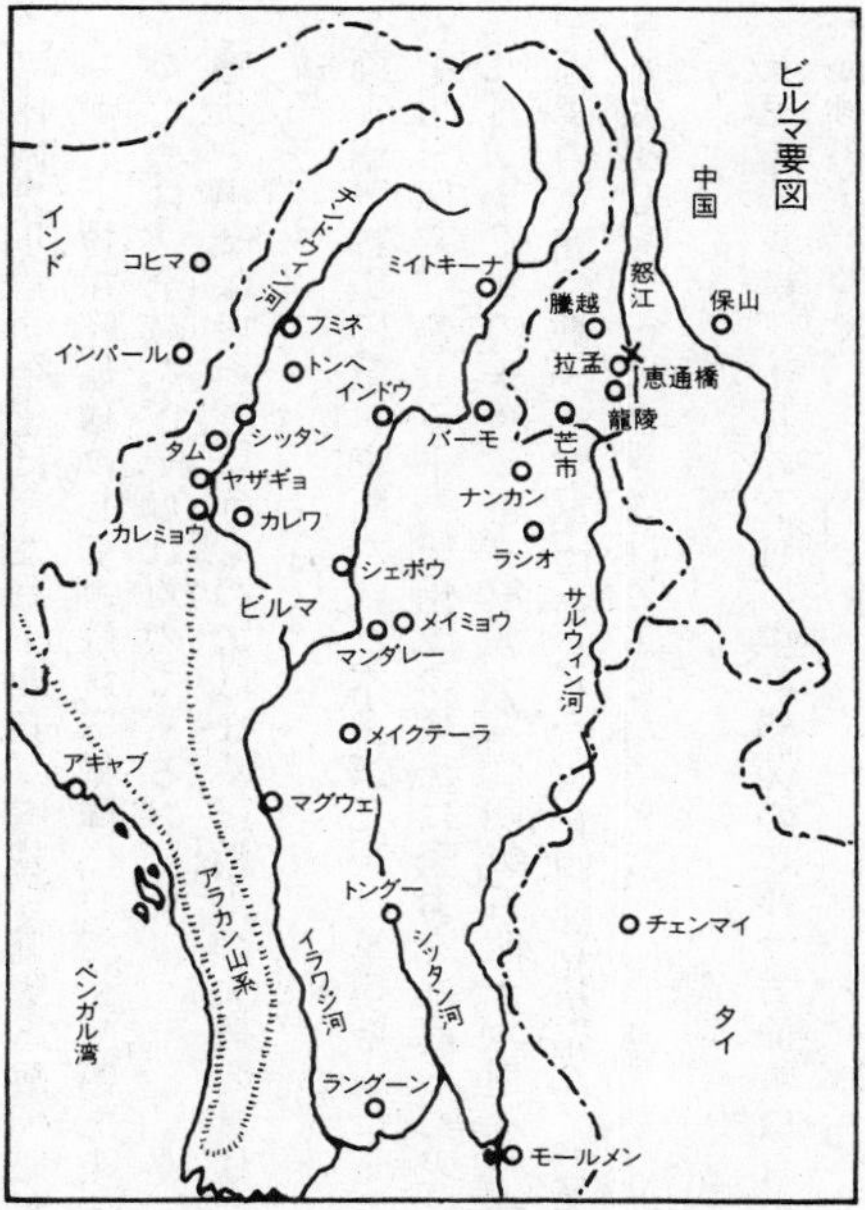

第五十六師団の歩兵第百四十八連隊長蔵重康美大佐を隊長とする騰越守備隊は、人員二千二十五人、野砲二門、山砲、速射砲各三門、迫撃砲一門、機関砲二門という部隊であった。
これにたいして、攻撃した雲南遠征軍第二十集団の直轄部隊である第五十三、第五十四軍は、人員約四万九千六百人、火砲多数という大軍である。

寺内南方軍総司令官は、九月十四日、騰越守備隊と故・蔵重康美大佐に感状を付与した。しかし、拉孟守備隊にしても騰越守備隊にしても、第三十三軍の救出作戦が手おくれになったために、全滅をさせられたのである。感状を出せばいいというものではなく、救出の失敗の責任も明らかにしなければならないであろう。

両守備隊救出の望みを断たれた本多第三十三軍司令官は、九月十四日の夕刻、各部隊に作戦中止を伝え、のこる平戞守備隊の救出に全力をあげることにした。

九月二十二日の午後二時、第五十六師団第百四十六連隊長今岡宗四郎大佐の今岡部隊は、中国軍の重囲を破って平戞に突入し、隊長阿部和信少佐（今岡連隊第一大隊長）の平戞守備隊を救出し、芒市にひき揚げることができた。

第三十三軍は、十月の五日、上部機関のビルマ方面軍にたいして意見具申をおこなった。わかりやすく書く。

「内外の情勢が急迫しているとき、全般の戦局から必要ならば、第二師団と吉田部隊を他方面に転用されたい。軍は残りの兵力で、十分現任務を完遂できると確信している。

右謹んで意見を具申する。なお転用は十月十日以後ならばいつでもよろしい」

ビルマ方面軍司令官は、元陸軍次官の木村兵太郎中将である。

内外の情勢が急迫しているというのは、フィリピン方面にたいする連合軍の本格的上陸がせまっていることで、吉田部隊とは「狼」師団とよばれる第四十九師団（南鮮）の連隊長吉田四郎大佐の歩兵第百六十八連隊で、同師団から抽出されて第三十三軍に加わっている部隊である。

「残りの兵力で、十分現任務を完遂できる」のうらづけは、つぎのようなことであった。

ビルマ方面軍は、第三十三軍が、昭和十九年末ごろまで、あと約三ヵ月間、印支連絡路の遮断をつづけることをのぞんでいる。

さいわい、雲南遠征軍は龍陵の会戦で大きな損害を出し、現在整備訓練中で、進撃が非常に遅れている。同軍が呼応しようとしている北部ビルマの米支（米国と中国）軍は現在ミイトキーナ周辺にいるが、まだ南進の気配がない。

したがって、このさい第二師団と吉田部隊を抽出されても、軍の任務は達成できるというのである。

この案を本多第三十三軍司令官に意見具申したのが辻であった。

大本営作戦参謀の瀬島龍三少佐は、八月の下旬、インパール（ビルマ北西部の国境から西へ約六十キロのインド領内にある要地）作戦（軍司令官牟田口廉也中将の第十五軍を主力として、昭和十九年の三月から七月にかけて実施された）の惨憺たる失敗のあと始末をつけるためにビルマに飛来し、各兵団司令部と連絡をとり、前線を視察した。

その結果、「第三十三軍の『断作戦』を終わらせ、ビルマ防衛に転換させるべきである」という見解に達した。

ビルマ方面軍は、ビルマ北東部の第三十三軍、ビルマ北西部の第十五軍、ビルマ西部の第二十八軍などで編成されている。

メイミョウにいる瀬島から、今後の作戦にたいする意見を求める電報をうけた辻は、瀬島の見解に同意する返電を送った。

辻が本多軍司令官に前記の意見を具申したのは、この結果である。

第三十三軍の意見具申にたいしてビルマ方面軍は、要旨、

「第二師団は十月十日ごろよりマンダレー（イラワジ河畔にある中部ビルマの中心地）方面に転用するよう準備されたい」と打電した。吉田部隊は現状のままでいいというのである。

昭和十九年十月二十日の朝、連合軍最高司令官マッカーサー元帥が指揮する米軍二十万人が、フィリピン中部のレイテ島に上陸を開始した。

それを直接援護するのが、キンケード中将がひきいる戦艦六隻、護衛空母十八隻をふくむ三百十四隻の第七艦隊であった。

間接的（戦略的）に支援するのが、ハルゼー大将がひきいる空母（正規、軽）十八隻、高速戦艦六隻をふくむ百五隻の第三艦隊であった。

日本の連合艦隊は、レイテ湾のマッカーサー軍と第七艦隊を粉砕して、米陸海軍をレイテから駆逐しようとした。

フィリピン沖海戦とよばれるこの戦いは、十月二十三日から二十六日までつづいた。

しかし、連合艦隊が米軍にあたえた損害は軽少で、連合艦隊は壊滅同然となった。「瑞鶴」以下の四空母、「武蔵」以下の三戦艦、「愛宕」以下の六重巡、「多摩」以下の四軽巡、駆逐艦十二隻、潜水艦四隻が沈没し、「高雄」以下の四重巡が大破してほとんど戦闘力を失った。

フィリピンの基地航空部隊は、神風特別攻撃隊まで出動させたが、全体では戦果がすくなく、損害が甚大で、約二百八十機のうち半数以上を失った。

栗田健男中将がひきいる「大和」「武蔵」「長門」などの戦艦七隻、重巡十一隻、軽巡二隻、駆逐艦十九隻、合計三十九隻の第二艦隊は、護衛戦闘機もなしに米軍の制空権下の海域に入りこみ、米空母機隊にフクロだたきにされたのであった。

二百機ほどの熟練した護衛戦闘機がついて、制空権を握り、米潜水艦を制圧して戦えば、マッカーサー軍と第七艦隊に大損害をあたえることができたであろうが、すでに日本海軍にはそれだけの必要兵力もなかった。

芒市にたいする雲南遠征軍の総攻撃が、十一月（昭和十九年）十九日の夜明けから開始された。勝算なしという辻の意見に同意した本多軍司令官は、各部隊にたいして、芒市からの急速撤退を命じた。

撤退にあたり本多は、捕虜の恩義章中尉に蔣介石あての親書をもたせ、衛立煌雲南遠征軍司令官にとどけさせることにした。

恩は衛軍司令官の情報部長で、親書は奉書に日本文で書かれ、日付は十一月十九日で、

「閣下の精鋭と戦うこと半歳、この間、閣下の将兵がいたるところにおいて勇戦敢闘せらるるを目撃いたし候ことは、ともに東洋人たるの地位において衷心より慶賀に堪えず候。

戦略上の必要により芒市を返上することにいたすべく候。麾下七万の戦没英霊に対し、ここに謹んで哀悼の誠意を捧げ候」という要旨のものであった。

これは九月九日、芒市の日本軍が傍受した、蔣介石から第二十集団総司令への訓電に応じようとしたものだが、じつは辻が進言し、文案も辻が書いたようである。

そのうえ辻は、この親書に、つぎのような自分の親書も同封させた。

「私は一介の参謀にすぎず、直接、蔣主席に手紙を差し上げる身分ではないが、かつて南京在勤中、三笠宮殿下および畑元帥の代理として蔣母を祀ったときの写真八葉を篋底《きょうてい》に保存していたが、この激烈な戦場ではいつ果てるとも知れない境遇にある。

聞くところによれば、主席の孝心はとくに深いと、ここに芒市撤退に当たり、謹んでこの写真を送上いたしたく、なにとぞ閣下より主席に御転送をお願いします」

本多の親書とこの写真を利用して、蔣介石に自分を売りこもうという魂胆だったらしい。

これはのちに、辻の命びろいに役立ったと認められる。


北部ビルマの中心地ミイトキーナの南方約百五十キロ、イラワジ河畔のバーモは、ビルマ・中国国境に近いレド公路（インド領レド、ミイトキーナ、バーモ、ナンカン、芒市、龍陵、保

山、昆明という道路）上の要地で、「勇」（第二）師団捜索第二連隊長原好三大佐を隊長とするバーモ守備隊約千百八十人が守備していた。

中国新編第一軍の四コ師団四万人以上の大軍が、十一月（昭和十九年）十五日、バーモ守備隊を包囲し、砲爆撃の支援をうけて、同守備隊に攻撃を開始した。

本多第三十三軍司令官は、十一月三十日、要旨、つぎの命令を下した。

「支那新編軍はバーモを猛攻中にして、同地守備隊は孤軍奮闘中なり。軍はバーモ正面の敵を撃破し、同地守備隊を救出せんとす。

山崎支隊長は、ナミュ（バーモの南々東約十五キロ）方面よりバーモの敵の背後を急襲し、守備隊の突破脱出を容易ならしむべし」

山崎支隊長は、「菊」（第十八）師団の歩兵第五十五連隊長山崎四郎大佐を長として、「菊」「龍」（第五十六）「狼」（第四十九）師団から選抜した歩兵約二千二百五十人、砲兵（九門）約五百人、工兵その他約五百人、計約三千二百五十人の部隊である。

軍高級参謀の辻大佐と軍参謀黍野《きびの》弘少佐がこの支隊に同行する。

十二月九日の夜明け、山崎支隊は、ナミュ高地の中国軍を急襲し、陣地ふかく突入しながら、夕刻には砲兵陣地まで進出して、山砲四門、迫撃砲十数門、機関銃約二十梃を分捕る戦果をあげた。

だが、一時は混乱した中国軍も、二日後の十一日ごろから兵力を増強して反撃に転じ、十二、十三、十四日と日がたつにつれて形勢が逆転し、山崎支隊が窮地に陥った。

バーモ守備隊の原大佐は、十二月十一日ごろから中国軍の攻撃がよわくなり、砲爆撃もすくなくなったのを見て、十二月十四日の夜、敵陣を突破して脱出する決意をかためた。赤穂浪士討ち入りの夜である。

守備隊は午後十一時ごろ、攻撃前進を開始したが、中国軍の抵抗が強くて突破ができず、十五日の午前一時ごろ、西側のイラワジ河畔の凹地に集合した。

午前四時すぎ、原はとっさに決意し、守備隊をひきいて、河畔南方の中洲に出た。

中洲東方の堤防上の中国軍が、とつじょ急射撃を浴びせてきて、守備隊は南北に縦隊のまま、前進ができなくなった。

夜が明けると、東方の堤防上のほかに、右後方四、五百メートルのあたりからも、機関銃を浴びせられはじめた。

原は、突破部隊長の高橋進少佐と共に、やにわに東方の堤防めがけて突進した。守備隊全員もこれにつづき、堤防下の崖を一気に駆け登り、喚声をあげて中国軍の火点に突入した。

堤防上の中国軍は恐れて退却し、思いがけなく突破口が開かれた。

守備隊は堤防上を南へ右旋回し、中国軍陣地のうしろまで一気につっ走った。

十二月十五日の午前九時ごろであった。

守備隊はイラワジ河左（東）岸道を南進し、午後三時ごろには、予定集合点のサワジ（バーモの南々西約十四キロ）付近に達し、十九日の夕刻から、逐次、ナンカン（バーモの南東約六十キロ）に帰還した。

突破直前の守備隊は約九百三十人で、帰還した将兵は約九百人であった。

バーモ防衛戦においての総損害は、戦死約二百八十人、戦傷病約三百人である。

バーモ守備隊救出のために、苦境に陥りながら敢闘をつづけていた辻らが同行する山崎支隊は、十二月十六日の朝、バーモ守備隊が打電した、

「セイコウ、セイコウ」という平文の電報を傍受し、戦線を整理して、帰途についた。

約三千二百五十人の支隊の損害は戦死約百五十人、戦傷約三百人である。

十二月二十日の夜、ナンカンにおいて戦死者の慰霊祭がおこなわれ、本多軍司令官は、山崎、原両支隊への感状を読み上げたが、本多の声はと絶えがちとなり、居並ぶ将兵も感涙にむせんだ。

バーモ守備隊長の原は、東北訛りの朴訥、無口な人物で、電報でも口頭でも、敵にあたえた損害にはほとんど言及しなかった。

「激戦中に敵の死傷者数を数える余裕はない。したがってわからぬことは報告できない」というのである。

それがひとしお感動をさそったらしい。

昭和十九年十二月の末、第三十三軍は、「龍」（第五十六）師団をもってワンチン（芒市とナンカンの中間にある中国領内の要地）付近を、山崎支隊をもってナンカン付近を守備し、東からくる雲南遠征軍と、北からくる新編軍の両中国軍の合流を阻止しようとしていた。

吉田部隊と、「勇」(第二)師団の連隊長一刈勇策大佐が指揮する一刈部隊(歩兵第四連隊主力)は、第二線部隊として、センウイ(ワンチンの南々西約百キロ、ラシオの北々東約四十キロ)付近に配備されていた。

両中国軍は、昭和二十年一月十日すぎ、東と北の両面から日本軍にたいする攻撃を開始した。蒋介石は、雲南遠征軍と新編軍にたいして、

「すみやかに日本軍を撃破して印支公路(レド公路)を打通すべし」と督励電を打ち、新編軍副司令の鄭洞国は、雲南遠征軍司令官の衛立煌あてに、

「ちかくナンカンで遠征軍と握手するであろう」と打電した。

ナンカンの山崎支隊は、約二コ師団余の新編第一軍に包囲攻撃をうけ、たちまちにして危《き》殆《たい》に瀕した。

一方、ワンチン方面の「龍」師団とその南方の吉田部隊も、約十五コ師団の雲南遠征軍の攻撃をうけて、苦戦をしていた。

この当時、中国軍の総兵力は、雲南遠征軍が十五コ師団約二十万人、新編軍が六コ師団約九万人とみこまれていた。

日本軍は、「龍」師団約九千人、吉田部隊約千二百人、山崎部隊約千二百人、一刈部隊約千人、軍直轄部隊約三千人、病院・補給廠など約四千人、合計約一万九千四百人という兵力である。

兵力比は十五対一である。

日本軍は、中国軍にたいして反撃をくわえながら一歩一歩、後退した。

両中国軍は、昭和二十年の一月二十七日、ナンカンとワンチンの中間で劇的な握手をかわした。

一月二十九日、第一回の自動車縦列が軍需品を満載して、レド公路上を昆明（雲南省の中心。ここから重慶に鉄道が通じている）に向かった。

二月十日、第三十三軍の諸隊は、センウイ以南に新陣地をきずき、次期作戦にそなえることで、「断作戦」を打ち切った。

ビルマ方面軍は第三十三軍にたいして昭和十九年末まで印支連絡路の遮断を続行せよと命じていたのだが、それより一ヵ月ちかく長くもちこたえたので、第三十三軍は十分に任務を達成したわけである。

ただ、日中両軍がこの兵力比で、日本軍が、これだけ戦えたのは、中国軍が米軍と比較して、装備も練度もはるかに劣っていたからであった。

木村ビルマ方面軍司令官は、二月六日の夜、カロー（南部ビルマのメイクテーラ東南東約八十キロ）の方面軍戦闘司令所で、本多第三十三軍司令官にともなわれてきた辻政信参謀に個人感状をあたえた。

「昭和十九年七月以後の作戦間、帷幄の神謀によってよく長官を補佐し、奇策縦横、積極果敢に衆敵を撃破して、全般の作戦を有利にしたところが大である。

とくに作戦の重要な転機には、つねに身をもって直接作戦を指導して難局を打開し、その重圧をまっとうした。……」

ところが、辻は、そのときに方面軍参謀長の田中新一中将（前参謀本部第一部長）にたいし、「菊」（第十八）師団をイラワジ（ビルマの中央を北から南に流れる大河）会戦に参加させるため方面軍に差し出すことと、辻自身が第十五軍に転属して同会戦に参画することの二件を内約した。

この当時の第十五軍は軍司令官が片村四八中将で、第十五、第三十一、第三十三、第五十三師団などから成り、マンダレー南西のイラワジ河畔で、インパールから追撃してきた軍司令官スリム中将の英第十四軍を迎え撃とうとしていた。

これがイラワジ会戦、別称「盤作戦」である。

シポウ（ラシオの南西約六十キロ、マンダレー北東約百四十キロ）にある第三十三軍司令部に帰ってから、辻はこの二件を本多に話し、認可を求めた。しかし、本多はこういった。

「君は個人感状をもらって、全軍の将校から妬《ねた》まれている。僕がもし第十五軍司令官だったら、おことわりする。作戦がうまくいったら、また辻がやったのだといわれるし、まずかったら軍司令官の責任になる。どっちにしても、君がゆくことは不同意だなあ」

不満を抱いてひきさがった辻は、感状をずたずたにひき裂き、マッチで火をつけて焼いてしまった。そのうえ、自分の印鑑と朱肉を自室前の机に並べ、「御用の方はどうぞご自由にご捺印下さい」と貼り紙をして、ストライキをはじめた。

さらに二月の八日には、ビルマ方面軍の田中参謀長と第十五軍参謀長の吉田権八少将あてに、独断で、

「第三十三軍はイラワジ会戦に協力するため、随時、第十八師団主力を抽出転用しうる準備しあり。なお同時に、辻参謀を第十八師団とともに第十五軍に増加配属せらるるも可なり」

という電報を打ったのである。

明くる二月九日、木村方面軍司令官は、本多第三十三軍司令官にたいして電命した。

「盤作戦に必勝を期すため、菊師団および辻参謀を自今、第十五軍司令部に配属す」

本多は予告なしの命令に驚いたが、すでに発令された以上どうすることもできなかった。統制違反をやっても罰せられたことがなく、田中方面軍参謀長と話がついている辻にとっては、これくらいのことは朝飯前だったのであろう。

辻大佐は、昭和二十年二月二十六日、マンダレー西南西約五十キロのミヨサにある第十五軍司令部に着任した。

その夕刻、英印軍の有力な機械化兵団が第十五軍の背後の要衝メイクテーラ市街（ミヨサの南々東約八十キロ）に急進中で、先頭はすでに市街に突入したという情報が入った。戦車がすくなくとも百輛、トラックが千輛以上の部隊という。

第十五軍はにわかにイラワジ会戦を中止し、メイクテーラの英印軍攻撃に向かった。「菊」（第十八）師団は、三月六日、メイクテーラ方面の英印軍に攻撃を開始したが、M4

大型戦車をともなう同軍は、中国軍とはくらべものにならないほど強かった。

そのうえ、一日に延べ二百機以上の大型輸送機で、兵員、兵器、弾薬、食糧を絶えまなくはこび、戦力の増強をすすめていた。

「菊」師団主力は、三月十六日の未明、東飛行場を占領したが、この日の午後、二十数輛の戦車をともなう英印軍にたちまち奪回された。

この日、シポウから南進してきた本多第三十三軍司令官一行は、カロー（メイクテーラの東南東約八十キロ）の南西約十キロにある大和村に到着し、田中ビルマ方面軍参謀長から、つぎのような方面軍命令を伝達された。

「第三十三軍司令官は、三月十八日以降、第十八師団および第四十九師団をあわせ指揮し、メイクテーラ方面の敵機甲兵団を撃滅すべし」辻も、この機会に第三十三軍に復帰した。

辻の意見を容れた本多は、三月二十五日の夜、軍戦闘司令所をメイクテーラ東方約二十五キロのサジに進めた。

そのころ、イラワジ戦線の第十五軍の各部隊は、英印軍に敗れて、しだいに南方に後退していた。

三月二十八日の夜、サジの決戦軍（第三十三軍）戦闘司令所に、田中ビルマ方面軍参謀長の一行と、本多第三十三軍司令官、参謀長の沢本理吉郎少将、辻参謀らがあつまり、辻が、これまでのメイクテーラ戦における人員および火砲の損耗を詳細に説明した。

その結果、第三十三軍のメイクテーラ奪回作戦はとりやめと決定された。ガ島奪回作戦のときは、辻も田中も、作戦転換に拒否反応を示したが、現地で実情を知れば、あれほど強気であったかれらであっても、非合理的で無益な戦いはしないということらしい。情報を重視することに気づくのが遅すぎたようである。

昭和二十年二月十九日、米軍が、サイパンと東京のほぼ中間の硫黄島に上陸した。米海軍作戦部長のアーネスト・J・キング大将はこう語っている。

「マリアナ基地のB29に戦闘機の掩護をつけ、中型爆撃機も日本本土攻撃に参加でき、航空見張りの目をつぶし、マリアナ基地への反撃を封ずる意味で極めて重要な作戦であった」

第百九師団長栗林忠道中将が指揮する陸海軍計約二万三千人の硫黄島守備隊は、強大な航空部隊と海軍部隊に支援された装備の優秀な約六万人の米上陸軍と、二十六日間にわたって敢闘し、米軍に大損害をあたえたのち、三月十七日、最後の総攻撃をおこなって玉砕した。大本営陸海軍部は、「本土決戦の時間をかせぐため」と称して、第一線部隊を見殺しにしたのである。

服部卓四郎大佐が参謀本部作戦課長を免ぜられ、南支（中国）に派遣されている第十一軍第十三師団の歩兵第六十五連隊（会津若松）長として、現地の連隊本部に着任したのは、硫黄島で日米両軍が死闘している最中の三月五日であった。

前年の七月、サイパン島が米軍の手におち、東條が首相、陸相、参謀総長の座を追われたのち、東條腹心の服部の影は薄くなったのだが、それにくわえ、十月のレイテ戦で作戦指導を誤り、ここへきて硫黄島が絶望となって、更迭されたのである。

秀才で人当たりがよく、とくに東條の気に入りだったといっても、田中や辻とおなじく、参謀本部の作戦参謀としては落第であった。

この当時の作戦部長は、ガ島戦当時、第十七軍の参謀長であった宮崎周一中将で、服部の後任には宮崎の腹心である天野正一少将が任命された。

昭和二十年四月一日の朝、硫黄島戦よりさらに強大な航空部隊と海軍部隊に支援された、七コ師団十八万余人の米軍が、沖縄本島の嘉手納海岸に上陸を開始した。

第三十二軍司令官の牛島満中将が指揮する第二十四師団、第六十二師団、独立混成第四十四旅団などと、沖縄根拠地隊司令官の太田実海軍少将が指揮する海軍部隊約八千八百人が、これを迎え撃ったが、航空・海軍の支援もいちじるしく劣る日本軍の敗北は、すでに決定的であった。

難局にゆきづまった小磯・米内内閣は、四月五日に総辞職し、四月七日、鈴木貫太郎内閣が成立した。

この日、護衛戦闘機なしに沖縄に突入しようとした戦艦「大和」、軽巡「矢矧」、駆逐艦四隻が、九州南西海面で米艦載機三百八十六機にめった撃ちにされて、むなしく沈没した。

第三十三軍は、鈴木貫太郎内閣が成立し、戦艦「大和」以下が失われた昭和二十年四月七

日、

「第三十三軍は、ピンマナ以北で英印軍の前進を遅滞させ、第十五軍のトングー付近への転進および同地における次期会戦を準備せよ」というビルマ方面軍の命令をうけた。

ピンマナはメイクテーラの南々東約三十キロの、トングーはピンマナの南々東約九十キロの要地である。

第十五軍、第三十三軍および軍司令官桜井省三中将の第二十八軍（第五十四、第五十五師団と独立混成第七十二旅団基幹の兵力約四万人）の全日本軍は、英印軍の追撃をうけて、南へ南へ退却をつづけた。

英印軍は、歩兵、戦車、砲兵、飛行機の強大な総合戦力を発揮して、日本軍を圧倒した。

四月二十二日、英印軍の戦車部隊はトングーを通過し、ラングーン（ビルマの首都、トングーの南々西約二百三十キロ）へ向けて南進していった。上空には英軍機が飛びかっていた。

トングー東方山中には、日本軍の第十五軍や、第三十三軍がいるが、目もくれない。

第十四軍司令官スリム中将は、当面の目標はラングーン攻略であり、第十五軍や第三十三軍は、後続の第十九インド師団に掃蕩させればいいと考えていたのである。

木村軍司令官以下のビルマ方面軍首脳は、四月二十三日夕刻から二十七日の朝にかけ、偵察機を使い、ラングーンを脱出して、ビルマ南東端にちかいモールメンへ逃げて行った。

本多以下の第三十三軍司令部は、四月二十七日、トングーに到着し、ビルマ方面軍あてに打電した。

「今後の作戦に関しては、第十五軍をしてトングー東側を確保せしめつつ、第三十三軍をもってシッタン河口に急進せしめ、第二十八軍の救出をはかるを要するものと判断す」

シッタン河口は、トングーの南々東約百七十キロ付近で、イラワジ河下流方面で作戦中の第二十八軍は東へ撤退し、シッタン河以東に脱出する予定である。

この意見具申電報も、辻が独断で打ったものであった。

あいつぐ激戦と、長途の転進のため、各部隊の戦力は激減し将兵は極度に疲労していた。それにもかかわらず、シッタン河口に急進し、シッタン河以西にとり残されている第二十八軍を救出しようというのである。

ほとんどの参謀は危険で困難きわまる辻案に反対したが、本多軍司令官と沢本参謀長が支持し、第三十三軍は、シッタン河口に急進することに決定した。

日独伊三国同盟の一国イタリアのムッソリーニ首相が四月二十八日に処刑され、二日後の三十日にはドイツのヒトラー総統が自殺し、五月七日にはドイツが無条件降伏をした。日本陸海軍が頼みの綱としていた二国が消えてしまったのである。

これからの戦いは、犠牲をふやし、国土を壊滅にみちびくだけであろう。

日本はここで、連合国と講和すべきであった。

結果論だが、犠牲はそれだけ少なくてすんだし、千島列島もソ連に奪われずにすんだはずである。

師団長中永《なか》太郎中将の「菊」（第十八）師団は、途中なんども苦難にあいながらも、五月十二日、シッタン（集落名）に到着し、先に進出していた方面軍司令部付の丸山房安大佐が指揮する混成部隊に合流した。

第三十三軍は、後続の「安」（第五十三）師団をクンゼイク（シッタンの北々西約三十五キロ）とシュエジン（クンゼイクの北々西約二十五キロ）に、「狼」（第四十九）師団をサトン（シッタンの南東約八十キロ、モールメンの北々西六十キロ）に配置して、防衛態勢を整えた。

「菊」師団がシッタン鉄道橋に到着したとき、右（西）岸の英印軍は鉄舟を河岸に浮かべ、まさに渡河を強行しようとしていたが、「菊」師団によって撃退され、その後、積極的な行動に出ることはなかった。

この作戦の成功は、辻の功績によるところが大であったといえる。

五月（昭和二十年）三十一日、辻は、タイ国に駐留する軍司令官中村明人《あけと》中将の第三十九軍参謀に発令され、バンコクに向かった。

ビルマ戦場での辻について、ビルマ方面軍参謀長の田中は、戦後、参謀本部戦力班長であった高山に、

「辻という男はたしかに傑物だ。とくに戦場における彼の活躍ぶりはたいしたものだ。幕僚として個人感状を受けたのも珍しいが、彼はたしかにその値打ちはある。ただ彼に望むとこ

ろは、対人関係についての反省だ。彼の気に添わない場合には、上司だろうが、同僚だろうが、遠慮なしにやっつけることだ。もうすこし、相手の立場を尊重する気持にならんとな。もっともわが輩も多少、その傾向はあるがな」と語ったという。

だが、一方ではケモノのように非人道的なこともしでかしていたらしい。昭和九年の士官学校事件、昭和十一年の関東軍ゆきなどで辻との関係が深くなった片倉衷少将は、ビルマで第三十三軍の参謀長をしていたが、病気となり、昭和十九年七月半ば、辻と入れかわりに東京に帰った。

昭和四十一年、片倉は、辻について、

「辻が、終戦間近のビルマ戦線で、敵を凌駕する勇気を養うため、英兵の生肉を食用に供させたことをいっているのだ。……だが、いくら悪闘の戦陣中とはいえ、参謀勤務でありながら、自分ばかりではなく、他人にまでそうさせたことは、人間として私は許せない」と述べている。（雑誌『人物往来』昭和四十一年二月号中の「侍大将現場に消ゆ」）

作家の田々宮英太郎は、片倉に会い、この記事の信憑性を確かめたところ、片倉は、

「第三十三軍司令部で私の世話をしてくれた関本という少尉が、終戦直後に仏印の兵站病院で割腹して死んでいます。辻の人肉試食事件を追及されたのを苦に病んで、自殺したことが分かりました。

辻と同じ司令部にいた参謀でN少佐（名を秘す）は、戦後、私を訪ねてきて、この事実を

詳細に話していったんだからまちがいありません。関東軍にいたころ、匪賊の胆を食っちゃいかんといって、司令官の責任まで追及したことを思い出すんですが、その言行不一致には呆れかえるほかはありません」といったという。

こうなっては、皇軍も、八紘一宇も、大東亜共栄圏もなにもなく、日本人は人類の敵とされてしまうわけである。

時代の寵児

モールメンのビルマ方面軍司令部から、辻はトラックで、ビリン（モールメンの北々西約九十キロ）の第三十三軍司令部へ向かった。途中、五月二十三日の未明、サトン付近でゲリラに襲われ、銃弾で、右上膊骨折、右大腿部貫通、左上膊部・右足・顔面など二十数ヵ所に破片、という重傷を負った。

最初の負傷は昭和七年の第一次上海事変のときであったが、そののち支那事変、ノモンハン事件、マレー作戦、ニューギニア作戦、ガダルカナル奪回作戦で負傷をかさね、これが七回目であった。

全身にまんべんなく三十数ヵ所の傷ができたのだが、致命的なものがなかったのは、運がつよかったからというほかない。

だが、これほど負傷するくらい最前線に出ていたことは、参謀の手本といっていい。

右腕を首から吊り、青竹の杖をついていても、闘志満々の辻大佐は、昭和二十年の六月五日、タイの首都バンコクの第三十九軍司令部に、作戦主任参謀として着任した。

明くる六月六日、部隊長会で、辻はビルマ戦線での死闘について熱弁をふるい、一発ぶちかました。

「タイ軍警十五万人が寝返れば、一万たらずの日本軍は、たちまち反対に武装解除されてしまう。真剣に作戦準備をなすべきである」

六月九日、辻の立案により、第三十九軍は、

「バンコク周辺および内部の防衛設備を強化し、タイ国軍の背叛を未然に封殺し、最悪の場合においても、バンコク防衛隊は優勢な敵にたいし、孤立して少なくとも約三ヵ月間、バンコク市の要点を確保する」という方針で、築城、糧食・弾薬の準備などを、各部隊に命令した。同時に、辻十八番の料理屋の閉鎖、私用外出の禁止を厳達した。

牛島中将がひきいる沖縄の日本軍が六月二十三日に全滅し、沖縄は米軍の手に落ちた。

七月（昭和二十年）十五日、タイ国内に第十八方面軍が新設され、方面軍司令官に前第三十九軍司令官の中村明人中将、軍参謀長に前第五十五師団長の花谷正中将（満州事変で暗躍、関東軍で辻の上司）、高級参謀に辻政信大佐が任命された。

この方面軍は第十五軍（第四、第五十六師団基幹）、第十五師団、独立混成第二十九旅団な

どを基幹として編成されたものであった。

第十八方面軍の目的は、太平洋方面における対米戦線も、ビルマ方面の対英戦線も急迫してきたため、タイ国の防衛を完整してその治安を維持し、タイ国官民の不安動揺を防止することにあった。

八月六日、広島に原子爆弾が投下され、八日、ソ連が日ソ中立条約を破って対日宣戦を布告し、九日、ソ連軍が満州に侵入をはじめ、長崎に原子爆弾が投下された。

八月十日の未明、御前会議でポツダム宣言受諾が決定された。

バンコクの各新聞は八月十一日、日本のポツダム宣言受諾のニュースを大々的に報じた。

憤激した辻は、サイゴンに飛び、南方軍総司令部に出頭し、ポツダム宣言受諾に絶対反対であり、上京してぜひとも撤回させたいと強硬に主張したが、それは総軍の任務であると一蹴された。

この夜、サイゴンのホテルに訪ねてきた第三十八軍司令所長の林秀澄大佐と話し合った。

原爆の猛威を聞かされ、ポツダム宣言の受諾やむなしと観念した辻は、

「退いて再建のため支那大陸に潜ろう」と思った。

八月十四日の朝、花谷参謀長と辻は、中村軍司令官に会った。花谷が、

「……今後ふたたび、日本軍が立ち上がるためには、敗戦後の移り変わりを正確に認めておくことが、国家百年のためにも絶対必要と思います。この見地に立って、辻参謀に若干の青

年将校を加え、地下に何年でも潜入せしめたいと考え、すでに総司令部の内諾を得ました。司令官の決裁を願いたいと思います」

というと、中村がたずねた。

「辻参謀以下の身柄はどうするか」

辻が言下にこたえた。

「戦死の処置をいちおうとっておきます」

「正式の報告を大本営に出しておくことか」

「そうであります」

「総軍も同意であるといい、辻参謀が実行の確信があるというなら、着手してよろしい」

その夜、中村は、辻が起案した総軍および大本営あての極秘電文にサインした。

「予定の通り辻参謀以下、任につく、戦死として取り扱われたし」というものである。

八月十五日の正午、司令部の地下室で、中村方面軍司令官以下は、戦争終結の詔勅の録音放送を聞いた。

その夜、辻に誘われた僧侶出身の見習青年士官七人は、僧形となって方面軍司令部を出てゆき、メナム河畔にあるワット・リヤーブ寺内の納骨堂に入った。

辻も坊主に化け、十七日の夜明けごろ、納骨堂にゆき、青木憲信と変名して、「和尚」となった。

こうして、和尚と弟子七人の日本人留学僧団が誕生した。

倉庫には、軍から持ちこんだ十年分の食糧、燃料がぎっしり積まれた。辻らが坊主になったのは、タイは仏教国なので、僧侶なら安全性が高いだろうということであった。

九月十五日、英軍がバンコクに進駐してきた。在留邦人が軟禁され、日本軍は武装解除され、将兵のほとんどは捕虜収容所に入れられた。

辻と七人の弟子もしつこく取り調べをうけたが、偽坊主の辻は度胸と奇智で切りぬけた。しかし、東南アジア軍最高指揮官のルイス・マウントバッテン英海軍大将が、

「草の根を分けても辻参謀をさがせ」と厳命しているので、危険は消えなかった。

十月に入り、英軍の取り締まりはいよいよ厳重となり、二十一日には、ビルマ方面軍にたいして、辻参謀を即刻出頭させるようにと、命令が出された。

出頭すれば、シンガポールでの華僑虐殺、フィリピンでの捕虜・要人虐殺、ビルマでの英兵の生肉試食などを追及され、まちがいなく死刑にされるであろう。だが、出頭して罪を一身に負えば、罪をまぬがれる者が多数あるにちがいない。

二、三日すると、僧侶も特例を認められず、十月二十九日には軟禁されて厳重に取り調べられる、という情報が伝えられた。

「運を天にまかせて乾坤一擲、自己の全力を死神の胸元にたたきつけようと決心したとき、昨日からの苦悶が夕立の後のように消えて、真如の月を見出したように感じた。

沈思熟考して得た結論は、スリオン街の重慶藍衣社本部に飛び込むことであった」

と、辻は、このときのことを、のちにカッコウよく述べている。

しかし、要するに、他人はさておき、自分が助かりたい一心だったわけである。

藍衣社は、重慶政府の出先機関である。

十月二十八日朝、同社に飛び込んだ辻は、成主任、郭科長らに、筆談で本名、経歴、東亜連盟運動推進、蔣母慰霊祭施行などを説明し、

「重慶に赴き戴笠将軍および蔣主席に会見し、日華合作の第一歩を開きたい。もし不可能ならば、ただちに逮捕して英軍司令部に差し出されたい。生命を惜しんで逃避するものではない」と、命賭けの芝居を打った。

戴笠将軍は蔣介石の右腕で、藍衣社を一手に握っているが、かれの部下には、辻の関係していた東亜連盟に協力的な者もすくなくなかったので、辻と戴はたがいに利用できる相手と見ていたのである。

成主任、郭科長らは、辻を重慶に送ることを承知した。

華僑に姿を変え、藍衣社の青年二人に護衛された辻は、十一月一日の朝、汽車でバンコクを脱出し、なんども危機一髪の窮地を乗り越えて、昭和二十一年の三月十九日、ついに虎口を脱して重慶に到着した。

ところが、頼りの戴笠が、三月二十四日、南京で飛行機事故のために不慮の死を遂げ、蔣介石と会見して日華合作をはかろうという計画は、たちまち消え去ってしまった。

しかし、蒋母慰霊祭をやったおかげか、命は助かった。

五月二日、蒋介石以下の国民政府は、重慶から南京に移転した。

辻は七月一日に南京に送られ、国防部第二（情報）庁職員に任命された。対中共軍戦への協力が主な仕事であった。

昭和二十三年のはじめ、辻は国民党軍の上司に意見を具申した。

「……中共軍は満州を攻略し、つづいて中国本土に進攻しきたるであろう。国民党軍は、ただちに満州を放棄し、華北において持久を策するとともに、総軍の主力をもって揚子江の線を確保し、揚子江を境として南北対立の態勢をとるべきである」だが、この撤退策はひどく忌避された。

かつて辻は、高山戦力班長から、ガ島は撤収して、ラバウル周辺に防衛線を設定すべきであるといわれ、カッカと怒ってガ島に出かけたが、いまは反対の立場になった。

策がとり上げられず、業を煮やした辻は、国防部に辞表を提出した。

四月の末、同部から、

「三ヵ月間の休暇を許可する。その後はもういちど来華して、援助してもらいたい」という日本帰国の認可が出た。

五月十三日、辻は国防部第二庁長の侯中将に会っていった。

「過去二年、生命を賭けて工作し、進言しましたが、結果において何の役にも立ちませんでした。私が帰国を決心したのは、大勢の崩壊は、隻手ではどうにもならぬことを悟ったからであります」

侯は深刻な表情で聞いていたという。

上海からの引揚船で、三百人の同胞とともに、北京大学教授という触れこみの辻が、佐世保に上陸したのは、昭和二十三年五月二十六日の朝であった。

しかし、中国とちがい、日本ではタイ国と同様、辻にたいする英軍の追及がきびしく、ふたたび潜行しなければならなかった。

支那派遣軍第十一軍第十三師団歩兵第六十五連隊長として、南支で終戦を迎えた服部卓四郎大佐は、第三師団長として中国大陸にいた辰巳栄一中将とともに、昭和二十一年の五月に帰国した。

この年十二月、最高司令官マッカーサー元帥のGHQ（連合軍総司令部）から、戦時中の経歴を買われ、第一復員局（元陸軍省）史実調査部長に任命された。

まもなくGHQは、太平洋戦史編纂にとりかかり、服部はCIS（民間情報局）が担当する、この戦史編集にも協力をはじめた。

CISとG2（GHQ第二部、情報担当）の局長がウィロビー陸軍少将で、ウィロビーは服部を戦犯（昭和十七年四月、日本本土を空襲した米軍航空士の処断に関する通牒にかかわる）にするより米軍の占領政策に利用しようとしたのだが、当人もよろこんでウィロビーにしたがったようである。服部も強運だったといえようが、変わり身が早かったともいえそうである。

辻が帰国する昭和二十三年の春ごろ、服部は第一復員局資料整理部長で、相かわらずウィロビーの厚い信任をうけていた。東條にも、かつての仇敵のウィロビーにも、どちらにも気に入られたのである。

そのころ辰巳栄一元中将は、吉田茂首相の私的軍事顧問として、GHQとの連絡に当たっていた。

辻の帰国について、辰巳はこう述べている。

「昭和二十三年、土居、辻両者がひそかに帰国したさい、私は在日米軍司令部に勤めていたので、ウィロビー将軍の了解を得て、両者が、米国軍の情報業務に協力することを条件として、その庇護を受けることになった」（土居明夫伝刊行会編『一軍人の憂国の生涯』）

土居は昭和十六年の前半、服部の前任の参謀本部作戦課長であったが、終戦時は中将で、上海にいた第十三軍の参謀長であった。

辰巳がウィロビーに土居、辻の庇護を頼んだのは、土居は同僚としてだが、辻は服部に頼まれてのことであろう。

辻は昭和二十三年二月に国民政府国防部に辞表を出し、陳誠参謀総長あてに、

「辻はあえて危険をおかし、卑怯者と罵られながらも中国に潜行した。それは大きな希望と使命（日中合作）を自覚したからである。国防部に勤務を命ぜられてからも、幾回となく誠意をもって献案したが、ほとんど用いられない。

それでも、もし日本で、戦犯として追及されていないならば、喜んで留まってもよい。だが、追及を避けるために、その目的で、一日でも中国に逃避していることは断じて希望しない。捕らえられると否とは運命である。

故郷には、すでに八十歳に近い老母が病み臥している。明日ともはかれない母の臨終に、一身の危険を避けるために会えなかったら、子としての道が立たぬ。

帰国後、捕らえられたら、何も弁解せずにただ笑って絞首台に登ろう。これが敗戦の罪を償う当然の道である」というような、いかにもいいカッコウの文書を提出した。

ところが、そのときはすでに、日本へ帰っても、服部や辰巳らによって、身の安全が保証されることを、知っていたようである。

堀江芳孝陸軍少佐は、三笠宮となじく、陸士四十八期で、陸士本科の中隊長をしていたときの辻の教え子であった。

戦後もだいぶたってから、辻に会った堀江はたずねた。

「あのとき帰国されたのは、帰国しても潜れると見たからではないですか」

「バカな奴らを相手の生活が本当にいやになったのが最大の原因だ」

辻はそうこたえて、ニヤリと笑った。

「そうだ」とはいわなかったが、肯定したといえるであろう。

昭和二十三年の十一月十二日にひらかれた極東国際軍事裁判（東京裁判）で、二十五人の被告が、戦争犯罪人として有罪の判決をうけ、東條英機、土肥原賢二、板垣征四郎、松井石根、木村兵太郎、武藤章、広田弘毅の七人が死刑を宣告された。外務省官僚から外相になった広田以外の六人は陸軍の将官である。しかも、東條、板垣、木村、武藤は、服部や辻と縁が深い陸軍首脳であった。

東京裁判が連合軍側の一方的な判断でおこなわれ、正当なものでなかったことは、世界の法律専門家たちの認めるところである。

しかし、東條、板垣、木村、武藤らの、関東軍、支那事変、太平洋戦争などでの所業は、国を誤り、多数の同胞を犠牲にするものであった。

それにしたがい、ときにはかれら以上のまちがいをしでかした服部、辻も、それなりの責任を取らされるべきであったろう。

昭和二十五年の元旦、GHQによって、思いがけなく辻の戦犯指定も解除された。

前年の十二月七日、毛沢東の中共軍に追われ、蔣介石は四川省の成都から台湾の台北に落ちのびた。

この点は、辻がいったとおりとなった。

GHQはそれにおどろき、朝鮮半島と日本の共産化を恐れ、旧日本陸海軍将校を、対ソ、対中国防衛に利用しようと、方針を転換したのであった。

奥多摩の古里の滝に近い隠れ家で、それを知った辻は、ふたたび世に出られると快哉をさけんだ。

服部にしてもそうだが、自分の失敗を反省し、謹慎して戦争犠牲者の霊を慰める、というようなことはしなかった。

辻はさっそく、終戦直後、タイから中国に逃げこんで、首尾よく帰国した体験を、『潜行三千里』と題して、「サンデー毎日」に連載するとともに、『ガダルカナル』を「文藝春秋」に、『流転』を「改造」に載せた。

単行本も、昭和二十五年四月発行の『十五対一―ビルマの死闘』にはじまり、『ノモンハン』『ガダルカナル』『亜細亜の共感』と、たてつづけに出版した。

こうして敗残の逃亡兵は、いっきょに時代の寵児に回生したのである。

この年六月二十五日に勃発した朝鮮戦争前後のことであった。

昭和二十七年には、時流に合わせ、「自衛中立」を旗幟にして、故郷の石川県第一区から無所属で衆議院議員に立候補し、最高点で当選した。

しかし、これが悪運つよくよみがえった辻の絶頂であった。

その後、日本民主党、ついで自由民主党に入り、昭和三十三年五月の総選挙では四度めの当選をしたが、そのころはすでに最下位に下がっていた。

岸信介総裁の時代であったが、自民党内での辻の評価も低かった。

昭和三十四年の五月、参議院全国区に無所属で立候補し、六月二日、六十八万三千余票を得て、全国区第三位で当選した。

昭和三十五年四月三十日、服部卓四郎が心臓疾患で死亡した。政界において辻の評価は下がったままであったし、無二の知己であった服部が死んだこともあってか、辻は、全国民が「あっ」と驚くことをやろうと思ったらしい。

昭和三十六年の四月四日、辻政信参議院議員は、羽田空港からエール・フランス機で、南ベトナム、カンボジア、タイ、ラオス方面への視察旅行に出発した。

出発にさきだち、元第三十八軍サイゴン司令所長の林秀澄大佐に語った。

「内戦中のラオスを見てきたい。ビエンチャン（ラオスの首都）からジャール平原を見て、北ベトナムのビン（東のトンキン湾沿岸）に出る。そこから空路ホンコンに出て帰国する」

四月十日から四日間、バンコクに滞在し、十四日、駐タイ日本大使館の伊藤知可士書記官とともに、飛行機でビエンチャンに飛んだ。

そこで元陸軍伍長、終戦後、自由ラオス軍（のちのパテト・ラオ軍）の将校、この当時は東京銀行ビエンチャン支店雇員の赤坂勝美から、パテト・ラオの事情を聞きながら、頼んだ。

「ホー・チ・ミン大統領に会い、ベトナム、ラオスでの軍事活動をやめるよう説得したい。一生の最後の仕事だ。ぜひ助けてくれ。アジアの団結のためだ」

四月二十一日の午前九時ごろ、黄褐色の僧衣を着た辻は、ビエンチャンから、一人で十三号公路を、徒歩で北上して行った。

熱したときの辻らしく、敵情をよく知らなくても、猛進したようである。

辻の消息は、ここから不明となった。

「ジャール平原でパテト・ラオ軍に、スパイとして射殺された」ということが伝えられているが、いまも確かなことはわからない。

ビエンチャンを出発したときは、五十八歳と六ヵ月であった。

〈参考引用文献〉辻政信「シンガポール」東西南北社＊辻政信「ノモンハン」原書房＊辻政信「ガダルカナル」河出書房＊辻政信「亜細亜の共感」亜東書房＊辻政信「十五対一」酣燈社＊辻政信「潜行三千里」河出書房＊杉森久英「辻政信」河出文庫＊堀江芳孝「辻政信」恒文社＊田々宮英太郎「参謀辻政信・伝奇」芙蓉書房＊高山信武「服部卓四郎と辻政信」芙蓉書房＊服部卓四郎「大東亜戦争全史」原書房＊高山信武「参謀本部作戦課」芙蓉書房＊秦郁彦「昭和史の軍人たち」文藝春秋＊岡田益吉「日本陸軍英傑伝」光人社＊防衛庁防衛研修所戦史部「戦史叢書　マレー進攻作戦」朝雲新聞社＊御田重宝「マレー戦　前後篇」徳間書店＊防衛庁防衛研修所戦史部「戦史叢書　比島・マレー方面　海軍進攻作戦」朝雲新聞社＊伝記刊行会編「提督小沢治三郎伝」原書房＊河村三郎「十三階段を上る」亜東書房＊御田重宝「バターン戦」徳間書店＊防衛庁防衛研修所戦史部「戦史叢書　比島攻略作戦」朝雲新聞社＊今井武夫「支那事変の回想」みすず書房＊門松正一「絞首刑」ジープ社＊田崎末松「評伝真崎甚三郎」芙蓉書房＊大江志乃夫「日本の参謀本部」中公新書＊東條英機刊行会・上法快男編「東條英機」芙蓉書房＊大谷敬二郎「天皇の軍隊」図書出版社＊防衛庁防衛研修所戦史部「戦史叢書　大本営陸軍部(1)」朝雲新聞社＊上法快男編・横山臣平著「石原莞爾の素顔」芙蓉書房＊杉森久英「夕陽将軍　小説・石原莞爾」河出書房新社＊池田純久「日本の曲り角」千城出版社＊板垣征四郎刊行会編「秘録板垣征四郎」芙蓉書房＊防衛庁防衛研修所戦史部「戦史叢書　関東軍(1)」朝雲新聞社＊田中隆吉「太平洋戦争の敗因を衝く」長崎出版＊北川四郎「ノモンハン」徳間書店＊御田重宝「ノモンハン戦　攻防篇、壊滅篇」徳間書店＊五味川純平「ノモンハン」文藝春秋＊土居明夫伝刊行会編「一軍人の憂国の生涯」原書房＊ゲ・カ・ジューコフ／清川勇吉ほか訳「ジューコフ元帥回想録」朝日新聞社＊額田坦「陸軍省人事局長の回想」芙蓉書房＊沢田茂「参謀次長沢田茂回想録」芙蓉書房＊「歴史と人物　昭和六十一年冬号〈ノモンハン事件の謎と嘘〉」中央公論社＊洞富雄「近代戦史の謎」人物往来社＊芦澤紀之「ある作戦参謀の悲劇」芙蓉書房＊防衛庁防衛研修所戦史部「戦史叢書　大本営海軍部・聯合艦隊(1)」朝雲新聞社＊「戦史叢書　大本営海軍部・大東亜戦争開戦経緯(1)」(同右)＊「戦史叢書　大本営海軍部・大東亜戦争開戦経緯(2)」(同右)＊「戦史叢書　大本営陸軍部・大東亜戦争開戦経緯(4)」(同右)＊「戦史叢書　大本営陸軍部・大東亜戦争開戦経緯(5)」(同右)＊新名丈夫編「海軍戦争検討会議記録」毎日新聞社＊

横山一郎「海へ帰る」原書房＊大森実「崩壊の歯車」講談社＊保科善四郎「大東亜戦争秘史」原書房＊史料調査会編「太平洋戦争と富岡定俊」軍事研究社＊「井上成美」井上成美伝記刊行会＊御田重宝「東部ニューギニア戦　前後篇」徳間書店＊防衛庁防衛研修所戦史部「戦史叢書　南太平洋陸軍作戦(1)」朝雲新聞社＊「戦史叢書　南太平洋陸軍作戦(2)」（同右）＊「戦史叢書　南東方面海軍作戦(2)」（同右）＊「戦史叢書　南東方面海軍作戦(3)」（同右）＊五味川純平「ガダルカナル」文藝春秋＊「文藝春秋臨時増刊　昭和二十九年十月号　川口清健〈真書ガダルカナル戦〉」文藝春秋＊防衛庁防衛研修所戦史部「戦史叢書　イラワジ会戦」朝雲新聞社＊「戦史叢書　シッタン・明号作戦」（同右）＊「人物往来　昭和四十一年二月号　片倉衷〈侍大将現場に消ゆ〉」人物往来社＊野田衛「辻政信は生きている」宮川書房＊上法快男編「陸軍大学校」芙蓉書房

文庫版のあとがき

平成五年（一九九三）八月九日、三十八年もつづいて腐敗が度し難くなった自民党の内閣にかわって、「責任ある変革」を公約する中小七党連立の細川内閣が成立した。

この画期的な内閣を組織する五十五歳の細川護熙《もりひろ》首相は、初の記者会見で、政治改革の決意を示すと同時に、「先の大戦は侵略戦争だった。まちがった戦争であったと認識している」と、すらすら断言して、ハッとさせた。

歴代のどの首相もあいまいにしか言わなかった、または言えなかった、先の大戦にたいする自分の認識を、率直に吐露し、「これが細川変革の基本か」と思わせるものだった。

先の大戦とは、昭和十六年（一九四一）十二月八日に突入した対米英蘭戦争と、昭和十二年七月七日からつづいていた支那事変（日中戦争）を合わせた「大東亜戦争」（十六年十二月十日、陸軍大将の東條英機《ひでき》内閣と大本営陸海軍部の連絡会議で、「大東亜新秩序建設を目的とする

戦争なることを意味するもの」として決定した日本かぎりの呼称）であり、米国が主戦場という
ことから呼称した「太平洋戦争」である。

細川首相の発言にたいして、外国ではどの国も好意を持ったようだが、国内では「侵略戦争」ということばに、各方面から激しい反発が起こった。

小堀桂一郎東大教授は論じた。

「細川・羽田（孜外相）両氏が口にする侵略戦争反省論は、多年の植民地支配から解放されたアジア民族主義の本音を完全に誤認したところに発する謬見《びょうけん》であると同時に、大東亜戦争に斃《たお》れた二百十三万余の英霊に対する重大な侮辱である」

渡部昇一上智大教授は、つぎのように批判した。

「『侵略戦争』発言を含めて首相の発言が外国から好意的にとらえられている。単に総理に好意を寄せてくれるというならいいが、この発言をテコに日本から金を取ろうという下心のある国々があることも考慮しなければならない。

……首相は日本の死者に対して無礼だと思う。

……首相はイージー（安易）なことをせずに、日本人の国益を守るべきだ。首相は朝日新聞にいたので、朝日新聞の東京裁判史観に毒されているのではないか。……」（以上産経新聞）

一部のマスコミや、戦死者の一部遺族も、「侵略戦争」のことばにつよく抗議した。

細川首相は、八月二十三日、衆参両院本会議で初の所信表明演説を行なったが、このとき

は、国内の反応を考慮したらしく、先の大戦にたいする所信の表現は、「過去の侵略行為や植民地支配が多くの人々に耐え難い苦しみと悲しみを与えたことを深く反省しおわびする」と変わった。「侵略戦争」と「間違った戦争」のことばを除いて、反対論者たちの憤激をやわらげ、それ以上の混乱を回避する挙に出たようだった。

しかし、自民党衆参議員でつくる約二百二十人の「靖国関係三協議会」は、六十五人の「歴史・検討委員会」によって、「資料を作り史実をして語らせる方法で、侵略戦争ではなかったことを示す」ことにし、自民党にたいして、日本を侵略国と断じた極東軍事裁判（東京裁判）を見なおす「東京裁判検討会」の設置を要求することを決議した。

いずれにしても、日本はそろそろ、「侵略戦争」問題にたいする確信のもてる結論を出して、世界に問う必要があろう。

東條内閣と大本営陸海軍部とで呼称を決定した「大東亜戦争」では、「対米英蘭戦開始までの経緯の実情はどういうものだったか。まったく自存自衛の戦争だったか。開戦後、日本陸海軍は進出した地域で、どういうことを行なったか。

戦勝国が戦敗国を法的根拠もなく裁いた東京裁判が不当なことは明白だが、それを抜きにすれば、日本に侵略行為はいっさいなかったと言いきれるか。

戦没した英霊にたいして重大な侮辱、無礼になるから、『侵略戦争』と言ってはならないと言うのは、論理がおかしいのではないか。戦没した英霊の大部分は、あのように世界の諸国からたたかれ、惨憺たる敗北を喫したあの戦争の真相を明らかにしてくれることをこそ願っているのではないか。

たとえ『大東亜戦争』が侵略戦であったとしても、それはかつて英仏蘭米ソなどが行なった侵略戦争と同様のもので、日本だけ(独伊もだが)が断罪され、みせしめにされるのは不公平であり、戦勝各国もかつての侵略戦争を謝罪すべきではないか」

などが問題点のようだが、それらについて、世界の過半数が納得できる答を出してもらいたい。

そうしなければ、世界とくに東アジア諸国の日本にたいする不信は消えず、世界の平和や人類の生活安定に寄与しようとしても、真の信頼は得られないだろう。

話は変わるが、太平洋戦争末期、海上護衛総司令部首席参謀兼連合艦隊参謀の海軍大佐、戦後GHQ(連合軍総司令部)歴史課嘱託で戦史資料収集をしていた大井篤《あつし》は、『太平洋戦争秘史』(保科《ほしな》善四郎・大井篤・末国正雄著、財団法人日本国防協会刊)の中で、開戦時の一つのおどろくべき秘話を、つぎのように明かしている。

「同じく(GHQの)嘱託をしていた開戦時参謀本部作戦課長の元陸軍大佐服部卓四郎と二人きりで食卓を囲みながらこんな会話を交わしたことがある。石原莞爾《かんじ》(元陸軍中将)もだが、服部も私の出身中学(旧制の山形県立鶴岡中学校)の先輩ということもあって、ぶしつけなまで率直に私は語った。

大井『海軍は陸軍に押されて、とうとう開戦に踏み切ったわけだが、私の調べたところでは陸軍のなかでも、開戦をいちばん熱心強硬に唱えたのは貴方と辻政信だったようですが、違いますか』

服部『間違いない。こんなこともあったヨ。途中で塚田参謀次長（攻《おさむ》中将）までが軟化したのを耳にし、ボクと辻とが次長室に押しかけてネジを巻いてやったら、次長は再び強い音を出すようになり、それ以後は弱音を出さないようになったヨ』

高山信武《しのぶ》著『服部卓四郎と辻政信』という本につぎの記事がある。

『服部は陸士三十四期、辻は同三十六期生で、大東亜戦争開始直前、服部は参謀本部作戦課長、辻は作戦課戦力班長の職にあった。そして両者力を併せ、時の作戦部長田中新一少将を推戴し、東條英機をして対米開戦の決断をなさしめた。いわばこの人達は開戦の原動力というべき存在であった』

とある。高山は陸士三十九期、陸大トップ、駐独、昭和十六年七月に参謀本部作戦課員となった。

……ところで、前出GHQ食堂での会話で私は服部に、

『必ず勝てるという自信があったからこそ、あなたがたはそれほどまで強硬に出たのでしょうが、米国と戦って勝てるわけはなかったはずではありませんか』

と突っ込むと、服部は、

『理由は二つあった。ひとつはドイツが必ず英国を屈伏させるということ、もうひとつは海軍が海上交通路を必ず確保してくれると信じたこと。海上交通路の確保ができれば日本は長

期自給自足できるわけだし、その間に英国がドイツに屈伏すれば、米国は戦争継続の意味を失い、米国民の戦意が衰える。そこに我が方に有利な終戦となるチャンスが生まれる、という考え方だった』

この服部の説明とそっくりのことが、昭和十六年十一月十五日付で、大本営政府連絡会議が採択した『対米英蘭蔣（蔣介石）戦争の終末促進に関する腹案』の眼目となっている。他方、永野軍令部総長（修身《おさみ》海軍大将）が上奏した昭和十六年度作戦計画では、海上交通路の確保に自信ある旨が明記されている。その写しが参謀本部に渡されているものに、服部も閲覧済の判を捺してあり、それが防衛庁戦史部に残っている」

本書は辻政信の戦記だが、「大東亜戦争」と称されたあの戦争が、「侵略戦争であったか否か」「まちがった戦争であったか否か」を判断するのに、ひとつの有力な参考資料にもなろうと信じている。

平成五年十月

生出　寿

単行本　昭和六十二年八月「作戦参謀辻政信」改題　光人社刊

解説――「恩賜三冠」を達成した辻政信

藤井非三四

戦後になっても大きく取り上げられた軍人の一人に辻政信（石川、名古屋陸軍地方幼年学校＝名幼二十一期、陸軍士官学校＝陸士三十六期、歩兵、陸軍大学校＝陸大四十三期）がいる。広く取り上げられたからでもあるが、毀誉褒貶が定まらず辻の実像になかなか迫れない。ここでは彼が達成した「恩賜三冠」について述べてみたい。

名幼でものにした最初の恩賜

辻政信は大正六年九月、名幼二十一期に補欠入学したという話もあるが、正しくは五十人中の二十四番で入校している。しかし、補欠入学といわれても、本人はあえて否定しない。高等小学校だけの学歴でも、入校してから努力を重ねた結果、四十六人中の首席で卒業して恩賜をものにしたというサクセス・ストーリーを意識しているわけだ。

地方幼年学校は全国で六校（東京、仙台、名古屋。大阪、広島、熊本）があったが、どこも情操教育を主眼とし、その成績評価は全人格的なものに迫ろうとしていたという。実際、幼年学校首席の人は、単なる秀才ではなく、どことなく人間的な重みと厚みがあるように思える。例えば梅津美治郎（大分、熊本幼年一期、陸士十五期、歩兵、陸大二十三期）、橋本群（広島、広島幼年五期、陸士二十期、砲兵、陸大二十八期）、石原莞爾（山形、仙台幼年六期、陸士二十一期、歩兵、陸大三十期）らだ。

ところで名幼の校風だが、中京という土地柄にも似合わず粗暴だったという。大正十二年の関東大震災の際、憲兵隊に殺害された無政府主義者の大杉栄は名幼三期、殺害した麹町憲兵分隊長の甘粕正彦（山形、陸士二十四期、歩兵、憲兵転科）は名幼八期、この二人は共に乱暴者で有名で、大杉は乱暴が過ぎて退学処分となったというから名幼の校風がうかがえる。辻政信も乱暴者の雰囲気があり、それで人を威圧した面はあったという。

幼年学校六校に共通した美風だが、同期の団結はもとより、無条件で先輩は後輩に手を差し伸べて引っ張り上げる、後輩は身を犠牲にしてでも先輩を支えるという義務めいたものだ。辻政信はこれに何度も助けられている。

昭和十六年夏の話だが、対米英戦が不可避と思われると、参謀本部第二課（作戦課）の兵站班長だった辻政信は、野戦軍司令部の参謀となって武人の本懐を遂げたいという殊勝な気持ちになったようだ。あれこれ自分で運動したものの、辻にはノモンハン事件での前科があるから、「あれは悍馬だ、蹴られるよ」となって嫁入り先が見つからない。

そんな時、シンガポールに向かう第二十五軍の参謀長と高級参謀に予定されていた鈴木宗作（愛知、陸士二十四期、歩兵）と池谷半二郎（静岡、陸士三十三期、工兵）が「辻政信をもらってもよい」と手を上げた。これで辻は、第二十五軍司令部の作戦主任としてシンガポール攻略の檜舞台に立つことができた。なぜこの二人が問題児の辻を引き取ったかと考えると、鈴木は名幼九期、池谷は名幼十八期だったからだとしか考えられない。

多士済済の陸士三十六期で恩賜二冠目

幼年学校二十一期生は大正九年三月に卒業し、同年に中央幼年学校が改組された士官学校予科に入校し、ここで中学出身者と合流して卒業、兵科が決定されて隊付士官候補生となる。この士官学校予科を卒業する際、辻政信は次席に回り、首席は甲谷悦雄（山口、中央幼年予科）となった。そして大正十一年十一月、陸士三十六期生は陸士本科入校となる。

前述したように幼年学校では情操教育を主眼としたが、陸士に進むと将校になってから必要な知識の詰め込み教育となる。そのため陸士では「暗記の職人」が幅を利かせ、幼年学校の優等生は、成績が低迷しがちになる。さらに陸士では、精神徳目の訓育の程度を判定した躬行点というものがあった。そのような主観的なものにどうやって数を付けるかだが、区隊に一定の点数を与えて区隊長にその差配を任せていた。これでは恣意が入り、客観的で公正な評価とはならないことは疑問視され続けていた。

このような問題点をも乗り越えて、大正十三年七月に陸士本科を卒業した辻政信は、百六十六人の歩兵科トップ、全体三百三十人の総合首席の栄冠をものにした。陸士三十六期は多士済済で知られていたから、そこでの恩賜は大きな意味を持っていた。

予科で首席だった甲谷悦雄は本科で次席に回ったが、戦後まで長らく陸士三十六期のリーダー的存在だった。甲谷は公安調査庁の創設に力を尽くし、その世界で彼を知らぬ人はいなかった。この期の知恵者といえば、昭和九年に辻政信と図って士官候補生のクーデター計画を摘発した塚本誠（兵庫、中央幼年予科、歩兵、憲兵転科）だろう。塚本は戦後の方が著名人で、「電通」の社長室長を長く務めて「陰の社長」とまで語られていた。

陸士三十六期には、ほかにも広く知られた人が多い。皇族の閑院宮春仁（東京、中央幼年予科、騎兵）、西郷従道の孫で侯爵の西郷従吾（東京、中央幼年予科、歩兵）、ロス・オリンピックの馬術優勝で男爵の西竹一（鹿児島、広島幼年、騎兵）と毛並みの良い人も揃っていた。フランス語の天才として知られた島村矩康（高知、大阪幼年、歩兵）、陸士校歌を作詞した寺西多美弥（神奈川、仙台幼年、砲兵、航空転科）も陸士三十六期だった。これほど有名人の同期生がいると、「貴様、あの三十六期か」で了解してもらえるから、なによりの名刺がわりとなる。

遂に達成した「三冠」陸大恩賜

陸大四十三期は秩父宮雍仁（中央幼年予科、陸士三十四期、歩兵）が入校するということで、教授陣を充実させ、学生も精選された。陸士三十期生から三十六期生まで合わせて五十一人が入校したが、うち最新参の三十六期生が八人、さらには恩賜六人のうち三人もさらった。辻政信もその一人だが、「先輩には少し遠慮をするものだ」という声が聞こえてくる。

陸大での教育の主眼は戦術や作戦に置かれるが、これには正解というものがなく、ある種の芸術というべきものだ。それをどうやって教育するかだが、次のような方法によっていた。まず、教官が想定を作り、模範解答の原案を用意する。そして想定を学生に示し、「状況これこれ、師団長の決心いかに」と問う。提出された学生の答案と教官の原案とを突き合わせて討議が交わされ、その中で戦術の着眼点などが磨かれるということだ。

学生が提出した答案の中には、教官も内心舌を巻くほどのものがあるが、そういう場合ほど教官はわざと意地の悪い質問を重ねる。その学生は答案に自信があればあるほど自説に固執する。そうなると教官との論戦となり、答案がいかに優れていてもマイナス点になりかねない。教官側にそういった傾向があれば、学生側にも対策がある。詭弁を弄して教官を煙に巻くのも一つの策だ。利口な学生ならば教官の癖を見抜き、示されるであろう原案に沿った答案を心掛ける。

これまで多くのエピソードで語られてきた辻政信の性格からすれば、信念をもって自説を貫き、気迫に満ちた態度で相手を圧倒して沈黙させたと思うだろう。陸軍の体質はそんなに甘くない。もしそういう姿勢で終始したならば、幼年学校や陸士で恩賜が取れるはずもなく、下手をしたら退校処分すらもありえる。教官や区隊長らと折り合いを付ける如才なさが辻にはあったとも言えよう。

陸大では三年の最後に全員参加の参謀演習旅行が実施され、その成績で恩賜六人を含めた上位十数人の序列が決められる。教場ではなく実際に山野を歩き現地で想定が示され、学生は深夜まで答案作りに取り組むのだが、通例では三週間連続だった。頭だけではなく体力勝負の面もあり、その点、体力自慢の辻政信は有利だ。

陸大四十三期の参謀演習旅行は、既に満州事変が始まっている昭和六年十月中旬から北九州で行なわれ、その結果、恩賜の六人とその順位は次のようになった。

・天野正一（愛知、名古屋幼年、陸士三十二期、歩兵）
・島村矩康（高知、大阪幼年、陸士三十六期、歩兵）
・辻政信（石川、名古屋幼年、陸士三十六期、歩兵）
・早淵恒治（愛知、大阪幼年、陸士三十三期、歩兵、航空転科）
・久門有文（愛媛、中学、陸士三十六期、歩兵、航空転科）
・西村乙嗣（佐賀、中学、陸士三十三期、砲兵）

これがこの六人の実力通りだと言えばそうなのだろう。しかし、この参謀演習旅行を統裁した教官が次のようなメンバーだったと知れば、うがった見方もできる。

・香月清司少将（陸大幹事、佐賀、陸幼、陸士十四期、歩兵、陸大二十四期）

・久納誠一大佐（東京、名古屋幼年、陸士十八期、騎兵、陸大二十六期恩賜）
・増野周萬中佐（石川、中学、陸士十九期、歩兵、陸大三十二期）
・奈良晃中佐（長崎、中学、陸士二十三期、歩兵、陸大三十二期）

毎日の授業の中で、なんらかの縁から教官と学生の間にマグ（磁石）という引き合う関係が生まれ、それが成績に影響するということがよくあったという。たしかに恩賜は名幼が二人、中学出身が二人とは、教官と学生の関係が符合する。

NF文庫

悪魔的作戦参謀 辻政信 新装解説版
二〇二三年五月二十一日 第一刷発行
著 者 生出 寿
発行者 皆川豪志
発行所 株式会社 潮書房光人新社
〒100-8077 東京都千代田区大手町一-七-二
電話/〇三-六二八一-九八九一(代)
印刷・製本 凸版印刷株式会社
定価はカバーに表示してあります
乱丁・落丁のものはお取りかえ致します。本文は中性紙を使用
ISBN978-4-7698-3311-6 C0195
http://www.kojinsha.co.jp

NF文庫

刊行のことば

第二次世界大戦の戦火が熄《や》んで五〇年——その間、小社は夥しい数の戦争の記録を渉猟し、発掘し、常に公正なる立場を貫いて書誌とし、大方の絶讃を博して今日に及ぶが、その源は、散華された世代への熱き思い入れであり、同時に、その記録を誌して平和の礎とし、後世に伝えんとするにある。

小社の出版物は、戦記、伝記、文学、エッセイ、写真集、その他、すでに一、〇〇〇点を越え、加えて戦後五〇年になんなんとするを契機として、「光人社NF（ノンフィクション）文庫」を創刊して、読者諸賢の熱烈要望におこたえする次第である。人生のバイブルとして、心弱きときの活性の糧《かて》として、散華の世代からの感動の肉声に、あなたもぜひ、耳を傾けて下さい。